VoG

VoG Verlag ohne Geld e.K.

n.33

Ada Zapperi Zucker

Das Schweigen

Il silenzio

Zweisprachig / In due lingue

Hauptpersonen und Handlung der Erzählungen sind frei erfunden, Ähnlichkeit mit lebenden Personen rein zufällig

Personaggi e situazioni dei racconti sono frutto della fantasia. Qualsiasi relazione con persone reali è del tutto casuale.

Ringrazio Caterina Mammola, di Siderno, per la traduzione in dialetto calabrese delle frasi ricorrenti nel IV e V capitolo.

ISBN 978-3-943810-35-6

Registergericht München HRA 99261
www.verlagohnegeld.de
Gesamtgestaltung / Impaginazione: Heinz Weih
Deutsches Lektorat: Bärbel Yücel

Umschlagbild / In copertina:
Ada Zapperi, Die Stille, 1995

Ada Zapperi Zucker ist in Catania (Sizilien) geboren. In Rom hat sie mit dem Gesang- und Klavierstudium begonnen um es an der Musikhochschule Wien abzuschließen. Gleichzeitig hat sie für das *Dizionario Biografico degli italiani* des *Istituto Treccani*, die *Enciclopedia dello Spettacolo* und an der *Enciclopedia Universo De Agostini* gearbeitet. Ihre sängerische Karriere ist hauptsächlich außerhalb Italiens abgelaufen. Sie unterrichtet Gesang in Deutschland und in Südtirol.
Von dem Südtiroler Maler Gotthard Bonell wurde sie in Malerei unterrichtet.

Ada Zapperi Zucker è nata a Catania. A Roma ha iniziato gli studi di canto e pianoforte per poi concluderli alla Musikhochschule di Vienna. Nello stesso tempo ha collaborato per il *Dizionario Biografico degli italiani* dell'Istituto Treccani, all'*Enciclopedia dello Spettacolo* e all'*Enciclopedia Universo De Agostini*. Cantante lirica, ha svolto la sua attività prevalentemente all'estero. Insegna canto in Germania e in Sudtirolo.
Con Gotthard Bonell ha studiato pittura.

Ihre Veröffentlichungen haben verschiedene nationale und internationale Preise bekommen, die wichtigsten sind:
I suoi scritti letterari hanno ottenuto vari riconoscimenti nazionali e internazionali, i più importanti sono:

2020 Secondo Premio *San Domenichino* per *Due donne del Sud*
2017 Menzione d'onore *Casentino*, per il romanzo *La casa del nonno*
2015 Primo Premio *San Domenichino* per i racconti *La cucchiara*
2012 Primo Premio *Casentino*, per il romanzo *Teatro di ombre*
2012 Premio *Stiftung* Kreatives *Alter*, Zürich per i racconti *Le inquietudini della sora Elsa*
2011 Primo Premio *Chianti*, per il romanzo *Il silenzio*
2008 Primo Premio *Giovanni Gronchi*, per i racconti *La scuola delle catacombe*

Editoriale – file audio

Si può ricevere il file audio, parte integrante del libro, seguendo il seguente sistema:

- Notare la prima parola, sopra a sinistra, della pagina 42 del libro.
- Inserire questa parola come "soggetto' in una email.
- mandare questa email a audio@verlagohnegeld.de

In tal modo si può ricevere gratis il file audio

La veglia.wma

allegato a una email.

I nostri libri bilingue sono spesso usati per insegnare la lingua Italiana, per imparare vocaboli e grammatica. Inoltre costituiscono un aiuto per quanto riguarda la pronuncia della lingua italiana. Infatti un file audio fa parte del libro, nel quale l'autrice legge il capitolo *La veglia* in lingua italiana.

È anche allegata una tabella che riporta la posizione esatta di ogni pagina sul file audio.

La lettura del capitolo è anche registrata su un CD, che si può comprare al prezzo di 3,80€ nel nostro internet-shop www.verlagohnegeld.de.

Sia chiaro: non si tratta di un audiolibro dell'intero libro ma di un supplemento al libro stampato, nel quale viene letto dall'autrice soltanto il capitolo *La veglia* per chiarire eventuale problemi di pronuncia.

Editorial – Audiodatei

Um die zum Buch gehörende Audiodatei zu erhalten, gehen Sie bitte wie folgt vor:

- Entnehmen Sie dem Buch auf Seite 42 das erste Wort links oben.
- Tragen Sie dieses Wort als 'Betreff' in eine Email ein.
- Senden Sie diese Mail an audio@verlagohnegeld.de

Sie erhalten dann die Audiodatei

La veglia.wma

als Anhang einer Email kostenlos zugesandt.

Unsere zweisprachigen Bücher werden vielfach im italienischen Sprachunterricht verwendet, sie sind dabei für den Vokabelerwerb und das Verständnis der Grammatik sehr hilfreich. Um auch die korrekte Aussprache überprüfen zu können, ist dem Buch diese Audiodatei beigegeben, in der das Kapitel *La veglia*, von der Autorin in italienischer Sprache gelesen wird.

Mit der Email bekommen Sie auch eine Tabelle, in der jeder Seitenanfang der entsprechenden Stelle in der Audiodatei zeitlich zugeordnet ist. Sie können so Textstellen mit unklarer Aussprache leichter ansteuern.

Sie können aber auch eine Audio-CD mit besserer Tonqualität zum Preis von 3,80€ über unser Internetshop www.-verlagohnegeld.de beziehen.

Es sei darauf hingewiesen, dass es sich nicht um eine Hörbuchversion des Buches handelt, sondern lediglich um eine Ergänzung zu dem Buch, in der das eine Kapitel *La veglia (Die Totenwache)* von der Autorin zur Verdeutlichung der Aussprache gelesen wird.

Meiner Schwester *Letizia*
In memoriam

A mia sorella *Letizia*
In memoriam

Die italienische Version *Il silenzio*, wurde 2011 in Italien mit dem renommierten Literaturpreis *Chianti* ausgezeichnet

La versione italiana *Il Silenzio* ha vinto 2011 il Premio Chianti

Ada Zapperi Zucker

Das Schweigen

Roman

Deutsch von Dominikus Andergassen

Il silenzio

Romanzo

Zweisprachig / In due lingue

L'attesa

Quel dodici ottobre del 2002 si annunciò con tutti i segni dell'autunno incipiente. Nuvole grigie vagavano basse fin quasi a sfiorare le acque del lago; raffiche di vento spazzavano le strade, scuotevano porte e finestre mettendo a dura prova la resistenza dei cardini. Durante la notte l'aria si era rinfrescata e ora la gente respirava di sollievo: ci voleva solo una bella pioggia rigenerante per scacciare quell'ultimo residuo di calore estivo che ancora si attardava sui muri delle case.

Gli alberi ne approfittarono per spogliarsi delle ultime foglie. Secche e accartocciate giacevano ora a terra, pronte a volare se solo un refolo di vento, imprevedibile e capriccioso, avesse voluto raccoglierle per portarsele via chissà dove.

Enza Golin, prima di uscire di casa, era passata un momento nella stanza della sorella: distesa sul letto, sembrava sparire fra cuscino e lenzuola, tanto era pallida e minuscola. Rita non aveva aperto gli occhi, forse non aveva nemmeno avvertito la sua presenza. La bocca semiaperta, il respiro affannoso e gli occhi chiusi, affossati nelle orbite; il petto scarno che si sollevava con ritmo interrotto; le mani aggrappate al lenzuolo in un ultimo sforzo nervoso, quasi un riflesso istintivo delle sole dita, senza nessuna partecipazione della sua volontà, erano tutti segni di un'agonia lunga e tormentata. Enza Golin non si soffermò più del necessario. Non voleva assistere a quell'ultima lotta.

Das Warten

Jener 12. Oktober 2002 kündigte sich mit allen Anzeichen des bevorstehenden Herbstes an. Graue Wolken zogen tief, beinahe die Wasser des Sees streifend. Windböen kehrten die Gassen, rüttelten an Türen und Fenstern und stellten die Standhaftigkeit der Beschläge auf eine harte Probe. Während der Nacht war es abgekühlt, und die Menschen atmeten erleichtert auf: jetzt brauchte es nur noch einen erfrischenden Regen, um den letzten Rest von Sommerhitze zu vertreiben, der noch an den Hauswänden hing.

Die Bäume nutzten die Gelegenheit, um sich der letzten Blätter zu entledigen. Verdorrt und gekräuselt lagen sie nun am Boden – bereit davonzufliegen, sobald eine unvorhersehbare und launische Bö sie auflesen und mitnehmen wollte. Wer weiß wohin?

Bevor Enza Golin das Haus verließ, warf sie noch einen Blick ins Zimmer ihrer Schwester: im Bett schien sie zwischen Kissen und Leintuch zu verschwinden, so bleich und winzig war sie. Rita, die Augen geschlossen, lag still und unbeweglich; vielleicht hatte sie nicht einmal ihre Anwesenheit wahrgenommen. Der Mund halb geöffnet, der Atem schwer und die geschlossenen Augen tief in die Augenhöhlen eingesunken; die hagere Brust, die sich stockend hob, die Hände am Leintuch mit letzter nervöser Anstrengung festgeklammert, wie in einem instinktiven Reflex der Finger allein, ohne Beteiligung ihres Willens, waren Anzeichen eines langen, quälenden Todeskampfs. Enza Golin hielt sich nicht länger als notwendig auf. Sie wollte diesem letzten Kampf nicht beiwohnen.

Uscendo, fu colta da un profondo senso di stanchezza, una sorta di rassegnazione cui non seppe opporre alcuna resistenza come in altri tempi. Persino il suo corpo, ancora sano e assai vitale, dava segni di malessere, di rifiuto: la vista di quella persona continuava a sconvolgere il suo equilibrio, a svuotarla di quell'energia che le aveva sempre permesso di andare avanti, nonostante tutto.

Non andò subito in albergo. Seguita da Wolf, il suo pastore tedesco, si avviò in direzione opposta. Il piccolo cimitero del paese l'attendeva, solitario a quell'ora, e più triste che mai. L'autunno acquistava lì i suoi toni più aspri. Il vento poi ne aumentava la desolazione. Si fermò accanto alla tomba di suo marito, scomparso qualche mese prima.

«Sta morendo», disse quasi ad alta voce, fissando i fiori un po' appassiti portati da qualcuno, forse dalla figlia: lei non li portava, non ne aveva mai capito il significato. Perché portare fiori ai morti se non ne possono godere?

Una volta, a Praga, aveva visto un cimitero ebraico. Solo sassi, rimasti lì in un desolato stato di abbandono, dove forse nessuno dei pochi sopravvissuti, riusciti ad emigrare in seguito alle persecuzioni razziali, era più tornato. Pietre tombali grigie, divelte con violenza, sparse in disordine, confuse insieme ad altre intatte, tutte ugualmente annerite dalla polvere, macchiate di lichene giallo e sporco, esposte chissà da quanti anni alle intemperie e al vandalismo degli uomini. Nessun fiore o piante ornamentali. Solo il lichene, ostinato sedimento di una vita passata. Qui regnava la morte, inesorabile e definitiva. Ma proprio qui era possibile avvertire il vero senso dell'eternità, oltre i limiti imposti dal concetto di tempo, che in fondo è solo un'invenzione puramente umana. Le pietre come sistema di misurazione, testimonianza di altri mondi e di altre culture, ma anche di millenni passati. Vi

Beim Hinausgehen überfiel sie ein tiefes Gefühl der Müdigkeit, eine Art Resignation, der sie keinerlei Widerstand entgegensetzen konnte wie zu anderen Zeiten. Obwohl sie gesund und sehr vital war, äußerte ihr Körper Zeichen des Unwohlseins, der Ablehnung: diese Person zu sehen erschütterte noch immer ihr Gleichgewicht, entzog ihr jene Energie, die es ihr immer ermöglicht hatte, trotz allem weiter zu machen.

Sie ging nicht sofort ins Hotel. Gefolgt von Wolf, ihrem Schäferhund, setzte sie sich in die entgegengesetzte Richtung in Bewegung. Der kleine Dorffriedhof, zu dieser Stunde verlassen und traurig wie sonst nie, erwartete sie. Der Herbst bot dort seine rauesten Farbtöne und der Wind verstärkte die Trostlosigkeit. Sie blieb neben dem Grab ihres vor einigen Monaten verstorbenen Mannes stehen.

»Sie liegt im Sterben«, sagte sie mit lauter Stimme, während sie die leicht welken Blumen betrachtete, die jemand – vielleicht ihre Tochter – vorbeigebracht hatte. Sie selbst pflegte den Toten nie Blumen zu bringen, sie konnte keinen Sinn darin finden: warum Blumen bringen, wenn die Toten sie ja doch nicht genießen konnten?

In Prag hatte sie einmal einen jüdischen Friedhof gesehen. Nur verwahrloste Steine waren dort geblieben, wohin vielleicht keiner der wenigen Überlebenden, denen die Auswanderung vor der Rassenverfolgung geglückt war, je zurückkehrte. Graue Grabsteine, gewaltsam umgestoßen, wirr verstreut zwischen unversehrten, alle gleichsam vom Staub geschwärzt und von schmutzigen Flechten überzogen, wer weiß wie lange dem Wetter und dem Vandalismus der Menschen ausgesetzt. Keine Blumen, keine Zierpflanzen, nur Flechten, hartnäckige Ablagerung vergangenen Lebens. Hier herrschte der Tod, unerbittlich und endgültig. Aber gerade hier war es möglich, den wahren Sinn der Ewigkeit wahrzunehmen, jenseits der von der Zeit aufgezwungenen Grenzen, die im Grunde nur eine rein menschliche Erfindung sind. Die Steine als Maßsystem, Zeugnis anderer Welten und an-

si può infatti leggere il trascorrere dei secoli senza termini di paragone né confini.

Il tempo è un'intuizione indefinibile nella sua astrattezza, ma condizionante ed essenziale non per l'universo, ma per la mente umana, aveva detto in quella circostanza Carlo: a lui piaceva filosofare sul tempo e sul suo significato. Poi le aveva raccontato che gli ebrei, seguendo un'antichissima tradizione usano buttare ciottoli di diverse dimensioni e ciuffi d'erba sulle tombe, per impedire ai morti, o meglio allo spirito dei morti, di tornare alla superficie, magari per vendicarsi di torti subiti. Ma forse si tratta di un'antica usanza riscontrabile anche in altre culture arcaiche, aveva subito aggiunto, sorridendo. L'idea dei morti che tornano per vendicarsi gli piaceva moltissimo, e si vedeva, ma non era affatto convinto che quattro pietre potessero trattenerli dal compiere la loro missione.

La morte intesa come sfida: ecco un tema che lo appassionava sempre. Il tempo dissolve ogni cosa, solo i sassi resistono a ogni deterioramento. E i sassi sono le ossa della terra, aveva continuato, la morte e il tempo non possono nulla contro le ossa, siano esse umane o terrestri. Una sfida perduta in partenza, quindi: l'universo infatti pullula di sassi e... di anime vaganti, aldilà del tempo e della morte.

Pensieri tetri, riflessioni sulla morte e sul tempo. Il ricordo di un viaggio, uno dei pochi, voluto dal marito.

Wolf aspettava come sempre sulla stradina che conduce al cimitero. La spiava attraverso le sbarre del cancelletto: sapeva che in quel giardino non gli era permesso di entrare. Osservava ogni suo movimento, vagamente inquieto, le zampe ben piantate in terra, il corpo vibrante, la grande bocca

derer Kulturen, aber auch vergangener Jahrtausende. Tatsächlich kann man darin das Vergehen der Jahrhunderte ohne Vergleichspunkte und ohne Grenzen lesen.

Die Zeit ist eine in ihrer Abstraktheit undefinierbare Intuition, nicht wesentlich für das Universum, wohl aber konditionierend für den menschlichen Geist, hatte Carlo bei jener Gelegenheit gesagt; ihm gefiel es, über die Zeit und ihre Bedeutung zu philosophieren. Dann hatte er ihr erzählt, dass die Juden, einer uralten Tradition folgend, Steine und Grasbüschel auf die Gräber werfen, um den Toten oder, besser gesagt, den Geistern der Toten, die Rückkehr an die Oberfläche zu verwehren, damit sie erlittenes Unrecht nicht vergelten konnten. Vielleicht handelt es sich aber auch um einen alten Brauch, den es auch in anderen archaischen Kulturen gab, hatte er gleich lächelnd hinzugefügt. Die Vorstellung von den Toten, die zurückkehrten, um sich zu rächen, gefiel ihm sehr, und man sah, dass er überhaupt nicht davon überzeugt war, dass ein paar Steine ihre Mission hätte verhindern können.

Der Tod als Herausforderung: das war ein Thema, dass Carlo immer begeistert hatte. Die Zeit löst alles auf, nur die Steine widersetzen sich jedem Verfall. Und die Steine sind die Gebeine der Erde, hatte er ausgeführt. Der Tod und die Zeit können dagegen nichts ausrichten, seien es nun die Knochen des Menschen oder der Erde. Also eine von Anfang an vergebliche Herausforderung, denn das Universum wimmelt vor Steinen ... vor irrenden Seelen, jenseits von Zeit und Tod.

Düstere Gedanken, nachdenken über Tod und Zeit. Erinnerungen an eine Reise, eine der wenigen, von ihrem Mann gewollt.

Wolf wartete wie immer auf dem Weg, der zum Friedhof führte. Er betrachtete Enza durch die Gitterstäbe des Gartentors; er wusste, dass es ihm nicht erlaubt war, diesen Garten zu betreten. Er beobachtete jede ihrer Bewegungen, leicht beunruhigt, die Pfoten fest auf dem Boden, mit vibrie-

aperta tanto da lasciare spazio alla lingua, piuttosto lunga, che pendeva da un lato. Appena la vide venire si avviò deciso, precedendola di qualche passo, fermandosi qua e là, come d'abitudine, per annusare se un suo simile fosse passato da quelle parti prima di lui. Ogni tanto lanciava uno sguardo di sfuggita, indietro, per accertarsi che lei lo seguiva.

Finalmente in albergo, ai saluti del personale rispose con l'abituale cortesia, anche se con una punta di freddezza in più. Il solito commento sul tempo. «Che brutta giornata, oggi, che tempaccio. Verrà certamente un temporale.» E si era chiusa nel suo ufficio.

Una mattinata trascorsa fra un'incombenza e l'altra, in attesa che succedesse qualcosa. A pranzo si rifiutò di mangiare, lo stomaco chiuso, un senso di nausea e anche di angoscia le impediva di ingoiare anche una sola cucchiaiata di minestra.

Era poi seguito un pomeriggio lungo, pesante, interrotto dalla telefonata della signora Ferretti, l'infermiera, da qualche mese stabile in casa sua. Nel modo sbrigativo che le era - proprio, aveva solo detto: „La signorina è in agonia. È solo questione di minuti. Se la vuole vedere ancora viva, venga subito." E senza aggiungere altro aveva riagganciato, quasi si fosse trattato di un affare qualsiasi, di una comunicazione d'ufficio.

La notizia, benché attesa, e con una certa impazienza anche, la sconvolse. Il tono freddo, quasi seccato, era tutta una denuncia. Quella donna sembrava aver indovinato il desiderio vergognoso che lei stessa cercava di ignorare: „Se ne sta andando. Te ne sei liberata."

Inchiodata alla sua sedia cercò di sbrigare vecchie prati-

rendem Körper, das große Maul gerade soweit geöffnet, um der langen, seitlich heraushängenden Zunge Platz zu lassen. Sobald er sie kommen sah, setzte er sich entschlossen in Bewegung, wie es seine Gewohnheit war, ihr einige Schritte voraus, da und dort verweilend, um zu riechen, ob etwa seinesgleichen vor ihm dort vorbeigekommen seien. Ab und zu warf er einen flüchtigen Blick zurück, um sich zu vergewissern, dass sie ihm folgte.

Endlich zurück im Hotel erwiderte Enza die Begrüßungen des Personals mit der gewohnten Höflichkeit, wenn auch mit einer leichten Spur von Kälte. Die üblichen Bemerkungen zum Wetter. »Welch hässlicher Tag heute; was für ein Wetter. Es kommt sicher ein Gewitter ...«, dann verschwand sie in ihrem Büro.

Den Morgen verbrachte sie zwischen der einen und der anderen Verpflichtung, und in der Erwartung, dass etwas geschehe. Beim Mittagessen weigerte sie sich etwas zu essen; der verschlossene Magen, das Gefühl der Übelkeit und auch der Angst hinderten sie daran, auch nur einen Löffel Gemüsesuppe hinunterzuwürgen.

Es folgte ein langer, schwerer Nachmittag, unterbrochen vom Anruf Frau Ferrettis, der Krankenpflegerin, die seit einiger Zeit ständig bei Rita zu Hause war. In der ihr eigenen beiläufigen Art hatte sie nur gesagt: „Das Fräulein liegt im Sterben. Es ist nur mehr eine Frage von Minuten. Wenn Sie ihre Schwester noch lebend sehen wollen, kommen Sie sofort." Ohne etwas hinzuzufügen hatte sie aufgelegt, als hätte es sich um eine beliebige Angelegenheit gehandelt, um eine amtliche Mitteilung.

Die Nachricht, obwohl auch mit einer gewissen Ungeduld erwartet, wühlte Enza auf. Der kalte, beinahe gereizte Ton war eine einzige Anklage. Diese Frau schien ihren beschämenden Wunsch erraten zu haben, den sie selbst zu ignorieren versuchte: „Sie stirbt. Du hast dich von ihr befreit."

Festgenagelt auf ihrem Sessel versuchte Enza alte Akten

che, roba arretrata e di nessuna importanza che sceglieva a seconda della data di scadenza. Faceva fatica a concentrarsi. Leggeva e rileggeva una frase, una parola, cercando di afferrarne il senso: parole, solo parole che anche a pronunciarle a voce alta non avrebbero prodotto altro che un suono, senza alcun significato. Parole diventate di colpo straniere. Dov'era finita la sua capacità di connettere?

Se la immaginava in quella stanzetta, distesa nel suo letto solitario, bianca e già fredda: neanche la morte sarebbe riuscita a dare un'espressione qualsiasi a quel volto assente. Avrebbe avuto sempre quella persona davanti agli occhi, come una condanna?

Impaziente, nervosa, capì di non poter lavorare. Rimise le carte a posto e cominciò a organizzare il funerale, il trasporto della salma fino a Trento e tutto il resto. Telefonò ai figli, Luisa la maggiore, Luigi, medico, che avrebbe dovuto certificare il decesso, e il figlio più giovane, Piero, da qualche anno a Padova per motivi di lavoro.

Scacciava da sé il pensiero di dover tornare a casa.

„Potessi non vederla più! Se dessi retta al mio istinto, fuggirei, ora, sul momento. Me ne andrei in capo al mondo pur di evitare quest'ultimo incontro. Da quando sono nata, sempre lei davanti a me, più morta che viva, più di là che di qua: che vita è stata la sua? Si è mai accorta di essere al mondo? Una vita sprecata, vissuta nella totale ignoranza di se stessa e di chi le viveva accanto. Che ne sa, lei, della vita e della morte? Si è mai posta qualche domanda... quel cervello, almeno una volta, è stato in grado di formulare una frase, una riflessione? Ha mai preso coscienza di qualcosa?"

abzuarbeiten, liegen gebliebenes Zeug ohne Bedeutung, das sie nach Fälligkeitsdatum auswählte. Sie hatte Mühe, sich zu konzentrieren. Wiederholt las sie einen Satz, ein Wort, bemüht, den Sinn zu begreifen: Worte, nur Worte, die auch laut ausgesprochen nichts anderes als Laute produziert hätten, bar jeder Bedeutung, Worte, die auf einen Schlag fremd geworden waren. Wo war ihre Fähigkeit geblieben, zusammenhängend zu denken?

Sie stellte sich die Schwester vor, in jenem Kämmerlein, ausgestreckt auf ihrem einsamen Bett, bleich und bereits kalt; nicht einmal der Tod wäre imstande gewesen, dem abwesenden Gesicht irgendeinen Ausdruck zu verleihen. Würde sie für immer, einer Strafe gleich, diese Person vor Augen haben?

Ungeduldig, nervös, begriff sie, dass sie nicht in der Lage war zu arbeiten. Sie legte die Akten ab und begann das Begräbnis zu organisieren, den Transport der Leiche nach Trient und den ganzen Rest. Sie rief die Kinder an, Luisa, die ältere, Luigi, Arzt, der den eingetretenen Tod würde bestätigen müssen und den jüngsten Sohn, Piero, seit einigen Jahren aus beruflichen Gründen in Padua.

Enza wies den Gedanken, zu Rita nach Hause zurückkehren zu müssen, von sich.

„Müsste ich sie bloß nicht mehr sehen! Wenn ich meinem Instinkt folgen würde, würde ich fliehen, jetzt, augenblicklich. Ich würde ans Ende der Welt gehen, nur um dieser letzten Begegnung zu entgehen. Seit ich geboren bin, habe ich sie immer vor mir, mehr tot als lebendig, mehr im Jenseits als im Diesseits. Was für ein Leben hat Rita gelebt? Hat sie jemals bemerkt, auf der Welt zu sein? Ein vergeudetes Leben, gelebt in der vollkommenen Unwissenheit ihrer selbst und derer, die um sie herum lebten. Was wusste sie denn vom Leben und vom Tod? Hat sie sich jemals irgendwelche Fragen gestellt ..., war jenes Gehirn zumindest ein einziges Mal in der Lage gewesen, einen Satz, eine Überlegung zu formulieren? Ist ihr jemals etwas bewusst geworden?“

E man mano che lasciava spazio ai pensieri, liberi di quel freno cui li aveva costretti nel corso della sua vita, veniva travolta da una rabbia immotivata, ma tanto più inquietante.

„Che mi prende? Perché sono furiosa contro quella povera creatura?“ Si chiese più volte stupita. „Se ne va silenziosamente così come è vissuta. Cosa voglio di più? Mi è stato insegnato ad avere pietà di lei. A essere ragionevole. Sempre ragionevole. Cosa voglio ora che è finito tutto? Perché questa rabbia? Anni e anni di pietà. È questo forse che mi rende così furiosa.

Dio mio, cos'è la pietà? Cosa si nasconde, cosa ho nascosto *io* dietro questa parola, dietro questo sentimento che mi è stato imposto? Un'inconfessata ripugnanza, ecco la verità: tutto, tutto, fuorché essere come lei. È questa la pietà, o è altro, che io non conosco? A pensarci bene non so più cosa sia la pietà: compassione per le sofferenze altrui, così si definisce generalmente. Ma lei non soffriva! *Io* ho sofferto, solo *io*, per il ruolo che ho dovuto recitare, per l'inganno di tutta una vita: *io* ho dovuto recitare questa parte, sempre, senza un solo cedimento, fino alla fine. *Io*, la buona sorella, comprensiva, generosa... Dovrei vergognarmi e invece arriva questa rabbia che mi rovina tutto.“

Gli argini faticosamente costruiti durante una vita per sostenere un equilibrio più di una volta in procinto di crollare, furono spazzati via con la violenza di un terremoto, lasciando dietro di sé solo un mucchio di macerie.

„Non c'è stato un solo giorno della mia vita senza questo peso, senza questa tremenda palla al piede che mi ha avvelenato fin dall'inizio, fin da quando, bambina, ho preso coscienza di me e di lei. E mai, mai mi sono permessa di lasciar spazio all'astio, all'insofferenza che a volte minacciava di precipitarmi in un mondo fatto solo di odio. Con tutte le mie

Und wie Enza so ihre Gedanken spielen ließ, befreit von den Zügeln, die sie ihnen im Laufe des Lebens angelegt hatte, wurde sie von einer grundlosen und deshalb umso beunruhigenderen Wut übermannt.

„Was ist los mit mir? Warum bin ich wütend auf diese arme Kreatur?", fragte sie sich erstaunt. „Sie tritt still ab, so wie sie gelebt hat. Was will ich mehr? Man hat mir beigebracht, Mitleid mit ihr zu haben, vernünftig zu sein. Immer vernünftig. Was will ich nun, da alles zu Ende ist? Warum dieser Zorn? Jahre des Mitleids. Ist es das, was mich so wütend macht?

Mein Gott, was ist Mitleid? Was verbirgt sich hinter diesem Wort, was habe *ich* dahinter versteckt, hinter diesem Gefühl, das mir aufgezwungen wurde? Eine nie eingestandene Abscheu, das ist die Wahrheit: alles, alles, nur nicht sein wie sie. Ist das Mitleid oder etwas anderes, etwas, was ich nicht kenne? Genau genommen weiß ich nicht mehr, was Mitleid ist: Mitgefühl mit dem Leiden anderer, so definiert man es im Allgemeinen. *Sie* aber litt nicht! *Ich* habe gelitten, nur *ich*, wegen der Rolle, die ich spielen musste, wegen einer lebenslangen Lüge. *Ich* musste diese Rolle spielen, immer, ohne ein einziges Nachgeben, bis zum Ende. *Ich*, die gute Schwester, verständnisvoll, großzügig ... Schämen müsste ich mich, stattdessen diese Wut, die nun alles zerstört."

Die im Laufe eines Lebens mühsam errichteten Dämme, um ein Gleichgewicht aufrecht zu erhalten, das mehr als einmal zusammenzubrechen drohte, wurden mit der Gewalt eines Erdbebens fortgespült. Nur ein Trümmerhaufen blieb zurück.

„Es gab keinen einzigen Tag in meinem Leben ohne diese große Last, die mich von Anfang an vergiftet hat, schon als ich ein kleines Mädchen war und mir meiner und ihrer selbst bewusst wurde. Und nie, nie erlaubte ich mir, dem Groll Raum zu geben, der Unduldsamkeit, die manchmal drohte, mich in eine Welt zu stürzen, in der es nichts außer

forze ho ricacciato indietro questo maledetto veleno; l'ho inghiottito fino a restarne io stessa avvelenata. Come avrei potuto ammettere una tale mostruosità?" Si fermò, sconvolta, ma anche sorpresa.

„Questo dunque covava dentro di me: odio e rancore senza fine. Ecco cosa nascondevo dietro la maschera della buona sorella! Dio mio, di quanto odio è capace un essere umano! E ora che è morta mi permetto di svelarlo a me stessa, di prenderne coscienza, di dirlo. Di gridarlo... se non ci fosse ancora un resto di vigliaccheria, di rimorso che mi chiude la bocca!"

Paralizzata da questa confessione restò un momento in sospeso, respirando appena, quasi si aspettasse di venire fulminata sul posto. Il Giudizio di Dio o degli uomini, non avrebbe saputo dire: una punizione doveva pur arrivare. Si guardò intorno. Tutto era rimasto come prima, perfino il cane non si era mosso; dormiva infatti davanti alla porta, disteso per traverso, in modo che chiunque entrando, fosse costretto ad inciampare su di lui.

Si riprese. „No, non è odio, è qualcosa di diverso. Il pensiero di averla odiata mi fa stare troppo male. Non può essere odio. E perché poi? Lei non ha colpa di niente. Lei non c'entra... o meglio in minima parte, anche se essenziale. Se di colpa si può parlare, la sua unica colpa è stata quella di essere nata. È terribile. Non bisognerebbe mai lasciare spazio ai pensieri di proliferare liberamente: è pericoloso, perché portano alla luce tutto il nero che si nasconde nella profondità delle nostre anime. Da qualche parte ci dovrebbe essere un meccanismo, un freno per impedire alla mente di formulare certi pensieri. Sarebbe bene poter mettere un veto già in partenza. Dio, potessi non pensare! Ma ora è finita. Almeno per lei."

Hass gab. Mit all meinen Kräften habe ich dieses verfluchte Gift zurückgewiesen; ich habe es geschluckt, bis ich selbst vergiftet war. Wie hätte ich eine derartige Ungeheuerlichkeit zugeben sollen?" Sie hielt inne, verwirrt und auch überrascht.

„Das also brütete in mir: Hass, Groll ohne Ende. Das war es, was sich hinter der Maske der guten Schwester verbarg! Mein Gott, zu wie viel Hass ist ein menschliches Wesen fähig! Und jetzt, da sie tot ist, erlaube ich mir, es mir selbst zu enthüllen, es mir bewusst zu machen, es zu sagen, es hinauszuschreien, wenn da nicht noch ein Rest von Feigheit und Schuldgefühl wäre, der mir den Mund verschließt!"

Gelähmt von diesem Geständnis, verharrte sie einen Augenblick, kaum atmend, als erwarte sie, auf der Stelle vom Blitz getroffen zu werden. Das Urteil Gottes oder der Menschen, sie hätte es nicht zu sagen gewusst: eine Strafe würde wohl kommen. Sie blickte sich um. Alles war wie vorher, nicht einmal der Hund hatte sich bewegt; er döste gemütlich in der Tür, so dass jeder, der eintrat, über ihn stolpern musste.

Sie fing sich. „Nein, es ist nicht Hass, es ist etwas anderes. Der Gedanke, sie gehasst zu haben, schmerzt mich zu sehr. Es kann nicht Hass sein. Warum denn auch? Sie hat überhaupt keine Schuld. Sie kann nichts dafür ..., und doch ..., zu einem kleinen, wenn auch wesentlichen Teil. Wenn man von Schuld sprechen kann, dann war es ihre einzige Schuld, geboren zu sein. Es ist schrecklich. Man sollte den Gedanken nie die Möglichkeit geben, sich frei zu entfalten. Es ist gefährlich, weil sie all das Dunkel ans Licht bringen, das sich in der Tiefe unserer Seelen verbirgt. Irgendwo sollte es eine Vorrichtung geben, eine Bremse, die dem Gehirn die Formulierung bestimmter Gedanken verwehrt. Es wäre gut, könnte man dem von Anfang an Einhalt gebieten. Mein Gott, wenn ich doch nicht denken müsste! Doch jetzt ist es vorbei. Zumindest für Rita."

Più tardi, attese la fine della cena. I suoi ospiti sembrava non avessero nessuna intenzione di abbandonare la sala da pranzo. Ma neanche lei riusciva ad allontanarsi dalla reception. Sentiva la strana necessità di salutarli tutti, uno per uno, man mano che passavano per avviarsi verso una delle sale dove erano già disposti i vari tavolini da gioco, quasi volesse congedarsi dalla persona che fino a qualche ora prima aveva creduto di essere. O meglio per sincerarsi, mettersi alla prova, ora che aveva scoperto una parte di sé, magari in passato solo intravista, che non poteva assolutamente accettare. Come si sarebbe comportata? Avrebbe continuato a mostrare il suo solito viso innocente, di chi non conosce il male? E loro, si sarebbero accorti del cambiamento avvenuto in quelle poche ore, dopo la sua nuova presa di coscienza?

I suoi ospiti, sempre più o meno gli stessi, erano delle vecchie conoscenze: sapeva della loro vita, dei figli e nipoti che a volte venivano a trovarli; conosceva le particolarità del loro carattere e i desideri che cercava di assecondare per rendere il loro soggiorno il più piacevole possibile. Venivano infatti ogni anno, in autunno, per trascorrere i mesi invernali nel suo albergo, per via del clima temperato della regione, ma anche per ritrovarsi tutti insieme in quell'ambiente caldo e accogliente, arredato con raffinata eleganza. Si era formata come una piccola comunità, un specie di circolo. Tutti più o meno appassionati giocatori di bridge avevano organizzato veri e propri tornei: ogni sera si riunivano nel salone e malgrado l'età piuttosto avanzata della maggior parte di loro, facevano le ore piccole con estrema facilità.

Quella sera, il sorriso fisso sulle labbra, i muscoli del viso tesi in un'espressione volutamente gentile, la padrona tra-

Später wartete sie auf das Ende des Abendessens. Es schien, als hätten ihre Gäste keinerlei Absicht, den Speisesaal zu verlassen. Doch auch sie war nicht imstande, aus der Rezeption wegzugehen. Sie verspürte das seltsame Bedürfnis, alle zu verabschieden, jeden einzeln, nacheinander, so wie sie vorbei kamen, um sich in einen der Räume zu begeben, in denen die verschiedenen Spieltische standen. Es war geradezu so, als wolle sie sich von der Person verabschieden, die sie bis vor einigen Stunden noch zu sein geglaubt hatte. Oder besser, um sich zu versichern und sich auf die Probe zu stellen, jetzt, wo sie einen früher möglicherweise nur undeutlich wahrgenommenen Teil ihrer selbst entdeckt hatte, den sie auf keinen Fall akzeptieren konnte.. Wie hätte sie sich wohl benommen? Hätte sie weiterhin das übliche unschuldige Gesicht einer Frau gezeigt, die das Böse nicht kennt? Und die Gäste, wäre ihnen die Veränderung aufgefallen, die in den knappen Stunden nach ihrer neuen Bewusstseinsfindung stattgefunden hatte?

Ihre Gäste, mehr oder weniger immer dieselben, waren alte Bekannte. Sie wusste von deren Leben, ihren Kindern und Enkeln, die sie manchmal besuchen kamen; sie kannte die Besonderheit ihres Charakters und die Wünsche, die sie zu erfüllen suchte, um ihnen ihren Aufenthalt so angenehm wie möglich zu gestalten. Sie kamen in der Tat jedes Jahr im Herbst, um die Wintermonate wegen des gemäßigten Klimas in ihrem Hotel zu verbringen, aber auch, um sich mit all den anderen in diesem warmen und einladenden Ambiente, das mit ausgesuchter Eleganz eingerichtet war, zu treffen. Es hatte sich so etwas wie eine kleine Gemeinschaft gebildet, eine Art Club. Mehr oder weniger alles begeisterte Bridgespieler hatten sie richtige Turniere organisiert; sie trafen sich jeden Abend im Salon, und trotz des eher fortgeschrittenen Alters der meisten von ihnen, hielten sie es leicht bis in die frühen Morgenstunden aus.

An jenem Abend vermittelte die Hotelbesitzerin mit dem unbeweglichen Lächeln auf den Lippen und mit den zu ei-

smise più malessere che altro. Anche la voce più volte si rifiutò di obbedire: sembrava vicina a una crisi di nervi. La sua angoscia era così evidente che un vago senso di disagio si propagò fra i suoi ospiti, tanto che prima di prendere le carte in mano, alcuni si chiesero perplessi se non fosse successo qualcosa.

Wolf come d'abitudine non vedeva l'ora di uscire. Quel pomeriggio l'aveva guardata varie volte interrogativamente: „Si va?"

Lei lo aveva ignorato. O meglio aveva fatto finta di non vederlo. Era uscito infatti da solo, avvilito, come un cane orfano, senza padrone. Un giretto nel piccolo bosco che costeggiava un lato dell'albergo, dove solo di rado incontrava qualcuno; un luogo noioso del quale conosceva ormai ogni pianta, ogni albero, ogni sasso, tutto immancabilmente segnato col suo odore. Depresso, di malavoglia, aveva bighellonato qua e là. Alla fine, come sempre, si era ritrovato davanti all'ingresso del cimitero. Inquieto, di un'inquietudine che nasceva dalla vaga percezione di un dolore ormai lontano, sepolto nella parte più profonda del suo inconscio canino, aveva gettato uno sguardo attraverso le sbarre del cancelletto senza cercare niente di preciso. Aveva dimenticato come alcuni mesi prima, proprio lì, davanti a quelle sbarre di ferro, fosse rimasto solo e avesse atteso, a lungo, giorno e notte, senza mangiare né bere, deciso ad attendere fino alla fine del mondo: lui, come tutti gli animali, non aveva concezione del tempo. La padrona era poi venuta a cercarlo e lo aveva portato via, letteralmente di peso, dimagrito e spelacchiato, permettendogli per la prima volta di restare con lei, nel suo ufficio, e di diventare il suo cane.

nem gewollt freundlichen Ausdruck angespannten Gesichtsmuskeln, großes Unbehagen. Auch ihre Stimme versagte mehrmals; sie schien am Rande eines Nervenzusammenbruchs. Ihr Unwohlsein war so offensichtlich, dass sich eine unbestimmte Unruhe unter den Gästen breit machte, so dass sich einige von ihnen, bevor sie die Karten zur Hand nahmen, betroffen fragten, was denn vorgefallen sei.

Wolf konnte es, wie gewohnt, kaum erwarten, endlich hinausgelassen zu werden. Am Nachmittag hatte er sie mehrmals fragend angeschaut: „Gehen wir?"

Sie hatte ihn ignoriert. Besser gesagt, sie hatte so getan, als ob sie ihn nicht sehen würde. Er war in der Tat alleine hinausgelaufen, niedergeschlagen wie ein verwaister Hund. Er machte einen Abstecher in den kleinen Wald, der sich auf der einen Seite des Hotels hinzog, wo er sehr selten jemanden traf; ein langweiliger Ort, an dem er inzwischen jede Pflanze, jeden Baum, jeden Stein kannte, die er mit seinem Duft markiert hatte. Bedrückt, lustlos hatte er da und dort herumgelungert. Am Ende fand er sich wie immer am Eingang zum Friedhof wieder. Von einer Unruhe gepackt, die einem unbestimmten Gefühl eines mittlerweile weit entfernten Schmerzes entsprang und das im tiefsten Winkel seines hündischen Unterbewusstseins begraben war, hatte er einen Blick durch das Gitter des Tores geworfen, ohne etwas Bestimmtes zu suchen. Er hatte vergessen, wie er einige Monate zuvor genau dort, vor jenen Gitterstäben, allein geblieben war und gewartet hatte. Lange, Tag und Nacht, ohne zu fressen und zu trinken, entschlossen zu warten bis zum Ende der Welt; er, wie alle Tiere, hatte keine Vorstellung von Zeit. Enza war dann gekommen, um ihn zu suchen und hatte ihn im wahrsten Sinn des Wortes fortgetragen, abgemagert und verwahrlost. Sie hatte ihm zum ersten Mal erlaubt, bei ihr im Büro zu bleiben und ihn als ihren Hund angenommen.

Ogni giorno si ritrovava lì, spinto da una sorta di richiamo, o da una speranza cui non avrebbe saputo dare un nome, dato che il tempo cominciava a cancellare l'immagine di una certa persona che aveva amato più di ogni altra. Un tacito appuntamento, perché non sapeva più cosa andasse a cercare, chi dovesse aspettare. Chi non sarebbe più venuto.

Tornando non si soffermò più di tanto a cercare le tracce di chi lo aveva preceduto, come faceva sempre, né lasciò molti segni del proprio passaggio: era scontento di tutto e basta.

Mai avrebbe potuto indovinare che la padrona si era rifiutata di accompagnarlo come faceva ogni pomeriggio, solo per evitare di incontrare la signora Ferretti. Timore assurdo, anche perché la signora Ferretti non avrebbe potuto muoversi di casa.

Certo sarebbe stato più che mai inopportuno andare a spasso con il cane mentre la sorella giaceva agonizzante nel suo letto: chissà i pettegolezzi che ne sarebbero nati. No, non poteva farlo.

Uscì dall'albergo che saranno state le nove di sera. Fuori, buio pesto, come in piena notte. Enza, più che mai inquieta, si fermò sulla soglia, quasi per orientarsi. O forse per ritardare ancora di qualche minuto il ritorno a casa.

Non aveva fatto in tempo a chiudere la porta dietro di sé che Wolf era già corso via, come un prigioniero cui venga restituita la libertà. Tardi, ma la passeggiata quotidiana con la padrona è ormai assicurata, aveva pensato. Sempre mettendo il caso che un cane pensi.

Enza lo chiamò, con voce atona.

«No, Wolf, questa sera no, andiamo subito a casa.» Il cane si fermò di botto e girò la grossa testa verso di lei, una chiara domanda negli occhi: ho sentito bene? La passeggiata se ne va in fumo, così, senza alcun motivo.

Jeden Tag fand er sich an dieser Stelle wieder, getrieben von einem unerklärlichen Verlangen, einer unbestimmten Hoffnung. Unbestimmt, weil die Zeit die Erinnerung an eine Person, die er mehr als jede andere geliebt hatte, langsam auslöschte. Eine schweigsame Verabredung weil er nicht mehr wusste was er suchte und auf wen er wartete. Der nie mehr kommen würde.

Auf dem Rückweg suchte er nicht mehr lange nach den Fährten anderer Hunde, die vor ihm dort vorbei gekommen waren. Er hinterließ nicht einmal viele Spuren seiner Anwesenheit; er war einfach mit allem unzufrieden.

Nie hätte er erraten können, dass seine Herrin sich geweigert hatte ihn wie jeden Nachmittag zu begleiten, nur um eine Begegnung mit der Krankenpflegerin zu vermeiden. Eine absurde Befürchtung, auch weil Frau Ferretti das Haus nicht hätte verlassen können.

Sicher wäre es mehr denn je unangebracht gewesen, mit dem Hund spazieren zu gehen, während ihre Schwester im Sterben lag; wer weiß, welcher Klatsch daraus entstanden wäre. Nein, sie konnte es nicht tun.

Es muss gegen neun Uhr gewesen sein, als sie das Hotel verließ. Draußen war es stockdunkel wie in tiefster Nacht. Beunruhigt blieb Enza auf der Schwelle stehen, um sich zu orientieren. Oder eher, um die Heimkehr noch um einige Minuten hinauszuzögern.

Kaum hatte sie die Tür hinter sich geschlossen, schon war Wolf davon gestürmt wie ein Gefangener, dem die Freiheit zurückgegeben wird. Zwar spät, aber der tägliche Spaziergang mit der Herrin ist jetzt gesichert, dachte er. Angenommen ein Hund denkt.

Enza rief ihn mit tonloser Stimme.

»Nein Wolf, heute nicht; jetzt gehen wir nach Hause.« Der Hund blieb augenblicklich stehen, drehte sich mit der klaren Frage in den Augen um: Habe ich recht gehört? Der Spaziergang geht flöten, einfach so, ohne Grund?

«È tardi» aggiunse Enza, quasi a giustificarsi, «e fra poco scoppierà un temporale.»

Da lontano infatti tuonò minacciosamente. Lampi squarciavano il cielo saettando il lago di luci improvvise.

Poche centinaia di metri la separavano dalla sua casa, ma quel breve tratto di strada le costò una gran fatica. Le gambe si rifiutavano di andare. E non per stanchezza fisica. Si trascinava qua e là calpestando le foglie secche che aveva visto volare tutto il giorno dalla finestra del suo ufficio: le aveva seguite con gli occhi, persa dietro ogni foglia, in un'apatia per lei del tutto innaturale.

Andava lenta, indugiando a ogni passo per affondare i piedi nei mucchi di foglie, sparpagliandole e godendo del loro fruscio come faceva da bambina; ora poteva farlo senza sensi di colpa, nessuno l'aspettava, nessuno avrebbe protestato per il suo ritardo. Wolf, scontento, sentì che qualcosa non andava per il verso giusto: la padrona, pur non avendo tempo per una passeggiata, non sembrava aver fretta di tornare a casa. Quell'atteggiamento lo disorientava. Non provava gusto a correre avanti e indietro, come d'abitudine, per sentirsi chiamare „Wolf, qui". E neanche la sua voce era la stessa. Quel sottotono di stanchezza e di sconforto lo avviliva.

Ad un certo punto Enza percepì qualcosa di estraneo, di nuovo. Si fermò e alzò gli occhi. Fino a quel momento aveva fissato soltanto la strada per vedere dove metteva i piedi. La sua casa solitaria e silenziosa si stagliava nella notte, come una visione spettrale. Si fermò stupita trattenendo il respiro: tutte le finestre erano illuminate, ma nonostante le luci, se ne indovinava il vuoto e la solitudine.

La signora Ferretti l'aveva già vista appena girato l'angolo. Aveva spiato tutto il pomeriggio dalle finestre, dalla porta d'ingresso, andando e venendo sempre più nervosa, sempre

»Es ist spät«, fügte Enza hinzu, beinahe sich rechtfertigend, »und bald wird es ein Unwetter geben.«

In der Ferne donnerte es bedrohlich. Blitze teilten den Himmel und verschwanden in der Dunkelheit des Sees.

Wenige hundert Meter trennten sie von ihrem Haus, doch dieses kurze Stück Weg kostete sie große Anstrengung. Die Beine verweigerten sich ihr, nicht aus Müdigkeit. Sie schleppte sich mühsam weiter, die dürren Blätter zertretend, die sie den ganzen Tag lang vom Fenster ihres Büros aus durch die Luft hatte wirbeln sehen; Blatt für Blatt, gedankenverloren in einer für sie vollkommen unnatürlichen Apathie.

Sie ging langsam, bei jedem Schritt zögernd, die Füße in die Laubhaufen zu setzen, sie zu zerstreuen und das Rascheln zu genießen, wie sie es als Kind getan hatte; jetzt konnte sie es ohne jegliches Schuldgefühl tun; niemand wartete auf sie, niemand hätte wegen ihres Zuspätkommens protestiert. Unzufrieden spürte Wolf, dass etwas nicht richtig lief: Obwohl Enza keine Zeit für einen Spaziergang hatte, schien sie es nicht eilig zu haben, nach Hause zurückzukehren. Dieses Verhalten verunsicherte ihn. Er fand keinen Gefallen daran, vor und zurück zu laufen, wie er es sonst tat, um sie rufen zu hören: „Wolf, hierher!". Und auch ihre Stimme war nicht dieselbe. Dieser Unterton von Müdigkeit und Trostlosigkeit entmutigte ihn.

An einem bestimmten Punkt nahm Enza etwas Fremdes, etwas Neues wahr. Sie blieb stehen und blickte hoch. Bis dahin hatte sie nur auf den Weg gestarrt, um zu sehen, wohin sie ihre Füße setzte. Ihr einsames und stilles Haus hob sich vom Nachthimmel wie eine geisterhafte Erscheinung ab. Erstaunt hielt sie den Atem an: alle Fenster waren erleuchtet, aber trotz der Lichter ahnte man die Leere und die Einsamkeit.

Frau Ferretti hatte sie bereits gesehen, als sie um die Ecke kam. Sie hatte den ganzen Nachmittag aus dem Fenster gespäht, zur Haustür hinausgeschaut, immer nervöser hin

più irritata man mano che le ore passavano. Impaziente si affrettò a venirle incontro e senza salutarla. «L'ho lavata e vestita», disse solo. «Posso andare?» Il tono freddo, glaciale era tutto un rimprovero. Nonostante l'oscurità, Enza sentì o meglio indovinò la durezza di quello sguardo: lei sì che avrebbe spettegolato. Doveva aver intuito una quantità di cose.

«Ho telefonato alla signora Guidi per avvertirla di non venire. Tanto non è più necessario. Alla veglia provvederà lei da sola, penso.» Voleva aggiungere altro, ma si fermò in tempo, riuscendo appena a contenere la propria indignazione. „Non ha nessuna simpatia per me", pensò Enza sorpresa. „Come mai non me ne sono accorta prima? Non mi ha neanche fatto le condoglianze." Aspettò un momento finché la vide sparire dietro l'angolo della strada, perplessa e più che mai smarrita. Non si erano neanche salutate. E lei non era stata capace di giustificarsi, o almeno di dare una risposta adeguata. L'insolenza di quel tono, più che le parole stesse, tutto l'atteggiamento di quella persona cui in passato non aveva mai prestato molta attenzione, ebbero l'effetto di una frustata in pieno viso. Cercò di scuotersi dal torpore cui era stata preda durante quel lungo pomeriggio e vide come Wolf, seduto davanti alla porta rimasta aperta, l'aspettava impaziente. Ancora un po' e si sarebbe messo ad abbaiare.

La presenza del cane la ricondusse alla realtà.

«Povero Wolf. Non fa altro che aspettare.»

Entrò in casa: le luci accese in ogni stanza, tutte le porte spalancate... „perché?" Si chiese, „che cosa le è saltato in mente?" L'ampio ingresso illuminato sfarzosamente le trasmise subito un senso di solitudine, di vuoto angosciante. Si fermò accanto alla porta e notò come tutte quelle luci non facessero che accentuare la desolazione, l'abbandono di una

und her gehend, immer gereizter, je weiter die Zeit verstrich. Ungeduldig kam sie ihr eilig entgegen, ohne sie zu begrüßen: »Ich habe sie gewaschen und angezogen«, sagte sie nur. »Darf ich gehen?« Der kalte, eisige Ton war ein einziger Vorwurf. Trotz der Dunkelheit spürte Enza die Härte ihres Blicks – sie würde jetzt tratschen. Sie musste eine Menge Dinge erahnt haben.

»Ich habe Frau Guidi angerufen, um ihr zu sagen, dass sie nicht zu kommen braucht. Jetzt ist es ja nicht mehr notwendig. Um die Totenwache kümmern Sie sich selbst, denke ich.« Sie wollte noch etwas hinzufügen, hielt aber rechtzeitig inne, ihre eigene Entrüstung unterdrückend. „Sie hegt keinerlei Sympathie für mich", dachte Enza überrascht. „Wieso habe ich das nicht schon früher bemerkt? Sie hat mir nicht einmal ihr Beileid ausgesprochen." Sie wartete einen Augenblick, bis sie sie um die Ecke verschwinden sah, verblüfft und mehr denn je verwirrt, ohne sich zu verabschieden. Sie war nicht in der Lage gewesen, sich zu rechtfertigen oder zumindest eine angemessene Antwort zu geben. Dieser anmaßende Ton, der schlimmer als ihre Worte selbst waren; die gesamte Haltung dieser Person, der sie in der Vergangenheit nie besondere Aufmerksamkeit geschenkt hatte, hatte die Wirkung eines Peitschenhiebs mitten ins Gesicht. Sie versuchte die Trägheit abzuschütteln, unter der sie den ganzen Nachmittag gelitten hatte und sah Wolf vor der offenen Tür geduldig wartend sitzen. Noch ein Weilchen und er hätte angefangen zu bellen.

Die Anwesenheit des Hundes brachte sie in die Wirklichkeit zurück.

»Armer Wolf. Tut nichts anderes als warten.«

Sie ging ins Haus. Alle Lichter in allen Zimmern an, alle Türen sperrangelweit offen ... „Warum?", fragte sie sich. „Was hat sie sich nur dabei gedacht?" Der weiträumige, großzügig beleuchtete Eingang vermittelte ihr sofort ein beängstigendes Gefühl der Leere. Sie blieb neben der Tür stehen und bemerkte, wie all diese Lichter die Trostlosigkeit,

casa non più abitata.

Lei trascorreva tutto il suo tempo in albergo. L'arredamento funzionale, spoglio, privo di tutti quegli oggetti, forse inutili e anche superflui, che in realtà ingentiliscono un ambiente, non era certo espressione del suo gusto. Quella sera, per la prima volta, ne notò lo squallore, così in contrasto con l'eleganza e il lusso del suo albergo.

„Entro ed esco da questa casa da quasi una vita e non mi sono mai accorta di niente. Questa è la casa di Carlo, lo è sempre stata, fin dal primo momento. E io... poco più di un'ospite, cieca e disinteressata. Tutta la mia vita si è svolta altrove, fuori, lontana più di quanto non lo fossi in realtà. È strano che soltanto adesso mi accorga di quanto questa casa mi sia estranea, vuota, senza colui che la riempiva tutta. Mi chiedo che motivo abbia di tornare ancora qui. Posso prendermi un appartamento in albergo e restare lì, un'ospite insieme agli altri ospiti."

Wolf intanto si era fermato in mezzo al grande ingresso, anche lui smarrito: che roba è questa? Mai vista tanta luce, sembrava riflettere. Dopo un momento di indecisione si avviò verso la cucina, non senza aver lanciato alla padrona un'occhiata significativa.

«Sì, Wolf, lo so che hai fame.» In quel momento squillò il telefono. Era la figlia, con la quale del resto aveva parlato a lungo durante quel pomeriggio tormentoso: ancora un particolare da aggiungere alla cerimonia del funerale. Stanca e snervata, Enza cercò di interrompere la figlia che non aveva il dono della brevità. Il cane, rassegnato, tornò indietro e si accucciò ai suoi piedi, le orecchie appuntite, intento a seguire il filo del discorso, quasi potesse valutare, dal tono sbrigativo della voce, la lunghezza della telefonata.

die Verlassenheit eines nicht mehr bewohnten Hauses verstärkten.

Sie war immer im Hotel. Die zweckmäßige Einrichtung – nackt, bar aller Gegenstände, die vielleicht unnütz und auch überflüssig sind, in Wirklichkeit aber einen Raum freundlicher machen – war sicher nicht Ausdruck ihres Geschmacks. An diesem Abend fiel ihr zum ersten Mal die Öde des Hauses auf, sehr im Gegensatz zur Eleganz und zum Luxus in ihrem Hotel.

„Ich gehe in diesem Haus beinahe ein Leben lang ein und aus, und nie ist mir etwas aufgefallen. Das ist das Haus Carlos, ist es immer gewesen, vom ersten Augenblick an. Und ich ..., mehr oder weniger ein Gast, blind und desinteressiert. Mein ganzes Leben hat sich anderswo abgespielt, draußen, weiter entfernt als es in Wirklichkeit schien. Es ist eigenartig, dass mir erst jetzt auffällt, wie fremd mir dieses Haus ist, leer, ohne ihn, der es ganz ausfüllte. Ich frage mich, welchen Sinn es noch haben soll, hierher zurückzukehren. Ich kann mir eine Wohnung im Hotel einrichten und dort bleiben; ein Gast unter den anderen Gästen."

Wolf war indessen mitten im großen Eingangsbereich stehen geblieben, ebenfalls verloren: Was soll das? Noch nie habe ich so viele Lichter gesehen, schien er zu überlegen. Nach einem Augenblick der Unschlüssigkeit ging er in Richtung Küche, nicht ohne seiner Herrin einen bedeutungsvollen Blick zuzuwerfen.

»Ja, Wolf, ich weiß, du hast Hunger.« In diesem Augenblick klingelte das Telefon. Es war ihre Tochter, mit der sie übrigens bereits an diesem langen, quälenden Nachmittag gesprochen hatte: sie wollte noch weitere Einzelheiten über das Begräbnis wissen. Müde und entnervt versuchte Enza ihre Tochter, die nicht mit der Gabe der Kürze gesegnet war, zu unterbrechen. Der Hund kam resigniert zurück und kauerte sich zu ihren Füßen nieder, die Ohren gespitzt, aufmerksam den Gesprächsfluss verfolgend, so als ob er aus dem beiläufigen Ton der Stimme die Länge des Telefonats

Wolf, l'ultimo cane di Carlo, possedeva un'intelligenza fuori del comune, così aveva sempre affermato il padrone, che di cani se ne intendeva. Con un cane si possono sempre fare lunghe chiacchierate, soleva filosofare con una certa ironia; è il migliore ascoltatore, il più attento, il più imparziale e comprensivo, e poi non fa domande né si permette di contraddire! Il marito in compagnia di un cane: questa l'immagine che avrebbe sempre conservato di lui. E da lui aveva imparato ad amare tutti gli animali, cani, gatti, uccelli. Quando i figli erano ancora bambini, la loro casa si era spesso trasformata in una specie di serraglio per animali di piccola taglia, tutti accuditi, curati dal marito che li trattava con lo stesso rispetto, la stessa sollecitudine che riservava ai suoi pazienti umani. Una volta avevano ospitato perfino un asino, vecchio e spelacchiato, brutto da far paura, salvato all'ultimo momento dal macello. Il più amato ospite della sua casa. Ancora adesso i figli ricordavano con affetto quella brava bestia, morta poi di vecchiaia.

Le bastò abbassare la cornetta perché il cane balzasse subito sulle quattro zampe, tutto vibrante di attesa, spalancando la bocca in un mezzo sbadiglio concluso da una leggero guaito.

«Lo so che hai fame», ripeté lei e abbozzò un sorriso. Quel giorno non era riuscita a sorridere neanche una volta, se si esclude quella specie di stiramento delle labbra riservato ai suoi clienti. Anche la sua voce si era ammorbidita. Wolf, la testa leggermente piegata da una parte, la guardò: sembrava sorridere.

Finalmente, in cucina, Enza prese una scatoletta, l'aprì e ne versò il contenuto nella sua ciotola; ne riempì poi una seconda con acqua fresca e si sedette. Wolf aveva seguito con grande attenzione ogni movimento delle sue mani, calmo,

hätte erraten können.

Wolf, der letzte Hund Carlos, war außergewöhnlich gescheit, so hatte sein Besitzer, der etwas von Hunden verstand, immer behauptet. Mit einem Hund kann man immer lange Schwätzchen halten, pflegte er mit einer gewissen Ironie zu sagen; er ist der beste, aufmerksamste, unvoreingenommenste und verständigste Zuhörer, und dann stellt er keine Fragen und erlaubt sich auch keine Widerrede! Der Ehemann in Begleitung eines Hundes, das war das Bild, das sie sich immer von ihm bewahren würde. Von ihm hatte sie gelernt, alle Tiere zu lieben: Hunde, Katzen, Vögel. Als die Kinder noch klein waren, hatte sich ihr Haus häufig in eine Art Menagerie für Kleintiere verwandelt, alle versorgt und gepflegt von ihrem Mann, der sie mit derselben Achtung und Sorgfalt behandelte, die er seinen menschlichen Patienten zukommen ließ. Einmal hatten sie sogar einen alten, schäbigen und furchtbar hässlichen Esel aufgenommen und ihn im letzten Augenblick vor dem Schlachthof gerettet – der geliebteste Gast ihres Hauses. Immer noch erinnerten sich die Kinder mit Zuneigung an das brave Tier, das dann an Altersschwäche gestorben war.

Es genügte den Hörer aufzulegen, und der Hund sprang in ungeduldiger Erwartung auf, zitternd vor Erwartung, das Maul zu einem halben Gähnen aufreißend und mit einem leisen Winseln abschließend.

»Ich weiß, du hast Hunger«, wiederholte sie lächelnd. An diesem Tag war sie kein einziges Mal zu lächeln imstande gewesen, wenn man jene Art des Verziehens ihrer Lippen ausnahm, das ihren Gästen gegolten hatte. Auch ihre Stimme wurde weicher. Wolf sah sie an, den Kopf leicht zur Seite geneigt: er schien zu lächeln.

Endlich in der Küche nahm Enza eine Dose, öffnete sie und schüttete den Inhalt in seinen Napf; dann füllte sie einen zweiten mit frischem Wasser und setzte sich. Wolf hatte mit großer Aufmerksamkeit jede Bewegung ihrer Hände verfolgt, ohne sich zu rühren; vorbei waren die Zeiten, in de-

senza agitarsi: erano passati i tempi in cui gli bastava vedere una scatoletta, la *sua* scatoletta di carne, per perdere la testa. Adesso aveva imparato a controllarsi, era un cane di quattro anni e non più un cucciolo! Non riuscì però a trattenere un leggero fremito di impazienza e appena la ciotola fu a terra vi si precipitò sopra, e dimentico di tutte le regole della buona creanza con due colpi di lingua ne fece sparire il contenuto. L'abitudine di ingurgitare in un boccone qualsiasi cosa come un affamato non era riuscita a sradicarla. Ogni volta che lo sgridava il suo sguardo innocente, sottomesso, ma anche disorientato, la disarmava. Del resto tutti gli altri cani che lo avevano preceduto non erano stati da meno: tutti la stessa voracità, la stessa ingordigia. Carlo, comprensivo come sempre, non lo aveva mai sgridato per questo motivo.

Enza intanto lo osservava mentre finiva di leccare la ciotola ormai vuota. Sapeva cosa sarebbe seguito. Wolf, come tutte le sere, convinto di trovare ancora qualche briciola sfuggita alla sua lingua, spinse la scodella facendola rotolare per tutta la cucina. Ora correva e saltava proprio come un cucciolo, giocherellone e sfrenato, speranzoso di qualche biscotto che la padrona, almeno per calmarlo, eventualmente gli avrebbe dato.

Enza, come sempre, intervenne togliendo la ciotola di mezzo. «Basta, Wolf, non vedi che è vuota?» non senza un leggero senso di colpa. Temeva infatti che il cane non fosse abbastanza sazio. Ma Carlo aveva detto che i cani non hanno misura, bisogna mettere un freno, altrimenti ingrassano troppo.

Wolf interdetto, attese un secondo – magari arrivava un biscotto – poi, senza perdersi d'animo, si mise a bere sguazzando rumorosamente con la lingua e facendo schizzare l'acqua da tutte le parti. Enza era già pronta con uno straccio in mano per asciugare il pavimento, quando un tuono, scoppiato assai vicino, quasi sopra la casa, scombussolò del

nen es reichte, eine Dose zu sehen, *seine* Dose, um den Verstand zu verlieren. Jetzt hatte er gelernt, sich zu kontrollieren; er war ein vierjähriger Hund und kein Welpe mehr! Trotzdem konnte er ein leichtes, ungeduldiges Zittern nicht unterdrücken, und als der Napf am Boden stand, stürzte er sich darauf, vergaß alle Regeln des guten Benehmens, und mit zwei Mal Schlabbern der Zunge ließ er den ganzen Inhalt verschwinden. Die Angewohnheit, alles in einem Bissen hinunterzuschlingen, hatte sie ihm nicht abgewöhnen können. Jedes Mal, wenn sie ihn schalt, entwaffnete sie sein unschuldiger, unterwürfiger, aber auch verwirrter Blick. Andererseits waren alle anderen Hunde, die ihm vorausgegangen waren, nicht anders gewesen: alle dieselbe Gefräßigkeit, dieselbe Unersättlichkeit. Carlo, verständnisvoll wie immer, hatte ihn aus diesem Grund nie gerügt.

Enza beobachtete den Hund, während er den bereits leeren Napf ausleckte. Sie wusste, was nun folgen würde. Wolf, wie jeden Abend überzeugt, noch einen Rest zu finden, der seiner Zunge entgangen war, stupste den Napf mit seiner Nase, dass er durch die ganze Küche kollerte. Jetzt lief und hüpfte er genau wie ein verspielter und entfesselter Welpe voller Hoffnung auf einen Keks, den ihm seine Herrin vielleicht noch geben würde, um ihn wenigstens zu beruhigen.

Enza schritt wie immer ein, indem sie den Napf beiseite räumte. »Genug, Wolf; siehst du nicht, dass er leer ist?«, sagte sie nicht ohne leichte Gewissensbisse. Sie befürchtete in der Tat, dass der Hund nicht satt sei. Carlo aber hatte gesagt, dass Hunde keine Grenzen kennen, dass man sie bremsen müsse, da sie sonst zu dick würden.

Wolf wartete verblüfft einen Augenblick lang – vielleicht gäbe es doch noch einen Keks –, dann, ohne den Mut zu verlieren, machte er sich daran, laut mit der Zunge schlabbernd zu trinken, dass das Wasser nach allen Seiten spritzte. Enza stand mit einem Lappen in der Hand bereit, den Boden zu wischen, als ein Donnerknall, ganz in der Nähe, ja fast über

tutto il povero animale. Tremando di paura corse a nascondersi sotto il tavolo della cucina, non senza ringhiare, come sua abitudine.

«Buono Wolf, vieni qui, vicino a me.»

Quel tuono diede inizio a una specie di diluvio universale. Le nuvole, trattenute tutto il giorno dal vento, si squarciarono con impeto improvviso e irrefrenabile. L'acqua, a secchiate, si rovesciò contro i vetri della finestra.

Un pensiero la fece sobbalzare: sicuramente la signora Ferretti aveva lasciato la finestra aperta nella stanza della sorella. Per via dell'odore.

Conosceva quell'odore.

Un ricordo doloroso. Allora non era stato necessario un infermiere. Carlo era andato senza una parola di congedo, senza preavviso. Si sedette di nuovo, travolta da un'ondata di ricordi. „Sono passati otto mesi. Otto mesi e cinque giorni esatti."

In realtà si era congedato ogni giorno. Solo ora se ne rendeva conto. Carlo era medico. Di certo sapeva di essere ammalato. Ma aveva sempre taciuto, anzi scherzato.

«Hai sbagliato a sposare un uomo tanto più vecchio di te. Finirà che resterai vedova più presto di quanto credi.» Infatti aveva ventotto anni più di lei. Questa grande differenza d'età però non aveva inciso in alcun modo sulla loro vita matrimoniale. Solo negli ultimi tempi lui vi tornava con una certa frequenza, insistendoci sopra, quasi a volersene fare una ragione.

„Lui scherzava sempre su tutto e soprattutto sulla storia dell'età e della mia precoce vedovanza, ecco perché non ho preso sul serio quell'ultimo avvertimento." Scosse la testa quasi per scacciare la tristezza che l'assaliva la sera, quando si ritrovava sola nella grande casa deserta. Ogni sera gli stessi pensieri, gli stessi rimorsi. „Non l'ho amato abbastanza", si struggeva, „o meglio, non sono riuscita a dimostrarglielo. Lo

dem Haus, das arme Tier endgültig durcheinander brachte. Vor Angst zitternd versteckte er sich knurrend unter dem - Küchentisch, wie es seine Gewohnheit war.

»Ruhig, Wolf, komm her zu mir.«

Der Donner war der Beginn einer Art Sintflut. Die Wolken, die der Wind den ganzen Tag lang zurückgehalten hatte, zerrissen mit plötzlicher, unaufhaltsamer Gewalt. Das Wasser ergoss sich kübelweise gegen die Fensterscheiben.

Ein Gedanke ließ sie auffahren: Frau Ferretti hatte bestimmt das Fenster im Zimmer ihrer Schwester offen gelassen. Wegen des Geruchs.

Sie kannte diesen Geruch.

Eine schmerzhafte Erinnerung. Damals hatte es keinen Krankenpfleger gebraucht; Carlo war ohne ein Abschiedswort, ohne Vorankündigung gegangen. Sie setzte sich wieder, von Erinnerungen überwältigt. „Acht Monate sind vergangen. Genau acht Monate und fünf Tage."

In Wirklichkeit hatte er sich jeden Tag verabschiedet. Erst jetzt wurde es ihr bewusst. Carlo war Arzt gewesen. Sicher hatte er gewusst, dass er krank war. Doch er hatte immer geschwiegen, ja gescherzt.

»Du hast einen Fehler gemacht, einen Mann zu heiraten, der so viel älter ist als du. Du wirst eher Witwe als du denkst.« In der Tat war er achtundzwanzig Jahre älter als sie. Dieser große Altersunterschied hatte aber ihr Eheleben in keiner Weise beeinflusst. Nur in der letzten Zeit war er mit einer gewissen Regelmäßigkeit und beharrlich immer wieder darauf zurückgekommen, so als ob *er* sich damit abfinden müsse.

„Er scherzte immer über alles und vor allem über das Alter und meine vorzeitige Witwenschaft. Das war es, warum ich jene letzte Warnung nicht ernst genommen habe." Enza schüttelte den Kopf, wie um die Traurigkeit zu vertreiben, die sie am Abend überkam, wenn sie im großen leeren Haus alleine war. Jeden Abend dieselben Gedanken, dasselbe Gefühl der Reue. „Ich habe ihn nicht genug geliebt", verzehrte

avrà capito quanto era importante per me, come sarebbe stata misera la mia vita senza di lui?"

E ricordò come quella mattina, sorpresa di non vederlo, si era avvicinata alla sua stanza: come mai non si era ancora alzato? Lui sempre così mattiniero. Poi, dopo aver bussato con discrezione alla porta, era entrata chiamandolo, prima sottovoce, per non svegliarlo di soprassalto e poi sempre più forte, imperativa. Infine solo incredula. Perché non reagiva? La prima volta che non rispondeva al suo richiamo, da quando lo conosceva.

Aveva fatto qualche passo, di colpo insicura, intimidita dal silenzio, da una strana immobilità dell'aria: la morte era entrata in quella stanza.

Dopo un attimo di indecisione si era seduta sulla sponda del letto. Quando capì che non si sarebbe più svegliato? Smarrita, ancora in dubbio, aveva osato prendergli una mano e l'aveva tenuta fra le sue, per riscaldarla, per sentirne il tocco. Era ancora tiepida, quasi viva, anche se inerte. Quanto tempo impiega un corpo a perdere il calore, la sensibilità? E in qualche parte del cervello, aveva percepito la stretta delle sue mani, la richiesta implicita in quella stretta, il suo volerlo trattenere anche solo un istante di più?

Era rimasta a lungo così, senza un pensiero, senza una lacrima, la gola stretta in un grido che si rifiutava di uscire, continuando a stringere quella mano che inesorabilmente diventava sempre più fredda, sempre più estranea.

Mai avrebbe dimenticato quel momento, l'impossibilità di fermare quell'uomo che ora, da solo, proseguiva il suo viaggio verso un luogo lontano, fuori dal tempo e dallo spazio, dal quale mai nessuno è ritornato.

Un viaggio durato tutta una vita. Un lungo percorso che

sie sich, „oder besser gesagt, ich konnte es ihm nicht zeigen. Hat er wohl verstanden, wie wichtig er für mich war, wie armselig mein Leben ohne ihn gewesen wäre?“

Sie erinnerte sich daran, wie sie sich an jenem Morgen seinem Zimmer genähert hatte, überrascht, ihn noch nicht gesehen zu haben. Warum war er noch nicht aufgestanden? Er, der Frühaufsteher. Dann, nachdem sie vorsichtig an die Tür geklopft hatte, war sie eingetreten, zuerst leise rufend, um ihn nicht zu plötzlich zu wecken, dann immer lauter, bestimmter. Zuletzt nur ungläubig. Warum reagierte er nicht? Das erste Mal, seit sie sich kannten, dass er auf ihr Rufen nicht antwortete.

Sie war nähergetreten, plötzlich verunsichert stehen geblieben, verängstigt durch die Stille, die sonderbare Bewegungslosigkeit der Luft: der Tod war schon im Zimmer.

Nach einem Augenblick der Unschlüssigkeit hatte sie sich auf die Bettkante gesetzt. Wann hatte sie begriffen, dass Carlo nicht mehr aufwachen würde? Verloren, noch zweifelnd hatte sie es gewagt, seine Hand in ihre zu nehmen, um sie zu wärmen, sie zu spüren. Sie war noch lauwarm, beinahe lebendig, wenn auch reglos. Wie lange braucht ein Körper, um seine Wärme zu verlieren, seine Sensibilität? Und hatte er irgendwo in seinem Gehirn ihren Händedruck wahrgenommen, die darin enthaltene Aufforderung, ihn auch nur noch für einen Augenblick zurückzuhalten?

Lange hatte sie so dagesessen, ohne einen Gedanken, ohne eine Träne; der Hals wie von einem Schrei zugeschnürt, der sich weigerte, auszubrechen. Lange hatte sie seine Hand gedrückt, die unaufhaltsam kälter und fremder wurde.

Nie würde sie jenen Augenblick vergessen, die Unmöglichkeit, den Mann zurückzuhalten, der jetzt seine Reise an einem fernen Ort jenseits von Zeit und Raum allein fortsetzte, einem Ort, von dem nie jemand zurückgekehrt ist.

Eine Reise, die ein Leben lang gedauert hatte. Ein langer

si concludeva ora, assai brevemente: un attimo ed era già in quel luogo senza destinazione.

Quel pensiero e la mano di Carlo, ormai gelida, l'avevano scossa da una specie di stupore. Lo sentì indifferente, lontano. Già altrove. Era andato via in pace, senza una parola per lei, senza un saluto.

«Come... te ne vai così? Come puoi farlo? E io, cosa faccio qui, senza di te? Non devi andare, non puoi lasciarmi sola» aveva finalmente gridato, scoppiando in singhiozzi.

Sopraffatta da un senso di estrema impotenza, era stata sul punto di perdere la ragione. E avrebbe preferito mille volte perdere la ragione piuttosto che sopportare quella lacerazione quasi viscerale, quel dolore così improvviso, fisico, ingiusto, al quale non si sentiva preparata. In tutti gli anni della sua unione con Carlo, mai aveva pensato al giorno della grande separazione, né si era preoccupata del suo stato di salute. Lui, medico, come tutti i medici, forse non aveva preso troppo sul serio certi suoi sintomi come al contrario avrebbe fatto con ognuno dei suoi pazienti. O aveva voluto ignorarli.

Era morto da pochi minuti, e forse aveva ancora sentito la sua voce che lo chiamava, si vedeva dalla posizione del corpo, dall'espressione distesa del viso, da un mezzo sorriso rimasto bloccato agli angoli della bocca, uno di quei sorrisi di quando era in vena di fare birichinate: l'ultimo scherzo destinato a lei.

Erano seguite ore di estrema solitudine, di vuoto assoluto, accanto a un corpo che man mano si irrigidiva perdendo, soprattutto nei tratti del volto, quei contorni, quella morbidezza delle linee a lei così familiari. A volte trasaliva al pensiero di vegliare un estraneo, il corpo di un estraneo. E lui, dov'era

Weg, der jetzt sehr schnell zu Ende ging: nur ein Augenblick, und schon war er an jenem Ort ohne Bestimmung.

Dieser Gedanke und die mittlerweile eisige Hand Carlos hatten sie aus einer Art Staunen gerissen. Sie hatte ihn als gleichgültig empfunden, weit weg. Bereits anderswo. Er war in Frieden fort gegangen, ohne ein Wort für sie, ohne einen Gruß.

»Wie, du gehst einfach so? Wie kannst du das tun? Und ich? Was mache ich hier ohne dich? Du darfst nicht gehen, du darfst mich nicht allein lassen«, hatte sie endlich schluchzend gerufen.

Überwältigt von einem Gefühl äußerster Hilflosigkeit war sie nahe daran gewesen, den Verstand zu verlieren. Und sie hätte es tausend Mal vorgezogen den Verstand zu verlieren, als diese Zerrissenheit in den Eingeweiden zu ertragen, diesen so plötzlichen körperlichen, ungerechten Schmerz, auf den sie nicht vorbereitet gewesen war. In all den Jahren ihres Zusammenlebens mit Carlo hatte sie nie an den Tag der großen Trennung gedacht, noch hatte sie sich je um seinen Gesundheitszustand Sorgen gemacht. Er, Arzt, hatte wie alle Ärzte vielleicht gewisse Anzeichen nicht ernst genommen, zumindest nicht so wie bei jedem seiner Patienten. Oder er wollte sie einfach ignorieren.

Er war erst seit wenigen Minuten tot, und vielleicht hatte er noch ihre Stimme gehört, die ihn rief: man sah es an der Haltung seines Körpers, dem entspannten Gesichtsausdruck und dem an seinen Mundwinkeln haften gebliebenen angedeuteten Lächeln. Eines dieser Lächeln, das er aufsetzte, wenn er ihr einen Streich spielen wollte. Es war sein letzter, ihr gewidmeter Streich.

Stunden äußerster Einsamkeit waren gefolgt, der absoluten Leere, neben einem Körper, der nach und nach steifer wurde, der vor allem im Gesichtsausdruck jene Umrisse, jene Weichheit der Linien verlor, die ihr so vertraut waren. Manchmal war sie bei dem Gedanken hochgeschreckt, dass sie bei einem Fremden, dem Körper eines Fremden wache!

lui? Era ancora in quella stanza...?

No, non era come quando dormiva. „La morte non è un lungo sonno dal quale non ci si sveglia più. È il distacco definitivo, la fine di tutto ciò che costituisce la vita reale, la perdita di quell'unico involucro necessario per consentirci un'esistenza, anche se limitata, sulla terra", pensò nella solitudine della sua cucina, rammaricandosi di non conoscere la consolazione che può dare solo la religione, tutte le religioni del mondo: una vita oltre la morte o addirittura una reincarnazione; in ogni caso la possibilità di ricongiungersi, dopo una lunga separazione, con la persona amata. La fede toglie alla morte la sua ineluttabilità e quel tanto di fatale che ha sempre spaventato gli esseri umani. È questa l'origine di tutte le religioni, rifletté adesso, la paura della morte come di qualcosa di definitivo e di assoluto. Una fede che a lei era stata negata.

Non aveva potuto trascorrere gli ultimi minuti di vita con lui. Non gli era stata vicina al momento del trapasso. Anche questo un dolore, un rimorso difficile da sopportare.

Dormivano in stanze separate. L'aveva voluto Carlo fin dai primi tempi del loro matrimonio, per motivi professionali. In caso di una chiamata notturna, diceva, non avrebbe voluto disturbarla.

Ripensò alla sera precedente, l'ultima sera trascorsa insieme.

Tutto normale, avevano cenato al ristorante dell'albergo, avevano scambiato qualche parola senza importanza – non ricordava neanche di cosa avessero parlato – poi lui era andato col cane, per la solita passeggiata serale. Poco dopo lo aveva seguito. Tutto come ogni sera.

Da qualche tempo aveva preso l'abitudine di parlare con lui, in interminabili soliloqui. Mai aveva sentito il bisogno di comunicare con lui da vivo come adesso da morto, e anche

Und er, wo war er? War er noch im Zimmer ...?

Nein, er war nicht so wie jemand, der schlief. „Der Tod ist kein langer Schlaf, aus dem man nicht mehr erwacht. Er ist die endgültige Trennung, das Ende von allem, was das wirkliche Leben ausmacht, der Verlust jener einzigen notwendigen Hülle, die uns eine, wenn auch begrenzte Existenz auf der Welt ermöglicht", dachte sie in der Einsamkeit ihrer Küche, bedauernd, dass sie den Trost nicht kannte, den nur die Religion, alle Religionen der Welt geben können: ein Leben nach dem Tod oder gar eine Wiedergeburt; auf jeden Fall die Möglichkeit, sich mit dem geliebten Menschen nach einer langen Trennung wieder zu vereinigen. Der Glaube nimmt dem Tod seine Unabwendbarkeit und das Schicksalhafte, das die Menschen seit jeher geängstigt hat. Das ist der Ursprung aller Religionen, überlegte sie jetzt, die Angst vor dem Tod als etwas Endgültigem und Absolutem. Ein Glaube, der ihr versagt war.

Die letzten Minuten seines Lebens hatte sie nicht mit ihm verbringen können. Im Augenblick des Hinscheidens war sie ihm nicht nahe gewesen. Auch dies ein Schmerz, ein schwer zu ertragender Verlust.

Sie schliefen in getrennten Zimmern. Carlo hatte es seit dem Anfang ihrer Ehe so gewollt, aus beruflichen Gründen. Im Falle eines nächtlichen Notrufs, sagte er, hätte er sie nicht stören wollen.

Sie dachte erneut an den vorangegangenen, den letzten gemeinsam verbrachten Abend.

Alles wie gewohnt: sie hatten im Restaurant des Hotels gegessen, einige bedeutungslose Worte gewechselt – sie erinnerte sich nicht einmal mehr, worüber sie geredet hatten –, dann hatte er mit dem Hund seinen üblichen Abendspaziergang unternommen. Kurz darauf war sie ihm gefolgt. Alles wie immer.

Seit einiger Zeit hatte sie es sich angewöhnt, mit ihm endlose Selbstgespräche zu führen. Früher hatte sie nie das Bedürfnis verspürt, mit ihm zu kommunizieren wie jetzt, da

di questo si doleva. Il rimpianto di aver trascorso così poco tempo con lui, di averlo visto sì ogni giorno, ma sempre correndo, sempre con la fretta di andare in albergo, sempre sovraccarica di compiti, di impegni tutti inerenti il suo lavoro.

Pensò all'inutilità di tutte le sue corse che in realtà l'avevano sempre tenuta lontana dalla persona cui aveva tenuto più di ogni altra al mondo. Per Carlo, per la famiglia era rimasto ben poco tempo; ma non il tempo reale era mancato, lei stessa si era sottratta, la sua attenzione, i suoi pensieri. In realtà era assente anche quando era presente. Ma non aveva potuto fare altrimenti, anzi era sempre riuscita a costruirsi un alibi, una scusante. Ricordò ora con una fitta di rimorso le tante, tante volte in cui aveva bloccato il marito in vena di grandi discorsi, con la frase: „Devo scappare."

Ed era effettivamente scappata in albergo. Le ore che aveva trascorso con lui, a conti fatti, non erano state molte, e soprattutto le grandi chiacchierate che avrebbero fatto tanto piacere a Carlo, e che avrebbero chiarito anche a lei tante cose, non avevano mai o quasi mai avuto luogo.

Eccettuato una volta, una sola volta.

er tot war, und auch das schmerzte sie. Sie bedauerte es, so wenig Zeit mit ihm verbracht zu haben, ihn zwar jeden Tag gesehen zu haben, jedoch immer auf dem Sprung zu gehen; immer in Eile in das Hotel zu gehen; immer überhäuft mit Aufgaben, Verpflichtungen, die mit ihrer Arbeit zu tun hatten.

Sie dachte an die Nutzlosigkeit all ihrer Hast, die sie in Wirklichkeit immer von der Person fernhielt, an der sie mehr als an allen anderen auf der Welt hing. Für Carlo und die Familie blieb recht wenig Zeit übrig; jedoch nicht die Zeit hatte ihr eigentlich gefehlt, sie selbst hatte sich entzogen, ihre Aufmerksamkeit, ihre Gedanken. Sie war abwesend, auch wenn sie da war. Sie konnte aber nicht anders, ja, sie schaffte es sogar, immer ein Alibi, eine Entschuldigung zu finden. Sie erinnerte sich jetzt mit tiefer Reue an die vielen, vielen Male, da sie ihren Mann, wenn er zu großen Gesprächen aufgelegt war, mit dem Satz bremste: „Ich muss jetzt gehen."

Und sie war tatsächlich ins Hotel geeilt. Die Stunden, die sie mit ihm verbracht hatte, waren, genau genommen, nicht sehr viele gewesen, und vor allem die großen Plaudereien, die Carlo so sehr gefallen hätten und die auch ihr viele Fragen geklärt hätten, hatten nie oder fast nie stattgefunden.

Ausgenommen einmal, ein einziges Mal.

Una notte di pioggia

Il rumore della pioggia che sferzava contro i vetri della finestra con sempre maggiore violenza la riportò alla realtà, alla notte che aveva davanti a sé. Si era di nuovo levato un gran vento, un vento di tempesta.

Controvoglia decise di andare su. Si alzò e Wolf, non volendo restare solo in cucina, uscì da sotto il tavolo cautamente, vergognoso, nascondendo subito il muso impaurito contro la sua gonna.

«Così non posso camminare», lo ammonì scostandolo da sé. «Adesso non tuona più. Senti?», e lo accarezzò sulla testa. Wolf ancora scosso da un tremito nervoso che in qualche modo lo rendeva ridicolo, grande e grosso com'era, si mise in ascolto: la pioggia, qualche tuono ormai lontano, e il vento, di più non si sentiva. Ancora titubante, ringhiando leggermente quasi per rassicurarsi, la seguì.

Salirono insieme al primo piano. Senza indugio Enza spalancò la porta della *sua* stanza. Una ventata d'aria fredda la investì.

La stanza era in penombra. L'infermiera aveva lasciato accesa solo la piccola lampada sul comodino. La finestra, come previsto, era aperta in un buco nero.

Qui il tempo sembrava essersi fermato. Il fruscio della pioggia smorzava appena il silenzio; gli angoli della stanza sparivano nella semioscurità e le pareti quasi si allontanavano, allargandosi e perdendosi in un nulla inquietante. Si intravedevano solo i contorni dei pochi mobili, il piccolo ar-

Eine Regennacht

Das Geräusch des Regens, der mit zunehmender Gewalt gegen die Fenster klatschte, holte sie in die Wirklichkeit zurück, in die Nacht, die ihr bevorstand. Ein starker Wind hatte sich erneut erhoben. Ein Sturm.

Gegen ihren Willen beschloss sie hinaufzugehen. Sie stand auf, und Wolf, der nicht allein in der Küche bleiben wollte, kam vorsichtig unter dem Tisch hervor, sofort verängstigt seine Schnauze in ihrem Rock versteckend.

»So kann ich nicht gehen«, wies sie ihn zurecht und schob ihn von sich weg. »Jetzt donnert es nicht mehr, hörst du?«, und streichelte seinen Kopf. Wolf, noch von einem nervösen Zittern geschüttelt, das ihn irgendwie lächerlich machte, groß und breit wie er war, horchte auf: Der Regen, hie und da ein entferntes Donnern und der Wind – mehr war nicht zu hören. Unentschlossen, leicht knurrend, fast um sich zu beruhigen, folgte er ihr.

Sie stiegen gemeinsam in den ersten Stock hinauf. Ohne zu zögern öffnete Enza die Tür *ihres* Zimmers. Ein Schwall kalter Luft schlug ihr entgegen.

Ritas Zimmer war im Halbdunkel. Die Krankenschwester hatte nur die kleine Lampe auf dem Nachttisch angelassen. Das Fenster war, wie erwartet, sperrangelweit offen: ein schwarzes Loch.

Hier schien die Zeit stehen geblieben zu sein: das Rauschen des Regens dämpfte die Stille kaum; die Ecken des Zimmers verschwanden im Dunkeln, und die Wände verloren sich in einem beunruhigenden Nichts. Man erahnte nur die Umrisse der wenigen Möbel, der kleine Schrank, das

madio, il letto; tutto indistinto, sprofondato in un buio fuliginoso, come se la morta, nell'andarsene, si fosse portata via anche gli oggetti della sua stanza, muri compresi, lasciando dietro di sé il vuoto più assoluto.

Enza, sopraffatta da una sorta di timore, un nodo alla gola, il respiro corto, restò impietrita davanti alla porta. Wolf al solito si era piazzato davanti a lei ostruendo l'ingresso della stanza. Guaiva leggermente, con discrezione. Qualcosa lo bloccava: ritegno? Un senso di repulsione per quell'essere disteso sul letto? Forse sentiva che quella persona per la quale non aveva mai avuto simpatia, ora non avrebbe più potuto reagire così insensatamente, come le poche volte in cui si erano incontrati sulle scale di casa.

„Cosa pensa un cane in presenza di un morto?", si chiese Enza, „ha delle percezioni che un essere umano non può intendere?"

Intanto l'acqua continuava a entrare con furia. Alcune gocce più aggressive cadevano fin sul letto, posto vicino alla finestra, raggiungendo il corpo inerte, spruzzandone il vestito, le gambe, senza alcun riguardo. Alla scarsa luce della lampada era possibile distinguere gocce isolate che brillavano un istante prima di sparire sotto la finestra, sopra il letto. Si fece forza ed entrò di slancio. Chiuse i vetri e tornò subito indietro. Andò in bagno, prese uno straccio e asciugò il pavimento di legno, sotto la finestra. Wolf non si mosse, né si fece da parte, anzi restò inchiodato in mezzo alla porta, come sua abitudine: Enza fu costretta a spostarlo ogni volta che passava. Lui, incuriosito, osservava quell'andare e venire, senza capirne il senso.

Ferma ai piedi del letto, serrando ancora in mano lo straccio umido, la vide finalmente, piccola, vestita di nero, le gambe sottili infilate malamente in calze nere che facevano pieghe da tutte le parti, le scarpe così inutili ora, le manine incrociate sul petto, in un atteggiamento di devozione che non

Bett; alles undeutlich, verhüllt in ungreifbarem Schatten, als ob die Tote im Fortgehen auch die Gegenstände ihres Zimmers mitgenommen hätte, die Wände inbegriffen. Übrig blieb nur die absolute Leere.

Wie versteinert blieb Enza mit einem Knoten im Hals an der Tür stehen. Wolf hatte sich wie üblich vor sie gestellt und ihr so den Zutritt zum Zimmer versperrt. Er winselte leise, mit Diskretion. Etwas hinderte ihn: Zurückhaltung? Ein abstoßendes Gefühl gegenüber jenem auf dem Bett ausgestreckten Wesen? Vielleicht spürte er, dass jene Person, für die er nie Zuneigung empfunden hatte, jetzt nicht mehr so heftig reagieren hätte können, wie die wenigen Male, als sie sich auf den Treppen des Hauses begegnet waren.

„Was denkt ein Hund in Anwesenheit eines Toten", fragte sich Enza, „ist er in der Lage wahrzunehmen, dass ein Mensch keinen Willen mehr hat?"

Währenddessen prasselte der Regen weiter ungestüm ins Zimmer. Einige Tropfen fielen auf das Bett, das neben dem Fenster stand und benetzten den regungslosen Körper, das Kleid, die Beine. Ohne Rücksicht. Im spärlichen Licht der Lampe war es möglich, einzelne Tropfen zu erkennen, die einen Augenblick aufblitzten, bevor sie unter dem Fenster, auf dem Bett verschwanden. Sie fasste sich ein Herz und trat schnell ein. Sie schloss die Fenster und machte sofort einen Schritt zurück. Sie ging ins Bad, nahm einen Lappen und trocknete den Holzfußboden unter dem Fenster. Wolf rührte sich nicht von der Stelle, im Gegenteil, er blieb wie angenagelt mitten in der Tür stehen, so wie immer. Enza musste ihn jedes Mal, wenn sie an ihm vorbeigehen wollte, zur Seite schieben. Er verfolgte neugierig dieses Kommen und Gehen, ohne dessen Sinn zu verstehen.

Sie stand am Fußende des Bettes, den feuchten Lappen noch in der Hand, und sah sie endlich. Klein, schwarz gekleidet, die dünnen Beine kläglich in die schwarzen Strümpfe gesteckt, die überall Falten warfen, die jetzt so unnützen Schuhe, die in andächtiger Haltung auf der Brust gefalteten

aveva mai avuto in vita. Era stata la signora Ferretti a metterla così, a vestirla di nero. Del resto non possedeva altro. Smagrita, minuta, il corpo di una bambina. La pelle del viso, leggermente raggrinzita, denunciava solo vagamente la vera età della donna, la signorina fra qualche mese avrebbe compiuto settantatre anni. Ora era una morta senza età. Un cadavere come tanti altri cadaveri. Enza non riuscì a distogliere lo sguardo da quel viso. Le palpebre erano leggermente abbassate tanto da lasciar trasparire una parte della cornea. La bocca appena dischiusa forse nell'ultimo respiro, aveva la normalità di chi dorme, senza sogni, senza i fantasmi della notte. Adesso era entrata nella quiete assoluta e sembrava esserne contenta, non fosse stato per qualcosa che ne disturbava l'armonia. Enza cercò in quel viso solitamente inespressivo, che conosceva in tutte le sue pieghe, l'origine di quella dissonanza: le sopracciglia leggermente aggrottate. Come era strano quell'accenno di pensiero su un viso del tutto inerte, sciolto da ogni spiritualità. La fissò a lungo, con un vago senso di sconfitta.

Anche davanti al cadavere della madre aveva provato lo stesso sentimento di impotenza; si erano sottratte, prima l'una poi l'altra, a lei, all'unica grande domanda che aveva segnato la loro vita in comune: „Mi hai mai voluto bene?" Domanda che del resto non era mai riuscita a formulare. La risposta avrebbe potuto ucciderla.

Ora non temeva più nessuna risposta.

Ma il dubbio restava, e l'impotenza.

Anche la madre, come questa piccola donna, entrando nel grande vuoto, si era portata nel viso un'espressione in qualche modo significativa. Indecifrabile.

E tante risposte mai date.

Händchen, wie sie es im Leben nie getan hatte. Frau Ferretti hatte sie so zurecht gemacht, ganz in Schwarz. Im Übrigen besaß Rita ja sonst nichts. Abgemagert, der Körper eines kleinen Mädchens. Die Gesichtshaut, leicht gerunzelt, verriet nur andeutungsweise das wirkliche Alter der Frau: das 'Fräulein' hätte in einigen Monaten ihren dreiundsiebzigsten Geburtstag gefeiert. Jetzt war Rita eine Tote ohne Alter. Eine Leiche wie viele andere Leichen. Enza konnte den Blick nicht von diesem Gesicht abwenden. Die Lider waren leicht gesenkt, gerade so weit, dass die Hornhaut noch zu sehen war. Der Mund, vom letzten Atemzug vielleicht noch leicht geöffnet, hatte die Normalität eines Schlafenden ohne Träume, ohne die Gespenster der Nacht. Jetzt war Rita in die absolute Ruhe eingetreten und schien zufrieden, wenn da nicht etwas anderes gewesen wäre, das die Harmonie störte. Enza suchte in diesem normalerweise ausdruckslosen Gesicht, das sie in all ihren Zügen kannte, den Ursprung jenes Misstons: die leicht zusammengezogenen Augenbrauen. Wie seltsam diese Andeutung eines Gedankens auf einem regungslosen, von jeglicher Spiritualität losgelösten Gesicht war. Sie starrte sie mit einem leichten Gefühl der Niederlage an.

Auch vor der Leiche der Mutter hatte sie dasselbe Gefühl der Machtlosigkeit empfunden; sie hatten sich beide, Mutter und Tochter, der einzigen großen Frage entzogen, die ihr gemeinsames Leben gezeichnet hatte, zuerst die eine, dann die andere: „Hast du mich jemals geliebt?" Eine Frage übrigens, die sie nie zu formulieren imstande gewesen war. Die Antwort hätte sie umbringen können.

Jetzt fürchtete sie keine Antwort mehr.

Doch der Zweifel blieb, und die Ohnmacht.

Wie diese kleine Frau, so hatte auch die Mutter beim Eintreten in die große Leere einen bedeutungsvollen Ausdruck im Gesicht mitgenommen. Unentzifferbar.

Und viele unbeantwortete Fragen.

„Ti ho permesso di morire nel tuo letto, nella tua stanza; ti ho evitato l'umiliazione dell'ospedale, la desolazione della corsia; le cure del personale ospedaliero, impaziente, disamorato, degradante. Hai avuto un'infermiera per il giorno e una per la notte... te ne sarai accorta?"

In quegli ultimi mesi era passata da uno stato di dormiveglia all'altro, senza nessuna differenza fra il giorno e la notte; ma nei rari momenti di semicoscienza, nel fondo dei suoi occhi era stato possibile intravedere un barlume, una rapida accensione di vita. Allora forse aveva riconosciuto la stanza, i mobili e chissà, anche lei che le parlava. Non seppe mai se effettivamente l'avesse sentita, avesse capito il senso delle sue parole, delle sue poche parole sempre uguali: „Come ti senti? Vuoi qualcosa?" Non ebbe mai una risposta. Dal viso, dai suoi occhi traspariva solo quello stupore di vivere che lei conosceva fin troppo bene. Alle sue domande reagiva sempre abbassando le palpebre, affaticata forse dalla realtà che la circondava o dalla necessità di pensare, e ricadeva nel dormiveglia.

Enza era uscita da quella stanza ogni volta oppressa. Fuori si scrollava di dosso con un brivido nervoso quell'odore penetrante di malattia, di disfacimento. Di morte. Appena fuori avrebbe voluto gridare, non sapeva lei stessa cosa, ma gridare per sentirsi viva... e respirava a pieni polmoni l'aria fresca, satura ancora degli umori notturni.

Amava l'odore della terra e delle piante. Le visite quotidiane al cimitero avevano anche la funzione di ricongiungerla, di farla sentire parte della natura, nel suo continuo alternarsi di vita e di morte.

Lo squillo del telefono lacerò bruscamente il silenzio di

„Ich habe es dir ermöglicht, in deinem Bett, in deinem Zimmer zu sterben; ich habe dir die Erniedrigung des Krankenhauses erspart; die Pflege des Krankenhauspersonals, ungeduldig, entfremdend, entwürdigend. Du hattest eine Krankenschwester für den Tag und eine für die Nacht ..., hast du das bemerkt?“

In diesen letzten Monaten war die Kranke, ohne Unterschied zwischen Tag und Nacht, von einem Schlummerzustand in den nächsten geglitten, doch in den seltenen Momenten, da sie fast bei Bewusstsein war, hatte man eine Andeutung, ein flüchtiges Aufleuchten von Leben erahnen können. Dann hatte sie vielleicht ihr Zimmer, die Möbel und auch sie, die zu ihr sprach, erkannt. Enza hatte nie erfahren, ob sie sie wirklich gehört hatte, ob sie den Sinn ihrer Worte verstanden hatte, ihre wenigen, immer gleichen Worte: „Wie fühlst du dich? Möchtest du etwas?“ Sie hatte nie eine Antwort erhalten. Ritas Staunen, noch am Leben zu sein, war an ihrem Gesichtsausdruck, ihren Augen abzulesen. Enza kannte das nur zu gut. Auf ihre Fragen reagierte Rita immer, indem sie die Augenlider niederschlug, vielleicht von der Wirklichkeit, die sie umgab, oder von der Notwendigkeit zu denken ermüdet; dann war sie immer wieder in den Halbschlaf zurückgefallen.

Enza war jedes Mal bedrückt aus dem Zimmer gegangen. Sie schüttelte mit einem nervösen Schaudern jenen durchdringenden Geruch von Krankheit, von Zersetzung von sich ab. Von Tod. Sobald sie draußen war, hätte sie schreien wollen, wusste selbst nicht was, aber schreien, um sich lebendig zu fühlen ..., gierig hatte sie aus vollen Lungen die kühle, noch von nächtlichen Dünsten gesättigte Luft eingeatmet.

Sie liebte den Geruch der Erde und der Pflanzen. Ihre täglichen Friedhofsbesuche hatten auch die Aufgabe, sie mit der Natur zu vereinen, sich als deren Teil in ihrem ständigen Wechsel von Leben und Tod zu fühlen.

Das Klingeln des Telefons zerriss jäh die Stille des Zimmers.

quella stanza. Era ancora davanti al letto, lo straccio in mano, smemorata.

Si scosse. Si precipitò sulle scale. Wolf intanto, vedendo che le cose si mettevano per le lunghe, si era accucciato proprio lì, davanti alla porta e già si lasciava andare al sonno, soddisfatto, dimentico delle delusioni del giorno trascorso, quando quello squillo indiscreto e poi il salto della padrona, inciampata su di lui, e la solita esclamazione: «Sempre in mezzo», lo fecero sobbalzare. Tutto insonnolito si sollevò pesantemente come uno che non sa cosa gli stia accadendo e senza riflettere un secondo seguì la padrona lungo le scale, con poco, pochissimo entusiasmo: le telefonate gli avevano sempre dato un gran fastidio.

«Ho saputo della morte di tua sorella...»

«La povera creatura ha finito di soffrire», rispose dopo essersi schiarita la voce e si stupì di aver pronunciato una frase così banale. Una parente del marito. Riagganciò pensando: „Adesso chissà quanti mi telefoneranno per le condoglianze."

Un languore allo stomaco le ricordò che non aveva mangiato niente, tutto il giorno. Aveva bevuto solo un cappuccino, la mattina, come sempre. Poi non le era più stato possibile inghiottire un solo boccone.

Andò in cucina. Wolf la seguì, come un'ombra. Qualcosa lo rendeva inquieto e non voleva restare solo neanche un secondo. Dopo un momento di indecisione si sdraiò davanti a quest'altra porta, sbarrandola. È da qui che deve passare, sembrava riflettere, non la mancherò di certo. Finalmente tranquillo, allungò il muso sulle zampe e dopo un sonoro sbadiglio seguito da uno strano brontolio che era un po' la sua specialità, si apprestò a proseguire il pisolino iniziato poco prima; ogni tanto però socchiudeva un occhio per sbir-

Sie stand noch immer vor dem Bett, den Lappen in der Hand, gedankenverloren.

Sie gab sich einen Ruck und eilte die Treppe hinunter. Inzwischen hatte sich Wolf, der sah, dass sich die Dinge in die Länge ziehen würden, gerade dort vor die Tür gelegt und dem Schlaf ergeben, zufrieden, die Enttäuschungen des vergangenen Tages vergessend, als das aufdringliche Klingeln und dann das Aufspringen seiner Herrin, die über ihn stolperte und der übliche Ausruf: »Immer im Wege!« ihn auffahren ließen. Schlaftrunken kam er schwer auf die Beine, wie einer, der nicht wusste, wie ihm geschah, und ohne eine Sekunde zu überlegen, folgte er ihr mit wenig, sehr wenig Begeisterung die Treppe hinunter. Die Telefonanrufe hatten ihn immer schon sehr gestört.

»Ich habe vom Tod deiner Schwester gehört ...«

»Die arme Haut hat ausgelitten«, hatte Enza geantwortet, nachdem sie sich geräuspert hatte, überrascht, einen derart banalen Satz ausgesprochen zu haben. Eine Verwandte ihres Mannes. Sie hatte aufgelegt und dabei gedacht: „Wer weiß, wie viele mich jetzt anrufen werden, um mir ihr Beileid auszusprechen."

Ein flaues Gefühl in der Magengegend hatte sie daran erinnert, dass sie den ganzen Tag noch nichts gegessen hatte. Wie gewöhnlich hatte sie am Morgen nur einen Cappuccino getrunken. Danach war es ihr nicht mehr möglich gewesen, auch nur einen Bissen hinunterzuwürgen.

Sie ging in die Küche. Wolf war ihr wie ein Schatten gefolgt. Etwas beunruhigte ihn, und er wollte nicht einmal eine Sekunde lang alleine bleiben. Nach einem Augenblick der Unentschlossenheit legte er sich vor diese andere Tür und versperrte ihr damit den Weg. Sie muss hier durch, schien er zu überlegen, hier kann ich sie nicht verpassen. Endlich beruhigt legte er die Schnauze auf die ausgestreckten Pfoten, und nach einem lautstarken Gähnen, gefolgt von einem eigenartigen Gebrumme, das ein wenig seine Spezialität war, bereitete er sich darauf vor, sein gerade vorhin be-

ciare la sua padrona, sonnacchioso, le orecchie ancora vigili. Quel giorno poteva accadere di tutto, ormai ne era certo, meglio stare all'erta!

La cucina era piuttosto antiquata, arredata con mobili bianchi, disadorni. Anche le mattonelle alle pareti erano bianche, come pure il pavimento. Una cucina disabitata, solo funzionale, pulita. Assomigliava stranamente a una sala operatoria o a un laboratorio medico. Lo studio del marito, a pochi metri di distanza, separato solo da una parete, non era molto dissimile. No, non era la sua cucina, quella, lì non aveva mai cucinato. C'era sempre stato qualcuno che lo aveva fatto per lei. Non amava le cucine, le pentole, l'odore del cibo mentre viene preparato; un odore che si attacca indissolubilmente agli abiti, ai capelli, al corpo, che nessun lavaggio o profumo riesce ad eliminare del tutto. Un odore che può diventare una persecuzione, un marchio indelebile, un biglietto da visita indesiderato.

Con un movimento nervoso della testa scacciò quella nuova ondata di ricordi: la cucina dell'Aquila Nera, la sua infanzia, la madre, la signora Maria. „Potessi liberarmi del mio passato', pensò stancamente, „mi affloscerei allora come un sacco vuoto. Non è forse questo la morte? Un vuoto in un vuoto più infinito, senza passato né futuro. I morti non hanno memoria di niente. Non sognano. Neanche Rita sognerà e non griderà più nella notte. Forse non ha mai avuto ricordi veri e propri, solo sogni, sogni di paura, senza contorno, senza forma. Io per lei avrei potuto essere un brandello di passato appeso a un resto di memoria. Solo che quel brandello di passato è andato perduto insieme alla sua memoria. Niente. Di tutta la sua vita non è rimasto niente. Io per lei non sono mai esistita, neanche nei suoi sogni più brutti. Sono convinta che abbia solo vegetato come una pianta, priva di ricordi, di passato. Benché credo che le piante abbiano memoria del

gonnenes Nickerchen fortzusetzen. Verschlafen öffnete er ab und zu ein Auge und schielte – die Ohren gespitzt – nach seiner Herrin. Heute könnte noch einiges geschehen, war er sich mittlerweile sicher; besser wachsam bleiben!

Die Küche war ziemlich altmodisch mit weißen schmucklosen Möbeln eingerichtet. Die Fliesen an den Wänden und auch der Fußboden waren weiß. Eine unbewohnte Küche, nur praktisch und sauber. Sie glich eigentlich einem Operationssaal oder einem Arztlabor. Die Praxis ihres Mannes, wenige Meter entfernt, nur durch eine Wand getrennt, sah ähnlich aus. Nein, das war nicht ihre Küche; hier hatte sie nie gekocht. Es war immer jemand da gewesen, der es für sie gemacht hatte. Sie hasste die Küche, die Töpfe, den Geruch des Essens während des Kochens; ein Geruch, der sich unerbittlich an die Kleider, an die Haare, an den Körper heftet, und den kein Bad oder Parfüm gänzlich zu entfernen vermag. Ein Geruch, der zur Plage werden kann, ein unauslöschlicher Stempel, eine unerwünschte Visitenkarte.

Mit einer nervösen Kopfbewegung verscheuchte sie diese neue Welle von Erinnerungen: die Küche des Schwarzen Adlers, ihre Kindheit, die Mutter, Frau Maria. „Könnte ich mich von meiner Vergangenheit befreien", dachte sie müde, „ich würde wie ein leerer Sack zusammenfallen. Sieht so vielleicht der Tod aus? Eine Leere in einer noch unendlicheren Leere, ohne Vergangenheit und Zukunft? Die Toten haben keine Erinnerung. Sie träumen nicht. Auch Rita wird nicht mehr träumen und in der Nacht schreien. Vielleicht hat sie nie wirkliche Erinnerungen gehabt, nur Träume, Angstträume, ohne Umrisse, ohne Form. Ich hätte für sie ein Fetzen Vergangenheit sein können. Ein Fetzen, hängen geblieben an ihrem Gedächtnis, der aber zusammen mit all ihren Erinnerungen ausgelöscht worden ist. Nichts. Von ihrem ganzen Leben ist nichts geblieben. Ich habe für sie nie existiert, nicht einmal in ihren schlimmsten Träumen. Ich bin überzeugt, dass sie nur wie eine Pflanze dahingelebt hat, ohne Erinnerung, ohne Vergangenheit. Obwohl ich glau-

loro passato, mentre lei... Sono ingiusta?"

Si guardò intorno, quasi in attesa di una risposta. Sentì solo il rumore di qualche tuono lontano, quasi un'eco ai suoi pensieri.

„E io? Credo di aver vissuto solo perché ho una memoria, perché ho collezionato ricordi, come un collezionista di roba vecchia, eliminando però i risentimenti che non ho osato manifestare per vigliaccheria.

Chi, che cosa ha tessuto la trama dei miei ricordi? E come si formano, chi ne è responsabile, che parte abbiamo noi nella scelta, nella selezione e conservazione di essi? Tutti i ricordi che mi opprimono sono legati a comportamenti altrui nei quali sono stata ingiustamente coinvolta. In altre parole, io non ho un solo ricordo che non sia legato a una persona che mi ha ferito, mortificato, che mi ha fatto star male, che ha cercato di annullarmi. E allora... di cosa sono responsabile io, dove sono i ricordi solo miei, nati da fatti voluti solo da me? Io penso e sono convinta che ogni mia azione sia stata determinata dalla volontà altrui. Di non aver fatto altro che realizzare pensieri, desideri, non importa se espressi o inespressi, di chi mi stava accanto; di non aver mai tenuto conto di quanto io stessa volessi o sentissi. In realtà ho sempre cercato di interpretare la volontà di altri facendola mia. Si potrebbe definire una vita tipicamente al femminile."

Ebbe l'impressione di aver sentito quest'ultima frase, pronunciata dalla propria voce: cominciava anche lei a parlare da sola, anzi a gridare come fanno i vecchi smemorati? Sorpresa si guardò intorno, vide solo il cane che dormiva davanti alla porta. No, non aveva parlato, ché altrimenti lui avrebbe almeno appuntito le orecchie. La cucina in tutto il

be, dass die Pflanzen sich ihrer Vergangenheit bewusst sind, während sie ... Bin ich ungerecht?"

Sie sah sich um, beinahe in Erwartung einer Antwort. Sie hörte nur das Geräusch entfernten Donners, fast wie ein Echo ihrer Gedanken.

„Und ich? Glaube ich, gelebt zu haben, nur weil ich ein Gedächtnis habe, weil ich Erinnerungen sammle wie jemand, der lauter altes Zeug aufliest, aber ohne die Hassgefühle, die ich aus Feigheit nie zu zeigen gewagt habe?

Wer, was hat die Fäden meiner Erinnerungen gewoben? Wie bilden sie sich, wer ist dafür verantwortlich, welchen Anteil haben wir an der Wahl, an ihrer Auslese und Aufbewahrung? Alle Erinnerungen, die mich bedrücken und in welche ich ungerechterweise verwickelt wurde, sind an das Verhalten anderer gebunden. Mit anderen Worten: ich habe keine einzige Erinnerung, die nicht an eine Person gebunden ist, die mich verletzt, gedemütigt hat, die mich leiden ließ und zu vernichten versucht hat. Für was also bin ich verantwortlich ..., wo sind die Erinnerungen, die nur meine sind, und die aus meinem Tun entsprungen sind? Ich glaube, und davon bin ich überzeugt, dass jede meiner Handlungen vom Willen anderer bestimmt wurde! Ich habe nichts anderes getan, als Gedanken und Wünsche – ausgesprochen oder unausgesprochen – derer zu erfüllen, die mir nahe waren; ohne Rücksicht auf das, was ich wirklich selbst wollte oder fühlte. In Wirklichkeit habe ich immer dem Willen anderer zu genügen versucht, indem ich ihn zu meinem machte. Man könnte es als ein Leben bezeichnen, das typisch für eine Frau ist!"

Sie hatte den Eindruck, ihre eigene Stimme zu hören, diesen Satz laut ausgesprochen zu haben. Begann sie schon Selbstgespräche zu führen, wie es die vergesslichen Alten tun? Überrascht schaute sie sich um, sah aber nur den Hund, der vor der Tür schlief. Nein, sie hatte nicht gesprochen, sonst hätte er zumindest die Ohren gespitzt. Die Küche, in all ihrer Verlassenheit, führte sie zu ihren Überlegun-

suo squallore la riportò alle sue riflessioni.

„Per quanto abbia cercato di liberarmi da certi fardelli puramente femminili, col lavoro, con le mie molteplici attività, sempre fuori casa, fuggendo non soltanto da questa cucina ma anche da altri doveri concernenti la mia famiglia, non sono riuscita a trovare un'altro modello di vita. Nonostante tutto ho vissuto rispettando schemi stabiliti da altri, in secoli passati. Infatti, chi sono io, chi sarei io senza le persone che hanno condizionato la mia vita? È così per tutti? Siamo tutti condizionati dagli altri? L'uno condiziona l'altro... sono solo un'anello in una lunga catena iniziata chissà quando, chissà da chi e dalla quale dipendiamo tutti. Non esiste una vera libertà di essere. E la vita: che significa questa parola? Mi sembra che dietro ogni parola si nasconda un mondo misterioso, arcaico, difficile da decifrare. Ogni parola rappresenta qualcosa, o meglio è soltanto un simbolo, ma basta che la pronunci io perché perda di significato, diventando solo un suono e niente altro! Che mi sta succedendo? Ho l'impressione che sia impossibile definire il vero senso delle cose, che cioè ogni parola... Basta, meglio lasciar perdere. In ogni caso so cos' è stata la mia vita: una fuga continua per non vedere la realtà; un numero imprecisato di desideri repressi, soffocati già sul nascere, e tante cose proibite che invece avrei voluto fare, dire e non ho fatto. Non ho detto. È questa la vita? Una lotta fra quello che *deve* essere e quello che invece si vorrebbe fare? Imbavagliata, fin dalla nascita. „*Cittu*[1]." Sempre questa piccola parola che ha condizionato la mia esistenza. Una parola chiara, tagliente come un coltello. Un simbolo di morte. Il silenzio è dei morti, non dei vivi. Dopo tanti anni mi risuona ancora nelle orecchie! La somma dei ricordi è la vera essenza della vita... È così? Non lo scorrere dei giorni, non il succedersi di ore che fuggono senza lasciare traccia di sé, come il mondo dei nostri sogni.

---

[1] Zitta

gen zurück.

„Wie sehr ich auch versucht habe, mich von meinen ausschließlich weiblichen Lasten zu befreien, mit der Arbeit, mit meinen vielfältigen Tätigkeiten außer Haus, nicht nur vor dieser Küche, sondern auch vor anderen familiären Pflichten zu fliehen – ich habe es nicht geschafft, ein anderes Lebensmodell zu finden. Trotz allem habe ich gelebt nach Mustern, die von anderen in vergangenen Zeiten festgelegt worden waren. In der Tat ..., wer bin ich, was wäre ich ohne die Menschen, die mein Leben bestimmt haben? Geht es allen so? Sind wir alle durch die anderen konditioniert? Einer konditioniert den anderen ... Sind alle nur ein Glied einer langen Kette, wer weiß, wann von wem begonnen, an der wir hängen? Eine wirkliche Freiheit gibt es nicht. Und das Leben ..., welche Bedeutung hat dieses Wort? Mir scheint, dass sich hinter jedem Wort eine geheimnisvolle, archaische, schwer entzifferbare Welt verbirgt. Jedes Wort stellt etwas dar oder ist nur ein Symbol; doch es genügt, dass ich es ausspreche, damit es an Bedeutung verliert, nichts anderes als nur Klang wird! Was geschieht mit mir? Ich habe den Eindruck, es sei unmöglich, den wahren Sinn der Dinge zu bestimmen; das heißt, dass alle Worte ... Genug! Lassen wir es besser sein. Auf jeden Fall weiß ich, was mein Leben war: eine fortwährende Flucht, um die Wirklichkeit nicht zu sehen; eine unbestimmte Summe von unterdrückten, bereits im Keim erstickten Wünschen, von vielen verbotenen Dingen, die ich hingegen gerne getan, gesagt hätte und die ich nicht getan, nicht gesagt habe. Ist das das Leben? Ein Kampf zwischen dem, was sein *muss*, und dem, was man gerne tun möchte? Geknebelt von Geburt an. „Sei still!" Immer dieses kleine Wort, das meine Existenz bestimmte. Ein klares Wort, scharf wie ein Messer. Ein Symbol des Todes. Das Schweigen gehört den Toten, nicht den Lebenden. Nach all den Jahren klingt es immer noch in meinen Ohren! Die Summe der Erinnerungen ist die wahre Essenz des Lebens ... Ist es so? Nicht das Verstreichen der Tage, nicht das Aufeinanderfol-

Oh Carlo, perché non sei qui per parlare con me di queste cose?"

Era rimasta tutto il tempo in mezzo alla cucina, sprofondata in mille riflessioni, nel silenzio della casa vuota, in una nuova solitudine, più grande della prima. Neanche la muta presenza della sorella e dell'infermiera di turno, da qualche parte, al primo piano, neanche un sentimento di rifiuto, di protesta rimaneva. Solo rassegnazione e niente altro.

Sospirò e aprì il frigo. Vuoto. „Potrei anche spegnerlo." Ma un frigorifero spento in casa le avrebbe dato sempre più la sensazione di non abitarci, di essere sola. „Ma tu sei sola" urlò una voce dentro di lei. „Non è vero, non sono sola, ho tre figli, un cane... e tanti ricordi! Una compagnia molesta, ma a quanto pare necessaria; una parte essenziale di me che mi porto sempre dietro. Sono viva proprio perché ho dei ricordi. Non ci avevo mai pensato. I figli invece sono fuori, ognuno con la propria famiglia. E Carlo, anche lui è fuori, in quel vuoto senza fine."

Il temporale intanto aveva perso un po' del suo vigore. Il vento era caduto di colpo; si sentiva solo il fruscio della pioggia sui rami degli alberi, sulle foglie che coprivano il prato, sui cespugli, sulla tettoia della veranda. Una pioggia monotona, triste, in qualche modo rassicurante. Aveva tutta l'aria di non voler smettere più. Magari sarebbe andata avanti così per tutta la notte.

Decise di farsi un caffè, non per tenersi sveglia, ma per chiudere lo stomaco con qualcosa di caldo. Aprì gli sportelli, i cassetti. Tutto vuoto. In quella casa da anni ormai non si cu-

gen von Stunden, die entfliehen, ohne eine Spur zu hinterlassen wie die Welt unserer Träume.

Oh, Carlo, warum bist du nicht hier, um mit mir über diese Dinge zu reden?“

Sie war die ganze Zeit in der Küche geblieben, versunken in tausend Überlegungen, in der Stille des leeren Hauses, umgeben von einer neuen Einsamkeit, die noch größer war als die vorherige. Nicht einmal die stumme Präsenz der Schwester und der Krankenschwester irgendwo im ersten Stock, nicht einmal ein Gefühl der Ablehnung, des Protests blieben. Nur Resignation und nichts anderes.

Sie seufzte und öffnete den Kühlschrank. Leer. „Ich könnte ihn auch ausschalten.“ Doch ein ausgeschalteter Kühlschrank im Haus hätte ihr noch mehr das Gefühl vermittelt, es nicht zu bewohnen, allein zu sein. „Du bist allein“, schrie eine Stimme in ihr. „Das ist nicht wahr; ich bin nicht allein. Ich habe drei Kinder, einen Hund ... und viele Erinnerungen! Eine lästige Gesellschaft, doch wie es scheint, ein notwendiger, ein essentieller Teil von mir, den ich immer mit mir trage. Ich lebe, gerade weil ich Erinnerungen habe. Ich hatte nie darüber nachgedacht. Die Kinder hingegen sind fort, jedes mit seiner eigenen Familie. Und Carlo, auch er ist weg, in jener endlosen Leere.“

Das Gewitter hatte inzwischen etwas von seiner Kraft verloren, der Wind sich plötzlich gelegt. Man hörte nur das Rauschen des Regens in den Zweigen der Bäume, auf den Blättern, die den Rasen bedeckten, im Gebüsch und auf der Veranda, eintönig, traurig, aber auf unbestimmte Weise beruhigend. Es hatte ganz den Anschein, als wollte der Regen nicht mehr aufhören. Vielleicht würde es die ganze Nacht so weitergehen.

Sie beschloss, sich einen Kaffee zu machen, nicht um sich wach zu halten, sondern um den Magen mit etwas Warmem zu beruhigen. Sie öffnete die Küchenschränke, die Schubla-

cinava più. Da quando i figli erano usciti definitivamente per studiare, lavorare, o per mettere su una propria famiglia, i pasti per la sorella e la sua infermiera erano stati portati ogni giorno dal ristorante dell'albergo. Il marito già da tempo si era adattato a venire a mangiare al ristorante, come „un cliente di riguardo, una specie di gigolò", diceva con la solita ironia, dato che gli era permesso di prendere i pasti allo stesso tavolo della padrona. Da quando era sola, aveva smesso di sedersi al suo tavolo riservato; ora restava nel suo ufficio, il vassoio appoggiato sulla scrivania, ed era più ciò che rimandava indietro che quello che consumava.

Dimenticato nell'angolo di un cassetto trovò un resto di caffè. Chissà da quanto tempo era lì. Trovò anche dei vecchi biscotti in una scatola di latta. Tutti oggetti risalenti ai tempi in cui Carlo amava farsi un caffè a metà mattina, quando lei era già da alcune ore in albergo. Religiosamente toccò quegli oggetti, passati chissà quante volte fra sue le mani.

Mentre accendeva il gas ricordò le mani del marito, mani da medico, gli aveva detto una volta, e lui ci aveva scherzato sopra, facendo allusione alla sua abitudine di palpare corpi femminili e alla sensibilità tutta professionale che ne era derivata.

Il profumo del caffè la rianimò. Si sedette e lo sorseggiò, così bollente, amaro e ancora assai aromatico.

Il pensiero corse al cimitero, alla tomba. La terra si stava imbevendo di acqua, e Carlo era lì sotto, solo, abbandonato. Ogni volta che pioveva era tormentata da questo pensiero. Le sembrava che il povero corpo fosse esposto alle intemperie, direttamente, senza la protezione del legno della bara. Un pensiero allucinante che la straziava.

„Carlo vaga nella grande solitudine degli spazi. Escluso dalla società dei vivi.' Chissà da dove saltava fuori quel pen-

den ..., alles leer. In diesem Haus wurde bereits seit Jahren nicht mehr gekocht. Seit die Kinder endgültig fortgegangen waren, um zu studieren, zu arbeiten oder eine eigene Familie zu gründen, wurden die Mahlzeiten für Rita und deren Krankenschwester jeden Tag aus dem Restaurant des Hotels gebracht. Ihr Mann hatte sich schon lange daran gewöhnt, in das Restaurant zum Essen zu kommen, wie „ein angesehener Gast, eine Art Gigolo“, sagte er mit der üblichen Ironie, nachdem es ihm gestattet war, die Mahlzeiten am Tisch der Hotelbesitzerin einzunehmen. Seitdem sie allein war, hatte sie sich nicht mehr an den für sie reservierten Tisch gesetzt; jetzt blieb sie in ihrem Büro, das Tablett auf dem Schreibtisch abgestellt, und es war mehr, was sie zurückschickte als was sie aß.

In der Ecke einer Schublade fand sie einen Rest vergessenen Kaffeepulvers und alte Kekse in einer Blechdose. Alles Dinge, die in die Zeit zurückreichten, als Carlo sich am Vormittag einen Kaffee zuzubereiten pflegte, während sie schon seit Stunden im Hotel war. Andächtig berührte sie diese Dinge, die er, wer weiß wie oft, in den Händen gehalten hatte.

Während sie den Gasherd anmachte, erinnerte sie sich an seine Hände. Arzthände, sagte sie einmal zu ihm. Er hatte darüber gelacht und auf seine berufliche Sensibilität angespielt, täglich Frauenkörper betasten zu müssen.

Der Kaffeegeruch belebte sie. Sie setzte sich und nippte an der Tasse, so brühend heiß, bitter und doch ziemlich aromatisch.

Sie dachte an den Friedhof, an das Grab. Die Erde tränkte sich mit Wasser, und Carlo war dort unten, allein, verlassen. Jedes Mal, wenn es regnete, quälte sie dieser Gedanke. Ihr schien, dass der arme Körper ohne den Schutz des Holzsarges dem Unwetter ausgesetzt war. Ein erschütternder Gedanke, der sie peinigte.

„Carlo irrt durch die große Einsamkeit der Unendlichkeit. Von der Gemeinde der Lebenden ausgeschlossen.“ Wer

siero così profondamente religioso. Nonostante la sua mancanza di fede persisteva in lei, come nella maggior parte degli esseri umani, l'illusione di un aldilà. Sorpresa scosse la testa. „No. Continua a vivere solo in me, nel corpo dei suoi figli, nella memoria di chissà quanti suoi pazienti."

Abbassò la tazzina sul tavolo e la mano tremò un momento. Un fiotto di lacrime inondò il suo viso. Un pianto silenzioso, rotto da qualche singhiozzo soffocato; il pianto della sua infanzia, solitario e per questo tanto più inconsolabile.

Wolf ormai mezzo addormentato, si alzò faticosamente e le venne vicino, appoggiò la grossa testa sul suo grembo e la guardò con gli occhi tristi; una tristezza senza parole, la tristezza di milioni di anni di solitudine, come solo un animale può esprimere. Quello sguardo pieno di devozione, di comprensione anche – intuiva il perché di quelle lacrime? – la consolò. Passò la mano sul suo testone, con affetto.

«Buono Wolf. Non essere triste anche tu.»

Si alzò, infine. Voleva vegliare la sorella, almeno qualche ora. Salì lentamente al primo piano, lasciando tutte le luci accese, a festa, „una festa assai lugubre", si sorprese a pensare. Ma forse così si sentiva meno sola. Wolf, la testa ciondoloni, seguiva ogni suo passo: anche a lui era venuto il magone. La tristezza della padrona lo aveva contagiato, senza contare che ormai aveva capito che anche il solito giretto serale in sua compagnia sarebbe venuto a mancare. Più tardi sarebbe andato brevemente, molto brevemente da solo e magari avrebbe incontrato qualche nemico gattesco, sempre pronto a far baruffa. Lui lo avrebbe ignorato, un po' per vigliaccheria, un po' perché aveva altro per la testa. Ne conosceva uno in particolare che sembrava aspettarlo ogni notte, un gattaccio nero appollaiato sul ramo di un albero vicino casa, un mostro che soffiava a tutto vapore, pronto ad affibbiargli qualche zampata micidiale. E allora sì che sarebbe stata una giornata irrimediabilmente persa: ci mancava giu-

weiß, wo dieser tief religiöse Gedanke herrührte. Trotz Nichtglaubens hielt sich in ihr – wie in der Mehrheit der Menschen – die Illusion eines Jenseits. Überrascht schüttelte sie den Kopf. „Nein. Er lebt nur in mir weiter, in den Körpern seiner Kinder, in der Erinnerung vieler seiner Patienten."

Sie stellte die Tasse auf den Tisch, ihre Hand zitterte einen Augenblick. Eine Flut von Tränen lief ihr übers Gesicht. Ein stilles Weinen, von einigen unterdrückten Schluchzern unterbrochen; das Weinen ihrer Kindheit, einsam und deshalb umso untröstlicher.

Wolf, ziemlich verschlafen, stand umständlich auf und näherte sich ihr, legte seinen großen Kopf auf ihren Schoß und sah sie mit traurigen Augen an; eine wortlose Traurigkeit, die Traurigkeit von Millionen Jahren der Einsamkeit, wie sie nur ein Tier auszudrücken vermag. Dieser Blick voller Hingabe und Verständnis – ahnte er den Grund dieser Tränen? – tröstete sie. Sie streichelte ihn liebevoll.

»Brav, Wolf. Sei du nicht traurig.«

Schließlich stand sie auf. Sie wollte bei ihrer Schwester wachen, zumindest ein paar Stunden. Sie stieg langsam in den ersten Stock hinauf, ließ alle Lichter wie bei einem festlichen Ereignis an und dachte überrascht: „ein ziemlich schauriges Fest". Doch vielleicht fühlte sie sich so weniger einsam. Wolf folgte ihr mit gesenktem Kopf auf Schritt und Tritt; auch ihm war schwer ums Herz. Die Traurigkeit seiner Herrin hatte ihn angesteckt. Er hatte inzwischen begriffen, dass der übliche Abendrundgang in ihrer Begleitung ausfallen würde. Später würde er kurz, sehr kurz nur alleine hinausgehen und vielleicht einem katzenhaften, immer zu einer Rauferei aufgelegtem Monster begegnen. Er würde den Kater ignorieren, ein wenig aus Feigheit, ein wenig, weil er anderes im Kopf hatte. Er kannte vor allem einen, der jede Nacht auf ihn zu warten schien, ein schwarzer Kater, der auf dem Ast eines Baumes neben dem Haus lauerte. Ein Ungeheuer, das mit ganzer Kraft fauchte und bereit war, ihm einen schmerzhaften Prankenschlag zu versetzen. Dann wäre

sto il gran finale con relativo spargimento di sangue.

Enza entrò nella *sua* stanza. L'aria greve, dolciastra. Aprì la finestra e intanto si chiese il perché di quella veglia; certo aveva vegliato anche il marito, ma si trattava di ben altra cosa. Aveva voluto restare con lui più a lungo possibile. Un giorno e una notte. E aveva voluto essere sola, nonostante le proteste dei figli che più volte l'avevano costretta quasi con la forza a uscire da quella stanza.

Abbassò la serranda per evitare che la pioggia entrasse di nuovo. „Perché si vegliano i morti? Che senso ha questa cerimonia? Devo strapparmi i capelli, lamentarmi?" Ancora ferma accanto alla finestra. „L'ultimo saluto prima della grande dipartita. Fosse vero! *Lei* resterà sempre dentro di me, finché sarò viva."

Rabbrividì. La signora Ferretti aveva chiuso il termosifone per evitare che il calore accelerasse il processo di decomposizione del cadavere.

Andò nella propria stanza e prese una giacca di lana pesante e un plaid per coprirsi le ginocchia. Tornò nella *sua* stanza e si guardò intorno. Lungo la parete, accanto all'armadio, la signora Guidi, l'infermiera di notte, aveva messo una brandina. Pensò che adesso non sarebbe servita più a nessuno; la smontò e la mise in un angolo. Per fare questo lavoro aveva acceso il lampadario in mezzo alla stanza: il cadavere della sorella apparve in tutta la sua inesorabilità. La luce mise in fuga le ombre che fino a quel momento avevano protetto la crudezza di quella scena. Ora era lì presente, la morte, nuda e cruda, in tutta la sua intollerabile realtà. Con gesto subitaneo Enza allungò la mano verso l'interruttore e spense la luce. Tornò la penombra. Il corpo della morta perse i suoi contorni; la stanza riacquistò l'aspetto di prima,

es wirklich ein unwiderruflich verlorener Tag gewesen; jetzt fehlte nur noch das große Finale mit dazugehörigem Blutvergießen.

Enza betrat *ihr* Zimmer. Die Luft war schwül und süßlich. Sie öffnete das Fenster und fragte sich dabei nach dem Grund dieser Totenwache. Sie hatte zwar auch am Bett ihres Mannes gewacht, doch handelte es sich dabei um etwas anderes. Sie wollte so lang wie möglich bei ihm bleiben. Einen Tag und eine Nacht. Und allein sein, trotz des Protests der Kinder, die sie wiederholt beinahe mit Gewalt gezwungen hatten, das Zimmer zu verlassen.

Sie ließ den Rollladen herunter, damit es nicht erneut hereinregnen konnte. „Warum wacht man bei den Toten? Welchen Sinn hat diese Zeremonie? Muss ich mir die Haare raufen, klagen?" Immer noch am Fenster still stehend: „Der letzte Gruß vor dem großen Abschied. Wenn es wahr wäre! *Sie* wird immer in mir bleiben, solange ich lebe."

Sie erschauerte. Frau Ferretti hatte den Heizkörper abgedreht, um zu vermeiden, dass die Wärme den Verwesungsprozess der Leiche beschleunigte.

Sie ging in ihr Zimmer und nahm sich eine schwere Wolljacke und ein Plaid für die Beine. Sie kehrte in *ihr* Zimmer zurück und blickte sich um. Längs der Wand, neben dem Schrank, hatte Frau Guidi, die Nachtschwester, ein Notbett aufgestellt. Enza dachte, dass es jetzt wohl niemand mehr brauchen würde, klappte es zusammen und stellte es in die Ecke. Um diese Arbeit verrichten zu können, hatte sie die Deckenlampe in der Zimmermitte angeknipst: die Leiche ihrer Schwester erschien ihr in ihrer ganzen Unerbittlichkeit. Das Licht hatte die Schatten vertrieben, die bis zu diesem Augenblick die Erbarmungslosigkeit der Szene gemildert hatten. Jetzt war er dort anwesend, der Tod, nackt, in seiner ganzen unerträglichen Wirklichkeit. Mit einer unwillkürlichen Bewegung suchte Enzas Hand den Schalter und löschte das Licht. Der Halbschatten kehrte zurück. Der Körper der

come non fosse successo niente. Lei, la mano ancora appoggiata sull'interruttore della luce, riprese a respirare.

Ancora sconvolta vide accanto al letto la poltrona dove la sorella, in altri tempi, aveva trascorso buona parte delle sue giornate, sempre intenta a sferruzzare. Anno dopo anno. La fissò un momento, poi decisa, senza riflettere, andò a prendere un'altra poltrona e la trascinò accanto alla porta lasciata aperta; il cane russava lì vicino e non si mosse di un centimetro. Quel respiro, quel leggero russare, l'unico segno di vita.

Si sedette.

Inquieta si chiese cosa significasse quell'agitazione, non era la prima volta che vedeva un morto. Chissà perché si era lasciata impressionare tanto.

Avvolse le gambe nel plaid e cercò di distrarsi. Pensò che per il funerale avrebbe dovuto vestirsi di nero, anche le calze nere, come quando era morto Carlo. Ma solo per il funerale, solo per quel giorno, pensò. Non amava vestirsi di nero. In modo assoluto. Le calze nere poi le mettevano una tristezza tutta particolare. Odiava il lutto, per lei un'ostentazione di dolore, un lamento continuo, una mortificazione di sé, una protesta contro la vita: in una parola la negazione stessa della vita. Un simbolo assai antico, lo riconosceva, nel quale non avrebbe mai potuto identificarsi. Il nero era legato a troppi ricordi dolorosi. Anche dopo la morte del marito aveva portato il lutto solo un giorno, appunto il giorno del funerale; la figlia Luisa si era vestita di nero a lungo, quasi per rappresentarla davanti alla gente del paese.

Luisa si era lasciata andare al punto da fare una grande scenata al cimitero, davanti alla fossa scavata per il padre. I fratelli avevano dovuto trascinarla via. Lei al contrario non aveva battuto ciglio, non certo per indifferenza. Luisa aveva gri-

Toten verlor seine Umrisse, und das Zimmer sah so aus, als wäre nichts geschehen. Die Hand noch am Lichtschalter begann sie wieder zu atmen.

Noch aufgewühlt sah sie neben dem Bett den Sessel, in dem ihre Schwester zu früheren Zeiten den Großteil ihrer Tage verbracht hatte – immer ins Stricken vertieft, Jahr um Jahr. Sie starrte ihn einen Augenblick an, dann, entschlossen, ohne zu überlegen, ging sie einen anderen Sessel holen und rückte ihn neben die offen stehende Tür. Der Hund schnarchte und rührte sich nicht. Dieses Atmen, dieses leichte Schnarchen waren die einzigen Lebenszeichen.

Sie setzte sich.

Unruhig fragte sie sich, was diese Aufregung bedeutete. Es war nicht das erste Mal, dass sie einen Toten sah. Wer weiß, warum sie so aufgewühlt war.

Sie wickelte die Decke um die Beine und versuchte sich abzulenken. Zum Begräbnis würde sie sich schwarz kleiden, auch schwarze Strümpfe anziehen, wie damals, als Carlo gestorben war. Aber nur für das Begräbnis, nur für jenen Tag, dachte sie. Sie zog sich nicht gern schwarz an. Überhaupt nicht. Die schwarzen Strümpfe vermittelten ihr außerdem eine ganz besondere Traurigkeit. Sie hasste die Trauer; für sie war sie nur ein Zurschaustellen des Schmerzes, ein fortwährender Jammer, eine Erniedrigung seiner selbst, ein Protest gegen das Leben, kurz: die Verneinung des Lebens selbst. Ein ziemlich antikes Symbol, das sah sie ein, mit dem sie sich nie hätte identifizieren können. Das Schwarz war an zu viele schmerzhafte Erinnerungen geknüpft. Auch nach dem Tod des Ehemanns hatte sie nur einen Tag lang Schwarz getragen, am Tag des Begräbnisses eben. Ihre Tochter Luisa dagegen hatte sich lange schwarz gekleidet, als wollte sie die Mutter vor den Leuten des Dorfes vertreten.

Auf dem Friedhof hatte sich Luisa am offenen Grab des Vaters zu einer fürchterlichen Szene hinreißen lassen. Die Brüder hatten sie wegzerren müssen. Sie hingegen hatte mit keiner Wimper gezuckt, aber nicht aus Gleichgültigkeit. Ver-

dato, si era rivoltata contro la necessità di deporlo dentro quella fossa, urlando, chiamando disperatamente il suo amato papà. Il ricordo di quella scena, che avrebbe dovuto evitare, la riempiva ogni volta di stupore misto a disgusto. „Ha voluto dimostrare a me, alla gente del paese di aver amato il padre più di me?", si chiese non per la prima volta, piuttosto sconcertata.

Decise di non mettere le calze nere per il funerale della sorella.

I suoi pensieri continuarono a vagare in modo assai confuso, saltando da una cosa all'altra senza una meta precisa. La stessa fuga vissuta durante quel pomeriggio. Di nuovo quel gorgo che minacciava di risucchiarla nelle sue zone scure. Ne prese coscienza: „Ho paura della vita senza Carlo".

Subito si soffermò sull'immagine di lui come ci si attacca a un'ancora di salvezza e lo rivide, alto, snello – altri dicevano che era semplicemente magro, per lei rimaneva sempre snello, elegante – i folti capelli bianchi ancora robusti, lisci, ribelli, che gli cascavano continuamente sulla fronte: lui, con gesto di sfida, come quando era giovane, li rimandava indietro, a volte con una mano, o con ambedue le mani, a volte con un movimento del capo. Lei attraverso quei gesti così familiari riusciva sempre a indovinare il suo umore, il suo stato d'animo; a volte aveva l'impressione di leggere persino nei suoi pensieri. Carlo era un libro aperto per lei, per lo meno così credeva, e soprattutto negli ultimi anni aveva capito cosa si nascondesse dietro quel suo modo di fare un po' leggero che l'aveva sempre sorpresa e affascinata nello stesso tempo: una grande purezza d'animo, nata da un'infanzia spensierata e felice, sotto la cura forse eccessiva di una madre che lo considerava un dono del cielo; più una profonda conoscenza delle disgrazie umane, dovuta oltre che a motivi professionali, alle sue esperienze di guerra, cui non accennava mai.

zweifelt nach ihrem Vater rufend hatte sich Luisa gegen die Notwendigkeit aufgelehnt, ihn in die Grube hinab zu lassen. Die Erinnerung an diese Szene, die sie hätte verhindern müssen, erfüllte sie jedes Mal mit Staunen, ja mit Ekel. „Wollte sie mir und den Leuten im Dorf zeigen, dass sie ihren Vater mehr geliebt hat als ich?", fragte sie sich zum wiederholten Mal ziemlich verstimmt.

Sie beschloss, die schwarzen Strümpfe zum Begräbnis der Schwester nicht anzuziehen.

Ihre Gedanken schweiften weiter umher, irrten ziellos von einem zum anderen. Dieselbe Flucht, die sie bereits am Nachmittag erlebt hatte, drohte sie erneut in diese dunklen Bereiche hineinzuziehen. Ihr wurde bewusst: „Ich fürchte mich vor dem Leben ohne Carlo."

Sofort verhielt sie bei seinem Bild, wie an einem Rettungsanker, und sah ihn wieder vor sich: groß, schlank – andere sagten, er sei einfach nur mager, für sie blieb er immer schlank, elegant –, das dichte, weiße, noch kräftige Haar, glatt und rebellisch, das ihm immer tief in die Stirn fiel; mit herausfordernder Geste strich er es mit einer oder beiden Händen zurück, manchmal mit einer Kopfbewegung, wie in jungen Jahren. Aus diesen so vertrauten Gesten war sie immer imstande gewesen, seine Laune, seinen Gemütszustand zu erraten. Manchmal hatte sie sogar den Eindruck, als könne sie seine Gedanken lesen. Carlo war ein offenes Buch für sie, zumindest glaubte sie das, und besonders in den letzten Jahren hatte sie verstanden, was sich hinter seiner saloppen Art verbarg, die sie gleichzeitig immer überrascht und fasziniert hatte: eine große Reinheit des Herzens, geboren aus einer sorglosen und glücklichen Kindheit, aber auch aus einer übertriebenen Liebe der Mutter, die ihn als Geschenk des Himmels betrachtete. Dazu kam noch eine tiefe Kenntnis der menschlichen Abgründe, die neben den beruflichen Erfahrungen als Arzt durch seine Kriegserlebnisse – über die er nie sprach – bedingt war.

Del ragazzino aveva conservato il piacere della burla innocente, dei giochi di parole a volte scombinati, anche fuori posto, giochi che lo riportavano agli anni giovanili, quando si divertiva a mettere i professori alla berlina, rischiando spesso punizioni e lettere di biasimo ai suoi genitori.

E la tolleranza, che cresceva man mano che andava avanti con gli anni, e l'amore per lei, costante. Diceva a volte che la vita gli aveva dato molto più di quanto avesse meritato.

Ripensava spesso a questa frase: „... più di quanto avesse meritato".

Perché? Cosa aveva inteso dire con questa frase?

Vom kleinen Jungen hatte er sich die Lust an den unschuldigen Streichen und an den manchmal verworrenen und auch unangebrachten Wortspielen bewahrt; an Spielen, die ihn in seine Jugendjahre zurückführten, als es ihm Spaß machte, die Lehrer bloßzustellen und dabei Strafen und Beschwerdebriefe an seine Eltern in Kauf zu nehmen.

Und das mit den Jahren wachsende Verständnis und die beständige Liebe zu ihr. Manchmal sagte er, dass ihm das Leben weitaus mehr gegeben habe, als er verdient habe.

Sie dachte oft an diese Worte: „... mehr als ich verdient hatte."

Warum? Was hatte er mit diesen Worten sagen wollen?

Il Grand Hotel sul lago

Come in un film a ritroso, lasciò scorrere davanti a sé varie scene della sua vita, le più importanti. La primavera del 1966, per esempio, quando, poco più che ventenne, fu assunta nel Grand Hotel sul lago, di proprietà della signora Luisa Golin, madre di Carlo.

La signora Luisa, una settantenne di carattere autoritario, anzi dichiaratamente dispotico, aveva gestito l'albergo più o meno da sola per più di trentacinque anni, e nonostante l'età non era affatto disposta a cederne le redini a chicchessia, tantomeno al figlio, del resto del tutto disinteressato agli affari della madre. Anche il marito, il vecchio Dottor Golin, medico condotto del paese, aveva evitato, non sempre con successo, di immischiarsi nell'amministrazione dell'albergo; lo considerava infatti un feudo della moglie, un passatempo che la distoglieva dal prodigare cure eccessive al figlio e a lui stesso, soffocato fino a quel momento dal controllo continuo cui era stato fatto oggetto durante i primi dieci anni di matrimonio.

Finché possibile si era tenuto in disparte, cercando di ignorare i vari maneggi affaristici della moglie. Peccava solo di ironia: il suo scetticismo, la sua aria divertita irritavano la signora Luisa che non si sentiva presa sul serio. E non a torto. Il Dottor Golin era convinto che la moglie non possedesse le competenze necessarie per tenere in piedi un albergo di quel genere. La signora Luisa non sopportava la minima ingerenza nei suoi affari, né accettava consigli: ogni proposta,

Das Grand Hotel am See

Wie in einem rückwärts laufenden Film ließ Enza einzelne Szenen, die wichtigsten ihres Lebens, ablaufen. Da war beispielsweise das Frühjahr 1966, als sie mit ungefähr zwanzig Jahren im Grand Hotel am See, das Frau Luisa Golin, Carlos Mutter, gehörte, angestellt wurde.

Frau Luisa, eine Siebzigjährige von autoritärem, ausgesprochen despotischem Charakter, hatte das Hotel im Großen und Ganzen seit über fünfunddreißig Jahren alleine geführt, und trotz ihres Alters war sie überhaupt nicht bereit gewesen, die Zügel irgend jemandem zu überlassen, schon gar nicht ihrem Sohn, der sich im Übrigen nicht für die Geschäfte der Mutter interessierte. Auch ihr Gatte, der alte Doktor Golin, Landarzt im Dorf, hatte es immer mit Erfolg vermieden, sich in die Leitung des Hotels einzumischen. Er betrachtete es als Domäne seiner Frau, als einen Zeitvertreib, der sie davon abhielt, den Sohn und ihn selbst mit übertriebener Fürsorge zu überschütten; bis dahin war er Opfer einer ständigen Kontrolle gewesen, die ihn in den ersten zehn Ehejahren fast erstickt hatte.

Solange es möglich war, hielt er sich aus allem heraus und versuchte, die verschiedenen Geschäfte seiner Ehefrau zu ignorieren, doch schaffte er es nicht, seine Ironie zu verbergen. Seine Skepsis, seine belustigte Art irritierten Frau Luisa, die sich nicht ernst genommen fühlte. Und das nicht zu Unrecht. Doktor Golin war davon überzeugt, dass seine Frau nicht die nötige Kompetenz besaß, ein Hotel dieser Art am Leben zu erhalten. Frau Luisa duldete weder die geringste Einmischung in ihre Geschäfte, noch akzeptierte sie

soprattutto se veniva dal marito o dal figlio, veniva considerata una provocazione, un'attentato contro di lei personalmente. In una parola, bastava toccare il tasto 'albergo' perché quella signora, di solito di modi irreprensibili, si trasformasse in una belva. Il risultato di quei dissensi familiari fu che nel corso degli anni il Grand Hotel sul lago, di Grande conservò soltanto il nome.

Si trattava infatti di una bicocca mezzo in rovina, ereditata negli anni Trenta da un vecchio zio, che a sua volta, non avendo nessun talento per gli affari, ne aveva affidato l'organizzazione e la manutenzione a un amministratore di sua fiducia. Durante il conflitto era stato addirittura requisito dall'esercito tedesco per un lungo periodo di tempo e fu quasi un miracolo se al momento della liberazione, gli alleati, pur considerandolo un covo di fascisti, non lo avessero colpito. Forse per stanchezza o per chissà quale altro motivo.

Come previsto dal Dottor Golin, non vennero mai adeguatamente risarciti dei danni subiti durante la permanenza tedesca.

L'albergo, costruito all'inizio del secolo, negli anni sessanta era in condizioni pietose: soltanto una piccola parte delle stanze poteva essere occupata. I servizi igienici, assai primitivi, non rispettavano le norme vigenti, le porte e le finestre chiudevano solo a malapena, tanto che era possibile affittare le stanze solo d'estate per via degli spifferi e della pioggia che penetrava attraverso le fessure, per non parlare della biancheria più volte rattoppata, totale mancanza di coperte di lana e copriletti degni di questo nome; niente ristorante o bar. Oltre ai lavori di rimodernamento, ricostruzione di muri cadenti, scale insicure e servizi vari, era necessaria una mano energica, con esperienza alberghiera, capace di riorganizzarne l'andamento, metter su un personale efficiente e, in generale, di prendersi cura di tutto il resto. La si-

Ratschläge. Jeder Vorschlag, insbesondere wenn er vom Ehemann oder vom Sohn kam, wurde als Provokation betrachtet, als Attentat auf sie persönlich. Kurz gesagt, es genügte, nur das Wort 'Hotel' auszusprechen, damit sich diese Frau von ansonsten untadeliger Art in einen Tiger verwandelte. Die Folge dieser familiären Zwistigkeiten war, dass das Grand Hotel am See im Laufe der Jahre seine 'Größe' nur mehr dem Namen nach besaß.

Es handelte sich um ein halb verfallenes, in den dreißiger Jahren von einem Onkel geerbtes Hotel, der ohne jegliches Gespür für Geschäfte die Organisation und die Instandhaltung einem Verwalter seines Vertrauens übertragen hatte. Während des Krieges wurde das Hotel sogar für lange Zeit von der deutschen Wehrmacht requiriert, und es grenzte beinahe an ein Wunder, dass es bei der Befreiung durch die Alliierten nicht beschossen worden war, obwohl es als Faschistennest galt. Vielleicht aus Überdruss, oder wer weiß aus welchem anderen Grund.

Wie von Doktor Golin vorausgesehen, wurden sie nie für die während der deutschen Besatzung erlittenen Verluste entschädigt.

Das Anfang des Jahrhunderts erbaute Hotel befand sich in den sechziger Jahren in einem erbärmlichen Zustand. Nur eine kleine Anzahl von Zimmern war bewohnbar. Die ziemlich primitiven sanitären Einrichtungen entsprachen nicht den geltenden Vorschriften; Türen und Fenster waren undicht, sodass die Zimmer wegen der Zugluft und des Regens, der durch die Spalten eindrang, nur im Sommer vermietet werden konnten, ganz zu schweigen auch von der mehrmals geflickten Bettwäsche, dem vollkommenen Fehlen von Wolldecken und Bettüberzügen, die diese Namen verdient hätten. Kein Restaurant, keine Bar. Über die Modernisierungsarbeiten hinaus, der Restaurierung baufälliger Mauern, unsicherer Treppen und verschiedener sanitärer Einrichtungen, brauchte es zudem eine energische Hand mit Erfahrung im Hotelgewerbe, fähig einen effizienten Personalstab auf

gnora Golin cercò, senza troppo entusiasmo, una persona, possibilmente di sesso femminile, dato che con gli uomini di famiglia aveva già fin troppi contrasti, in grado di sopperire a tutte queste necessità, ma abbastanza malleabile da lasciarsi comandare da lei. Enza Rizzo, nonostante la giovane età – ma fu forse questo a decidere la sua assunzione – dimostrò in pochissimo tempo di possedere le qualità richieste. Le referenze, la sua decennale esperienza in un piccolo ristorante cittadino, più un impiego presso un albergo, anch'esso abbastanza disastrato, situato nel centro di Trento, incoraggiarono la vecchia signora ad assumerla almeno per un periodo di prova.

Enza, incaricata in un primo momento di mettere ordine nei libri amministrativi del Grand Hotel, si accorse assai presto del grande caos che regnava anche nel campo dell'organizzazione del personale, e in generale di tutto l'andamento dell'albergo. Quasi senza volerlo, si ritrovò a trattare col Comune, con imprese edilizie, operai, artigiani e persone di vario genere, assumendosi responsabilità che andavano assai oltre le sue mansioni di segretaria di amministrazione.

La signora Luisa non le fu mai di aiuto, anzi tutto il contrario: da qualche anno, in seguito alla morte del marito, era diventata, se possibile, ancora più bisbetica. Per ogni progetto furono necessarie interminabili discussioni, contrasti spesso dettati più da una volontà caparbia che voleva solo affermare la propria autorità, che da reali, obiettive motivazioni.

La giovane impiegata propose subito opere di restauro generale, approfittando anche di certi contributi promossi dal Comune, a sua volta interessato a una rinascita architettonico-culturale del piccolo centro turistico, con particolare riguardo a palazzi e facciate dal passato più o meno storico.

die Beine zu stellen und zu führen, und sich, ganz allgemein, um alles zu kümmern. Ohne großen Enthusiasmus suchte Frau Golin jemanden, wenn möglich weiblichen Geschlechts – da sie mit den Männern ihrer Familie bereits mehr als genug Auseinandersetzungen hatte –, der in der Lage war, all diesen Anforderungen zu genügen, aber so anpassungsfähig sein sollte, sich von ihr kommandieren zu lassen. Trotz ihres jugendlichen Alters – aber vielleicht war gerade dies der Anlass sie einzustellen – bewies Enza Rizzo in kürzester Zeit, dass sie die geforderten Eigenschaften besaß. Die Referenzen, die zehnjährige Arbeitserfahrung in einem kleinen Restaurant, zusätzlich zu der in einem heruntergekommenen Hotel im Zentrum Trients, veranlassten die alte Dame, sie auf Probe anzustellen.

Enza, die zunächst die Aufgabe erhielt, die Buchhaltung des Grand Hotel in Ordnung zu bringen, bemerkte ziemlich schnell das große Chaos, das auch auf dem Gebiet der Personalführung und ganz allgemein in der gesamten Hotelverwaltung herrschte. Beinahe ohne es zu wollen, fand sie sich bald in Verhandlungen mit der Gemeinde, Bauunternehmen, Arbeitern, Handwerkern und Personal unterschiedlichster Art verwickelt und übernahm Verantwortungen, die weit über ihre Aufgaben als Verwaltungssekretärin hinausgingen.

Frau Luisa war ihr nie eine Hilfe – ganz im Gegenteil: Seit dem Tod ihres Mannes war sie, wenn das überhaupt möglich war, noch launischer geworden. Für jedes Projekt waren unendliche Diskussionen notwendig; sie äußerte Bedenken, die oft mehr von autoritärem Starrsinn, der nur die eigene Autorität bestätigen wollte, als von objektiven Begründungen bestimmt waren.

Die junge Angestellte schlug sofort allgemeine Restaurierungsarbeiten vor und nutzte dabei auch gewisse, von der Gemeindeverwaltung angebotene Zuschüsse. Die Gemeinde ihrerseits war an der architektonisch-kulturellen Wiedergeburt des kleinen Fremdenverkehrsortes interessiert, mit be-

Proseguì poi con un più vasto piano di ristrutturazioni interne, con migliorie di carattere igienico, dotando ogni stanza o suite di bagni elegantissimi, riscaldamento centrale, ecc. Ma il bar, il ristorante, il salone con le salette attigue, deliziosamente arredate in stile Liberty, diventarono il vero punto di attrazione di tutto l'albergo. I risultati ottenuti furono motivo di lodi pubbliche e di grande soddisfazione personale.

Fu come se avesse donato alla cittadina un vero e proprio museo. Ritrovò infatti e rimise in funzione vecchi mobili ammucchiati in solaio, suppellettili, quadri di maniera anch'essi in stile Liberty di nessun valore commerciale ma ricchi di atmosfera e di charme, che lasciò restaurare, grandi specchi che pur avendo perduto la patina, riuscivano ancora ad evocare una sorta di magia di altri tempi, e oggetti vari. Enza considerava sua missione salvare reliquie di un passato che altrimenti sarebbe andato perduto alle generazioni presenti e future. Come non bastasse, fece rifare tappeti, tappezzerie, tende a una piccola fabbrica di stoffe, specializzata in una limitata produzione a carattere storico, ricavando da piccoli resti tarlati che era riuscita a recuperare nei posti più disparati, disegni, colori e strutture dei vari tessuti.

Sua grande ambizione, spesso contrastata dalla proprietaria dell'albergo, fu quella di ridare all'albergo le stesse sale di rappresentanza così come erano state progettate all'inizio del secolo. In questo le furono di aiuto alcune fotografie del tempo, rintracciate per caso in solaio, in una cassa polverosa mezzo divorata dai topi, cui diede un'importanza mai riconosciuta dalla signora Luisa.

sonderem Augenmerk für Gebäude und Fassaden mit mehr oder weniger geschichtsträchtigem Hintergrund. Mit einem weitläufigeren Plan führte sie innenarchitektonische Renovierungen durch, verbesserte die sanitären Anlagen, wobei jedes Zimmer oder jede Suite mit äußerst eleganten Bädern und der Zentralheizung ausgestattet wurden und dergleichen. Zur wahren Attraktion des Hotels jedoch wurden die Bar, das Restaurant, der Salon mit den anliegenden Räumen – alles in bezauberndem Jugendstil eingerichtet. Die erzielten Resultate waren Anlass für öffentliches Lob und große persönliche Genugtuung.

Es war, als hätte sie dem Städtchen ein richtiges Museum geschenkt. In der Tat hatte sie auf dem Dachboden alte Möbel gefunden, Hausrat und Gemälde, ebenfalls im Jugendstil, zwar ohne kommerziellen Wert, doch reich an Charme und Atmosphäre, die sie restaurieren ließ –, zudem große Spiegel, die, obwohl sie ihre Patina verloren hatten, immer noch den Zauber vergangener Zeit heraufzubeschwören imstande waren, und sonstige Objekte. Enza verstand es als ihre Mission, Reliquien der Vergangenheit zu retten, die sonst für die gegenwärtigen und zukünftigen Generationen verloren gegangen wären. Als hätte es nicht genügt, ließ sie auch Teppiche, Tapeten und Vorhänge von einer kleinen Textilfabrik produzieren, die auf die Herstellung von historischen Stoffen spezialisiert war; aus kleinen, mottenzerfressenen Resten, die Enza in den undenkbarsten Winkeln gefunden hatte, rekonstruierten sie Muster, Farben und Gewebestruktur der verschiedenen Stoffe.

Ihr großer, häufig von der Hotelbesitzerin zurückgewiesene Ehrgeiz war es, dem Hotel die Repräsentationssäle so zurückzugeben, wie sie zu Beginn des Jahrhunderts geplant gewesen waren. Dabei waren ihr einige Fotografien aus jener Zeit dienlich, die sie zufällig in einer staubigen, von Mäusen halb zerfressenen Kiste auf dem Dachboden gefunden hatte, deren Bedeutung aber für Frau Luisa nicht ersichtlich war.

Fu un lavoro appassionante che la impegnò per più di dieci anni consecutivi. Ovviamente fu necessario caricare l'albergo e le altre proprietà della signora Luisa con ipoteche che, come spesso lei lamentava, non le permettevano di chiudere occhio durante la notte. Non trascurò neanche il piccolo parco che si addossava all'albergo, lasciandolo sfoltire di una quantità di alberi, cresciuti enormemente nel corso di più di mezzo secolo, al punto da ostruire la vista sul lago. Il Grand Hotel riacquistò il prestigio che gli era dovuto sia per tradizione che per la posizione che occupava nella zona.

Quasi contemporaneamente alla sua assunzione in albergo Enza aveva conosciuto Carlo, l'unico figlio della signora Golin, medico, scapolo, vicino alla cinquantina. Si diceva che la madre non avesse mai tollerato una donna al suo fianco, per via del carattere possessivo, la gelosia e il rapporto ancora - viscerale che la legava al figlio. Carlo non si curava dei commenti della gente, e non aveva nessun interesse a controbattere certi pettegolezzi. Già da anni conduceva infatti una specie di doppia vita. La sua giovane infermiera, sposata con un uomo che a suo dire la maltrattava, correva il rischio di cadere in depressione. Senza il suo intervento e senza le sue cure quotidiane la giovane donna avrebbe corso chissà quali pericoli; in fin dei conti rientrava nei suoi compiti di medico assistere i suoi ammalati, infermiera inclusa, anche se si trattava solo di prevenire un'eventuale malattia. Questa la giustificazione data alla madre, che al contrario, ascoltava con interesse i pettegolezzi della gente e non si stancava di chiedere spiegazioni al figlio.

Carlo non confermò né negò mai di avere una relazione con la sua infermiera, anzi, secondo la sua abitudine, ci scherzava sopra con la solita bonomia, accennando alle molte don-

Es war eine leidenschaftliche Arbeit, die sie über mehr als zehn aufeinander folgende Jahre beschäftigte. Selbstverständlich war es notwendig gewesen, das Hotel und andere Liegenschaften Frau Luisas mit Hypotheken zu belasten, die sie, wie sie sich häufig beschwerte, des Nachts kein Auge mehr schließen ließen. Auch den an das Hotel angrenzenden kleinen Park vernachlässigte sie nicht, ließ eine Anzahl von Bäumen entfernen, die in mehr als einem halben Jahrhundert enorm gewachsen waren, so dass sie den Blick auf den See versperrten. Das Grand Hotel erlangte das Ansehen wieder, das ihm sowohl aus Tradition als auch aufgrund seiner Lage zustand.

Beinahe zur selben Zeit ihrer Einstellung im Hotel hatte Enza Carlo, den einzigen Sohn von Frau Golin, einen Arzt, ledig, nahe fünfzig, kennen gelernt. Man behauptete, dass die Mutter wegen ihres besitzergreifenden Charakters, der Eifersucht und der zu engen Bindung zu ihrem Sohn, niemals eine Frau an seiner Seite geduldet hätte. Carlo kümmerte sich nicht um das Gerede der Leute und hatte auch kein Interesse daran, dem Geschwätz zu widersprechen. Seit Jahren führte er in der Tat eine Art Doppelleben. Seine junge Arzthelferin, die mit einem Mann verheiratet war, der sie laut ihrer Aussage misshandelte, lief Gefahr, in eine Depression zu verfallen. Ohne sein Eingreifen und seine tägliche Pflege wäre die junge Frau wer weiß welchen Gefahren ausgesetzt gewesen; letztlich gehörte es ja zu seinen Aufgaben als Arzt, seine Kranken, die Arzthelferin mit eingeschlossen, zu betreuen, auch wenn es nur darum ging, einer eventuellen Erkrankung vorzubeugen. Das war seine Rechtfertigung der Mutter gegenüber, die im Gegensatz zu ihm dem Gerede der Leute interessiert Gehör schenkte und nicht müde wurde, dem Sohn Erklärungen abzuverlangen.

Carlo gab ein Verhältnis mit seiner Ordinationshilfe weder zu noch stritt er es ab, im Gegenteil: er machte sich darüber mit der üblichen Gutmütigkeit lustig und verwies da-

ne curiose che vivono con l'unico scopo di mettere gli uomini nei guai.

Il dottor Golin fu subito affascinato dall'energia, dall'impegno e ancor più dalla sorprendente maturità della nuova segretaria di sua madre.

Enza a vent'anni era un ibrido fra nord e sud: del sud, cioè dalla madre, aveva ereditato l'incapacità di sorridere sui piccoli fatti della vita e la millenaria predisposizione o attitudine al dolore che portava nel sangue. Inoltre era dominata da una caparbia volontà di raggiungere mete sempre più alte, senza mai lasciarsi scoraggiare da eventuali ostacoli o da difficoltà per altri insormontabili. Un fortissimo istinto di sopravvivenza, anche questo ereditato dalla madre, la guidava in ogni sua azione, senza risparmio di forze né riguardi per se stessa e tantomeno per gli altri. Enza sembrava posseduta da un solo desiderio, da una sola ambizione: far bene, essere efficiente nel lavoro. Il resto, i suoi rapporti sociali, la sua vita privata, tutto passava in secondo ordine.

Del nord, che poi era il luogo di nascita, aveva acquistato quel tipico modo di darsi, distaccato, a volte freddo, spesso inaccessibile, sottolineato da un aspetto fisico tutt'altro che meridionale: longilineo, asciutto, capelli biondi e occhi azzurri trasparenti come il ghiaccio, dove era possibile leggere fermezza e determinazione, segni di un carattere forte anche se ancora in via di crescita. Solo in poche occasioni quella persona senza età lasciava intravedere qualche smarrimento, segno di una fragilità interiore tenuta sotto severo controllo da un senso della disciplina in lei assai sviluppato. Soprattutto nei suoi rapporti con gli uomini suoi dipendenti, tutti più vecchi di lei, si avvertiva la sua fragilità: improvvise impennate, il più delle volte senza un apparente motivo; reazioni di una durezza eccessiva, se aveva l'impressione di non esser considerata per quello che era, atteggiamenti che

bei auf die vielen Frauen, deren einziger Lebensinhalt darin bestünde, die Männer ins Unheil zu stürzen.

Doktor Golin war sofort von der Energie, dem Einsatz und noch mehr von der überraschenden Reife der neuen Sekretärin seiner Mutter fasziniert.

Enza war mit ihren zwanzig Jahren eine Mischung aus Nord und Süd; das heißt, von der Mutter hatte sie das Unvermögen, über die Kleinigkeiten des Lebens zu lachen und eine Jahrtausende alte Neigung oder Anlage zur Erduldung von Schmerz geerbt. Außerdem wurde sie von einem unbändigen Willen beherrscht, immer höher gesteckte Ziele zu erreichen, ohne sich je von etwaigen Schwierigkeiten und unüberwindlich erscheinenden Hürden entmutigen zu lassen. Ein sehr starker Überlebensinstinkt, ebenfalls von der Mutter geerbt, leitete sie in all ihren Handlungen, ohne dabei auf ihre Kräfte zu achten und Rücksicht auf sich und noch weniger auf andere zu nehmen. Enza schien von einem einzigen Ehrgeiz beherrscht zu sein: ihre Arbeit gut und effizient zu erledigen. Der Rest, ihre sozialen Kontakte, ihr Privatleben, alles trat dabei in den Hintergrund.

Vom Norden, wo ja auch ihr Geburtsort lag, hatte sie jene typische Art sich zu geben: distanziert, manchmal kalt, häufig unnahbar, unterstrichen von einem alles andere als südländischen Erscheinungsbild: schlank, mager, blondes Haar und blaue Augen durchsichtig wie Eis, denen man Standhaftigkeit und Entschlossenheit entnehmen konnte, Zeichen eines schon starken, wenn auch noch in der Entwicklung begriffenen Charakters. Nur zu seltenen Gelegenheiten ließ die alterslos erscheinende Person Verwirrung erkennen – ein Anzeichen innerer Zerbrechlichkeit, die von einem in ihr stark ausgeprägten Sinn für Disziplin streng unter Kontrolle gehalten wurde. Vor allem in ihrem Verhalten zu den männlichen Angestellten, die älter als sie waren, bemerkte man ihre Zerbrechlichkeit: ihr plötzliches Sichaufbäumen ohne erkennbaren Grund oder Reaktionen übermäßiger Härte,

spesso disorientavano i suoi collaboratori e segnalavano un'insicurezza che altrimenti non si sarebbe manifestata. Ma tutto veniva attribuito alla sua giovane età, alla mancanza di un certo tipo di educazione e forse alla scarsa consuetudine di trattare con sottoposti. Sta di fatto che non poche volte era stato necessario l'intervento della signora Luisa per riequilibrare situazioni diventate insostenibili.

Soltanto con gli anni imparò a prendere le distanze, evitando conflitti che in gioventù avrebbero provocato reazioni assai tempestose. Imparò a tenere a freno le proprie emozioni, acquistando in sicurezza, perdendo però in spontaneità. In ogni caso venne sempre rispettata per la competenza, il rigore, l'acribia con la quale portava a termine i lavori che intraprendeva senza risparmio di forze e di tempo. Era infatti capace di controllare gli operai, se necessario, dodici ore al giorno, senza mai trascurare le altre incombenze riguardanti l'andamento dell'albergo. Un vero mulo da lavoro, come la definì la signora Luisa.

La sua storia con Carlo iniziò, forse per questo motivo, quasi in sordina, senza colpi di fulmine, dichiarazioni romantiche al chiaro di luna e roba del genere. Una relazione che si basava, almeno per lei, sulla fiducia e l'amicizia.

Per la giovane donna quell'uomo maturo, ancora capace di gesti di inaspettata spensieratezza giovanile, fu fonte di continue sorprese: da una parte l'affascinava il ragazzo scapestrato, giocherellone, sempre pronto a vedere il lato ridicolo in tutte le cose, dall'altra sentiva il padre protettivo, rassicurante, nonostante quel suo fare da leggerone. Star con lui significava ogni volta conoscere un'altra se stessa, giovane, finalmente leggera, smemorata di tutti i principi e le paure che fino a quel momento avevano retto i fili della sua vita:

wenn sie den Eindruck hatte, nicht für das, was sie war, geschätzt zu werden; diese Verhaltensweisen verwirrten häufig ihre Mitarbeiter und zeigten eine Unsicherheit auf, die sich sonst nicht offenbart hätte. All das aber wurde ihrem jugendlichen Alter zugeschrieben, dem Fehlen einer gewissen Erziehung und vielleicht auch der ungenügenden Erfahrung im Umgang mit Bediensteten. In der Tat war nicht selten das Einschreiten von Frau Luisa notwendig, um die sonst untragbar werdende Situation wieder auszugleichen.

Mit den Jahren lernte sie Abstand zu gewinnen, Konflikte zu vermeiden, die früher in ihr ziemlich wilde Reaktionen ausgelöst hätten. Sie lernte ihre Gefühle im Zaum zu halten, gewann an Sicherheit, verlor dabei aber auch an Spontanität. Immer wurde sie aber wegen ihrer Kompetenz, der Strenge und der Genauigkeit geschätzt, mit der sie begonnene Arbeiten, ohne Zeit und Mühe zu scheuen, zu Ende führte. Sie war in der Tat fähig, die Arbeiter, wenn nötig, auch zwölf Stunden am Tag zu beaufsichtigen, ohne dabei die den Hotelalltag betreffenden Pflichten zu vernachlässigen. Ein richtiges Arbeitstier, wie Frau Luisa anerkennend bemerkte.

Ihre Geschichte mit Carlo begann, vielleicht aus diesem Grund, beinahe heimlich, nicht wie ein Blitz aus heiterem Himmel, ohne romantische Liebeserklärungen im Mondschein und dergleichen Dinge. Eine Beziehung, die, zumindest für sie, auf Vertrauen und Freundschaft gründete.

Für die junge Frau war dieser reife Mann, der noch zu jugendlich unbekümmerten Gesten fähig war, eine fortwährende Quelle an Überraschungen: einerseits faszinierte sie der zügellose, verspielte Junge, der immer bereit war, die lächerliche Seite der Dinge zu sehen, andererseits spürte sie trotz seines leichtfertigen Gehabes, den beschützenden, Vertrauen erweckenden Vater. Bei ihm zu sein bedeutete jedes Mal, sich selbst anders kennen zu lernen: jung, leicht und unbekümmert, frei von allen Pflichten und Ängsten, die bis zu jenem Augenblick die Fäden ihres Lebens in der Hand

saltava un fosso sapendo di essere accolta dall'altra parte da due braccia sicure, esperte in salvataggi.

Fu come nascere una seconda volta, scoprirsi diversa dall'immagine costruita nel corso dei suoi pochi anni per compiacere la volontà rigida della madre, che mai avrebbe permesso la più piccola debolezza, il minimo cedimento dei sensi. Ora, sotto gli occhi divertiti, e sempre più spesso teneri di quel padre amoroso trovò il coraggio di aprire la corazza protettiva che le era stata necessaria fino a quel momento per sopravvivere, mostrando finalmente quella parte di sé che lei stessa ignorava di possedere.

I loro incontri erano quasi giornalieri. Lui come per caso, si trovava sempre in albergo proprio quando lei era sul punto di smettere di lavorare. Enza lo attendeva con impazienza; se un giorno Carlo non veniva, trattenuto da impegni di lavoro o altro, tornava a casa delusa, scontenta, inquieta.

Il dottor Golin aveva sempre qualcosa da raccontare: della sua vita passata, del bambino viziato e troppo amato dalla madre, dello scavezzacollo a scuola, terrore dei professori tutti più o meno fascisti convinti, delle sue burle spesso graffianti e non tanto ingenue, come tentava di giustificare il padre in seguito alle chiamate del direttore. Ma anche sulle sue esperienze di guerra riusciva a trovare il lato assurdo e perciò ridicolo delle cose, mettendo però da parte i ricordi più crudi che pur continuavano a occupare i suoi sogni. In tal modo riusciva a sciogliere il riserbo di quella ragazza taciturna, chiusa in un guscio di severità e timidezza, smussandone gli angoli, provocati da malintesi sensi del dovere in lei profondamente radicati. Ben presto Enza si accorse di aver bisogno di lui più dell'aria che respirava. Mai però volle ammettere di esserne innamorata. Soprattutto con se stessa. Mai avrebbe pronunciato la parola 'amore', quasi si fosse trattato di un tabù. Neanche in seguito, nei lunghi anni della

hielten. Sie sprang über einen Graben, wohl wissend, dass sie auf der anderen Seite von zwei sicheren, in Rettung geübten Armen empfangen werden würde.

Es war ein Gefühl, wie neu geboren zu werden: sie entdeckte sich anders, nicht als ein dem starren Willen ihrer Mutter verpflichtetes Abbild, dem sie sich nicht widersetzen hatte können – einem Willen, der niemals nur die kleinste Schwäche geduldet hätte. Jetzt, unter den amüsierten und immer öfter zärtlichen Blicken jenes liebevollen Vaters, fand sie den Mut, den schützenden Panzer zu öffnen, den sie bis zu jenem Augenblick zum Überleben gebraucht hatte, und sah endlich jenen Teil von sich, der ihr bis dahin unbekannt geblieben war.

Sie trafen sich beinahe täglich. Er war gerade dann zufällig im Hotel, wenn sie mit ihrer Arbeit fertig war. Enza wartete ungeduldig auf ihn. Kam Carlo an einem Tag nicht, weil er irgendwo aufgehalten worden war, ging sie enttäuscht, unzufrieden, ja unruhig nach Hause.

Doktor Golin hatte immer etwas zu erzählen: aus seinem Leben, vom verwöhnten und von der Mutter zu sehr geliebten Kind, vom Draufgänger in der Schule, dem Schrecken der Lehrer, mehr oder weniger alle überzeugte Faschisten; von seinen oft boshaften und gar nicht arglosen Streichen, und wie ihn der Vater anschließend bei seiner Vorstellung beim Direktor zu verteidigen versuchte. Auch in seinen Kriegserfahrungen fand er die absurde und deshalb lächerliche Seite und schloss dabei die grausamsten Erinnerungen aus, die ihn dennoch weiterhin in seinen Träumen verfolgten. Es gelang ihm, die Vorbehalte jenes schweigsamen, in einer Schale der Strenge und Schüchternheit eingeschlossenen Mädchens aufzulösen, indem er die Ecken abschliff, die sich durch falsch verstandenes Pflichtgefühl tief in ihr ausgebildet hatten. Bald merkte Enza, dass sie ihn mehr brauchte, als die Luft, die sie atmete, nie aber wollte sie sich eingestehen in ihn verliebt zu sein. Nie hätte sie das Wort ‘Liebe’ ausgesprochen, so als wäre es ein Tabu. Auch später

loro unione. Per lei l'amore era qualcosa del quale non si può, non si deve parlare, qualcosa di proibito, in ogni caso inaccessibile; permesso solo agli altri, a tutti gli altri, meno che a lei, come lasciarsi andare a sentimenti amorosi, e perciò frivoli e immorali, senza trasgredire alle regole di intransigente severità imposte dalla madre?

Con tutto ciò quell'uomo riuscì a svegliare in lei desideri vagamente percepiti – si manifestavano solo in sogni dei quali poi si vergognava – e subito soffocati già sul nascere. Si permise perfino di ridere senza provare nessun senso di colpa, anzi assaporandone il piacere, come di cosa fino ad allora proibita.

Osò guardarlo negli occhi senza timore, scoprendo così che in ogni uomo non si nasconde un nemico, come le aveva insegnato la madre. Conobbe l'incredibile piacere di guardare in faccia la gente senza sfuggire gli sguardi di nessuno. Non fu più necessario nascondere sotto una voluta aggressività la propria anima vulnerabile, le proprie paure. Scoprì infine anche l'altra faccia della vita a lei fino a quel momento preclusa: quella positiva, che a volte aveva visto specchiarsi negli occhi delle ragazze sue coetanee. Infine conobbe la speranza, la visione di una possibile felicità, permessa anche a lei. Fosse stato anche di brevissima durata. E tutto era lì, nelle mani di quell'uomo! Sciogliersi, lasciarsi andare, sentirsi leggera e accettata, finalmente accettata proprio da un uomo, lei che non aveva conosciuto il padre.

Ma la grande conquista, che costò anni di dedizione e pazienza da parte del medico più che del marito, fu l'avere imparato ad amare la vita accettando soprattutto se stessa. Anche se assai parzialmente.

Con lui scoprì anche di avere un corpo sensibile, degno

nicht, während der langen Jahre ihres Beisammenseins. Für sie war die Liebe etwas, worüber man nicht sprach: etwas Verbotenes, auf jeden Fall Unzugängliches, nur den anderen, allen anderen Erlaubtes, nur ihr nicht. Wie konnte man sich in Liebesgefühlen, die frivol und unmoralisch waren, gehen lassen, ohne gegen alle von der Mutter auferlegten Regeln unnachgiebiger Strenge zu verstoßen?

Trotzdem gelang es diesem Mann, in ihr unklar wahrgenommene Wünsche zu wecken. Sie äußerten sich nur in Träumen, derer sie sich dann schämte und die sie im Keim erstickte. Sie erlaubte es sich sogar zu lachen, ohne jegliches Schuldgefühl zu verspüren, im Gegenteil, sie genoss das Lachen wie eine bis dahin verbotene Angelegenheit.

Sie wagte es sogar, ihm ohne Furcht in die Augen zu schauen und entdeckte dabei, dass sich nicht in jedem Mann ein Feind verbirgt, wie sie die Mutter gelehrt hatte. Sie lernte das unglaubliche Vergnügen kennen, den Menschen ins Gesicht zu sehen, ohne den Blicken ausweichen zu müssen. Es war nicht mehr notwendig, die Verletzlichkeit der eigenen Seele, die eigenen Ängste unter einer gewollten Aggressivität zu verbergen. Endlich entdeckte sie auch die andere Seite des Lebens, welche ihr bis zu jenem Augenblick verborgen geblieben war: die positive, die sich manchmal in den Augen gleichaltriger Mädchen widerspiegelte. Endlich lernte sie die Hoffnung, die Vision eines auch ihr gestatteten möglichen Glücks kennen, wäre es auch nur von kürzester Dauer. Alles lag in seiner Hand. Sich lösen, sich gehen lassen, sich leicht und angenommen fühlen, endlich von einem Mann akzeptiert werden, sie, die ihren Vater nie kennen gelernt hatte.

Doch der große Erfolg, der eher von Seiten des Arztes als des Ehemannes Jahre der Hingabe und Geduld erforderte, bestand darin, dass sie das Leben lieben gelernt hatte, indem sie vor allem sich selbst akzeptierte. Wenn auch nur zum Teil.

Mit ihm entdeckte sie die Empfindsamkeit ihres Körpers,

di essere amato. Fu un sentimento forte, rassicurante che l'accompagnò per molti anni, quasi tutti gli anni trascorsi con lui. E non si abituò mai a quel sentimento, forse perché non lo gustò fino in fondo, per una sorta di pudore. Ma anche per un residuo di diffidenza che non riuscì del tutto a superare; in realtà ne prese coscienza solo dopo la sua scomparsa, quando un vuoto spaventoso si aprì nella sua vita. Un vuoto che niente e nessuno avrebbe più potuto colmare.

Carlo invece si innamorò come un diciottenne, lui cui la guerra aveva rubato gli anni degli innamoramenti insieme a tante altre illusioni giovanili. L'anno di nascita di Enza coincise infatti col suo rientro all'università, dopo l'interruzione causata dalla chiamata alle armi: aveva infatti potuto frequentare solo i primi quattro semestri della facoltà di medicina.

Non fu facile per lui, come per molti altri reduci, riabituarsi alla vita normale, al fatto di andare a dormire la sera in un letto con biancheria pulita, anzi profumata di lavanda, come usava la madre e alzarsi la mattina dopo, senza essere stato svegliato da un bombardamento, dalle grida dei feriti, dalla chiamata urgente nel piccolo ospedale da campo, dove prestava servizio sanitario. Allora era confrontato giornalmente con una realtà in seguito inimmaginabile: i suoi amici e compagni sparivano sul campo di battaglia e i loro resti venivano poi seppelliti sul posto, mentre quelli che tornavano il più delle volte ci avevano lasciato gambe o braccia, e spesso anche la ragione.

All'università mancava più della metà degli studenti e lo stesso vuoto lo ritrovò anche in paese. La sua generazione aveva pagato più di ogni altra gli errori del regime e della guerra. Nonostante le difficoltà iniziali, fu un bene per lui ri-

der es wert war, geliebt zu werden. Es war ein starkes, beruhigendes Gefühl, das sie lange, beinahe alle mit ihm verbrachten Jahre, begleitete. Und sie gewöhnte sich nie an jenes Gefühl, vielleicht auch, weil sie es aufgrund einer gewissen Scham nie ganz auskostete, aber auch wegen eines Restes von Misstrauen, das sie nicht ganz überwinden konnte. In Wirklichkeit wurde ihr das erst nach seinem Tod bewusst, als sich in ihrem Leben eine erschreckende Leere auftat. Eine Leere, die nichts und niemand mehr würde ausfüllen können.

Carlo hingegen verliebte sich wie ein Achtzehnjähriger, er, dem der Krieg die Jahre der Verliebtheit mitsamt vielen anderen jugendlichen Illusionen geraubt hatte. Das Geburtsjahr Enzas stimmte in der Tat mit seinem Wiedereintritt – nach der Unterbrechung wegen seiner Einberufung zum Wehrdienst – an die Universität überein. Er hatte bis dahin nur die ersten vier Semester des Medizinstudiums absolviert.

Es war für ihn wie für viele andere Kriegsheimkehrer nicht leicht, sich wieder an ein normales Leben zu gewöhnen, an den Umstand, sich am Abend in ein Bett mit sauberen, nach Art der Mutter nach Lavendel duftenden Leintüchern zu legen und am nächsten Morgen aufzustehen, ohne von einem Bombenangriff, den Schreien der Verwundeten, dem Notruf des kleinen Feldlazaretts, in dem er Sanitätsdienst leistete, geweckt zu werden. Damals war er tagtäglich mit einer später unvorstellbaren Realität konfrontiert: seine Freunde und Kameraden verschwanden auf dem Schlachtfeld, und ihre Überreste wurden an Ort und Stelle vergraben; jene, die zurückkamen, hatten in den meisten Fällen ihre Beine oder Arme und häufig auch den Verstand verloren.

An der Universität fehlte die Hälfte der Studenten, und dieselbe Leere herrschte auch im Dorf. Seine Generation hatte mehr als alle anderen die Fehler des Regimes und des Krieges bezahlt. Trotz aller Schwierigkeiten tat ihm die

tornare nelle aule universitarie. Man mano infatti uscì dall'apatia dei primi tempi, quando gli accadeva di trascorrere intere giornate in barca, a fissare un punto nell'orizzonte o in fondo al lago, dal quale non aveva nessuna intenzione di tirar su un pesce. A trent'anni e passa, ormai del tutto integrato nella quotidianità degli anni Cinquanta, con un ritardo di ben dieci anni, ebbe la sua brava laurea in medicina e cominciò a far pratica nello studio del padre, medico condotto nella piccola cittadina vicina a Trento. Anni dopo, quando questi si ritirò per motivi di anzianità ne prese il posto.

Ora, in compagnia di questa giovane donna così diversa da tutte le altre che fino a quel momento aveva conosciuto, ritrovò gli entusiasmi della sua gioventù e si lasciò travolgere da un sentimento inaspettato, e forse nuovo.

Per lei mise in atto una strategia tutta particolare: la conquistò cioè senza grandi gesti, a gradi, usando della sua esperienza per non allarmarla. Gettò solo la sua rete e attese pazientemente che la piccola preda vi entrasse e vi si impigliasse, senza via di scampo.

L'ingenuità di Enza fu per lui qualcosa di stupefacente.

Anche lui scoprì in se stesso sentimenti nuovi, o meglio fino ad allora ignorati: una grande sensibilità, la capacità di proteggere e rassicurare un essere stranamente chiuso in un mondo di diffidenze e non per ultimo, la sua visione positiva della vita.

Non aveva mai conosciuto una ragazza così timida, incapace di godere anche delle più piccole cose, di una risata innocente, di una galanteria, di minimi regali con i quali la sorprendeva suscitando rossori improvvisi e anche reazioni eccessive, quasi di spavento.

Con infinita pazienza le insegnò a vivere, nel vero senso della parola. In questo gli fu utile la sua esperienza di medi-

Rückkehr in die Hörsäle der Universität wohl. Nach und nach löste er sich aus der anfänglichen Apathie, die ihn überfiel, wenn er tagelang im Boot sitzend einen Punkt am Horizont des Sees oder auf dessen Grund fixierte, ohne jegliche Lust einen Fisch herauszuziehen. Das dreißigste Lebensjahr längst überschritten und inzwischen voll und ganz in den Alltag der 50er Jahre integriert, bekam er mit einer Verspätung von gut zehn Jahren seinen Doktor der Medizin und begann, in der Praxis seines Vaters, der Landarzt in der kleinen Gemeinde nahe Trient war, seine Erfahrungen zu sammeln. Jahre später, als sein Vater aus Altersgründen in den Ruhestand ging, übernahm er dessen Praxis.

Jetzt, in Gesellschaft dieser jungen Frau, die sich so von allen anderen unterschied, die er bisher kennen gelernt hatte, fand er den Enthusiasmus seiner Jugend wieder und ließ sich von einem unerwarteten, neuen Gefühl überwältigen.

Für sie setzte er eine ganz besondere Strategie in die Tat um, das heißt, er eroberte sie ohne große Gesten, Schritt für Schritt, indem er seine ganze Erfahrung aufwandte, um sie nicht zu beunruhigen. Er warf nur seine Netze aus und wartete geduldig darauf, dass seine kleine Beute hinein schwamm und sich ausweglos darin verfing.

Die Naivität Enzas war für ihn etwas Überwältigendes.

Auch er entdeckte in sich neue oder – besser gesagt – bisher nicht beachtete Gefühle: eine große Sensibilität, die Fähigkeit, ein in eine Welt des Misstrauens eingeschlossenes Wesen zu beschützen und zu beruhigen, und nicht zuletzt eine positive Lebensanschauung.

Nie hatte er ein derart schüchternes Mädchen kennen gelernt, das unfähig war, auch nur die kleinsten Dinge zu genießen: ein unschuldiges Lächeln, eine kleine Galanterie, kleinste Geschenke, mit denen er sie überraschte und in ihr plötzliche Schamröte hervorriefen, aber auch übertriebene Reaktionen, beinahe Erschrecken.

Mit unendlicher Geduld lehrte er sie leben, im wahrsten Sinne des Wortes. Dabei kamen ihm seine Erfahrung als

co e una maturità di uomo avvezzo a trattare con donne di diversa età ed estrazione sociale, senza contare le diverse storie più o meno sentimentali vissute in prima persona, che gli avevano insegnato ad amare senza chiedere troppo, evitando le inutili attese tipiche dell'età giovanile.

Ne restò invischiato lui stesso.

Assaporò minuto per minuto il piacere di stare insieme a lei, anche se si trattava di incontri spesso caratterizzati da una sorta di ansia nella ragazza e nella donna matura in seguito. La loro relazione ebbe un ampio respiro, tracciato da un arco esteso lungo tutti gli anni della loro unione, sempre con lo stesso ritmo lento, pacato, stabilito da lui fin dal primo momento.

Carlo sapeva di esserle indispensabile, e questo gli dava sicurezza sul modo di procedere.

Ogni ora trascorsa con Enza aveva per lui il significato di un esperimento scientifico: fu un continuo correre dietro a qualcosa che gli sfuggiva di mano, una ricerca appassionante che diede un nuovo senso alla sua vita, un regalo inaspettato e immeritato, come ebbe a dire negli ultimi anni.

Si sorprendeva spesso a osservarla per cercare di carpire il segreto delle sue ombre improvvise, di scoprire le cause di quelle chiusure immotivate sia da un punto di vista medico che di uomo di mondo. Più di una volta fu costretto a dubitare di tante teorie lette in innumerevoli manuali di psicologia. Quando credeva di aver capito qualcosa, di aver raggiunto un traguardo, di aver costruito un'immagine il più possibile vicina alla realtà, mettendo insieme tutte le pedine necessarie, bastava un nulla per essere smentito da reazioni inaspettate, fuori catalogo. Sentiva allora l'insufficienza delle sue esperienze personali ma anche delle sue conoscenze

Arzt und die Reife eines Mannes zugute, der im Umgang mit Frauen unterschiedlichsten Alters und sozialer Herkunft geübt war, ohne die verschiedenen, persönlich mit mehr oder weniger Gefühl erlebten Liebesgeschichten in Betracht zu ziehen, die ihn zu lieben gelehrt hatten, ohne zuviel zu verlangen und die für die Jugendjahre typisch unnützen Erwartungen zu vermeiden.

Er verfing sich selbst.

Er kostete es Minute für Minute aus, mit ihr zusammen zu sein, auch wenn es sich um Begegnungen handelte, die häufig von einer Art Angst des Mädchens zuerst und der Frau später gekennzeichnet waren. Ihre Beziehung war großzügig angelegt; sie streckte sich wie ein Bogen über die langen Jahre ihres Beisammenseins, immer mit demselben langsamen, ruhigen Rhythmus, der von ihm von Anfang an festgelegt worden war.

Carlo wusste, dass er ihr unentbehrlich war, und das gab ihm Sicherheit in seiner Vorgehensweise.

Jede mit Enza verbrachte Stunde hatte für ihn die Bedeutung eines wissenschaftlichen Versuchs: es war ein ständiges hinter etwas Herrennen, das ihm wieder und wieder aus den Händen glitt, eine begeisterte Suche, die seinem Leben einen neuen Sinn gab, ein unerwartetes und unverdientes Geschenk, wie er in den letzten Jahren zu sagen pflegte.

Er ertappte sich häufig dabei, wie er sie beobachtete, um ihr das Geheimnis der plötzlichen Schatten zu entlocken, die Ursachen für manch unbegreifliches Sich-in-sich-Zurückziehen zu verstehen, sowohl aus der Sicht des Arztes als auch der eines Mannes von Welt. Mehr als einmal sah er sich gezwungen, an den vielen, in unzähligen Psychologiehandbüchern gelesenen Theorien zu zweifeln. Wenn er glaubte, etwas verstanden, ein Ziel erreicht zu haben, ein der Wirklichkeit so nahe als möglich kommendes Bild geschaffen zu haben, indem er alle notwendigen Spielsteine zusammenfügte, genügte ein Nichts, um von unerwarteten Reaktionen jenseits jeder Logik Lügen gestraft zu werden. Dann spürte er

mediche, e ne era disorientato. Sempre sfuggente, sempre enigmatica, sentiva di conoscere solo una parte di lei, quella che mostrava al mondo, quella che lei stessa accettava e nella quale si riconosceva. Ogni suo tentativo di passare oltre la soglia di riserbo che lo separava dalla vera Enza falliva.

Chi si nascondeva dietro quella barriera di subitanei silenzi, di reticenze che non nascevano da un senso di eccessivo pudore, come aveva pensato in un primo momento, ma da impedimenti di altra natura, a lui sconosciuti?

Enza restò per lui un libro chiuso, inaccessibile. Sempre. Non riuscì mai a vedere dentro di lei, non riuscì mai ad oltrepassare quella zona d'ombra che si inframmetteva fra Enza Golin e Enza Rizzo. Fu forse questo interesse più di medico che di amante a tenerlo legato per circa trentasei anni. Una curiosità che non venne mai appagata da quella donna in fuga, inafferrabile, tormentata dal bisogno di darsi e dal timore di perdersi, affamata di affetto, ma troppo fiera per ammetterlo, capace di momenti di dedizione incondizionata e di rifiuti che ferivano.

Fu un matrimonio fuori dall'ordinario. Enza ne fu cosciente soltanto dopo, quando si ritrovò sola, senza l'appoggio di quel compagno discreto e paziente, che sapeva intrattenerla con lunghi soliloqui, in cui l'uso delle parole diventava un'arte raffinata, attenta a non ferire quel cerbiatto spaventato, timoroso di ogni contatto troppo ravvicinato.

Enza, ascoltatrice spesso impaziente e silenziosa, non avrebbe mai saputo verbalizzare le proprie emozioni. Non ne conosceva neanche il vocabolario, non lo aveva imparato né se ne era mai interessata.

die Unzulänglichkeit seiner persönlichen Erfahrungen, aber auch seiner medizinischen Kenntnisse und war verwirrt. Immer flüchtig, immer rätselhaft; er fühlte, dass er nur einen Teil von ihr kannte, jenen Teil, den sie selbst akzeptierte, und in dem sie sich selbst wieder erkannte. All seine Versuche, die Schwelle der Abwehr zu überschreiten, die ihn von der wahren Enza trennte, missglückten.

Wer verbarg sich hinter dieser Schranke plötzlichen Schweigens, der Zurückhaltung, die nicht, wie er anfänglich angenommen hatte, aus einem übertriebenen Schamgefühl entstand, sondern aus anderen, ihm unbekannten Gründen?

Enza blieb für ihn ein verschlossenes, unzugängliches Buch. Immer. Es gelang ihm nie, in sie hineinzublicken, er vermochte nie, jene Grauzone zu durchdringen, die sich zwischen Enza Golin und Enza Rizzo drängte. Es war vielleicht eher die Neugierde des Arztes als die des Liebhabers, die ihn ungefähr sechsunddreißig Jahre lang fesselte. Eine Neugierde, die von dieser Frau nie befriedigt wurde, die ständig auf der Flucht war, nicht greifbar, gequält vom Bedürfnis, sich hinzugeben und von der Furcht sich zu verlieren; hungernd nach Zuneigung, doch zu stolz es zuzugeben, aber fähig zu bedingungsloser Hingabe und auch verletzender Ablehnung.

Es war eine außergewöhnliche Ehe. Enza wurde sich dessen erst bewusst, als sie sich allein, ohne den Halt ihres diskreten und geduldigen Partners wiederfand, der sie mit langen Monologen zu unterhalten wusste, in denen die Aneinanderreihung der Worte zu einem raffinierten Kunstwerk wurde, um das schreckhafte, sich vor jedem zu engen Kontakt ängstigende Reh nicht zu verletzen.

Enza, eine oft ungeduldige, aber stille Zuhörerin, wäre nie imstande gewesen, ihre eigenen Gefühle in Worten auszudrücken. Sie kannte nicht einmal das Vokabular dafür; sie hatte es nie gelernt noch war sie daran interessiert gewesen.

In generale temeva ogni esteriorità emotiva; neanche con i figli si sciolse. Non riuscì a stabilire un rapporto di fiducia, d'affetto con loro. Rigida, incapace di manifestare liberamente il suo amore – perché di certo li amava – quasi ne temeva la vicinanza, il contatto fisico. Non sapeva consolarli, prenderli in braccio, coccolarli, e tantomeno sbaciucchiarli, come fanno le madri con i bambini piccoli. Bastava che uno di loro si aggrappasse alla sua gonna, piangendo o ancora peggio strillando, cercando magari di trattenerla, lei sempre in procinto di andare, per provocare una reazione di rifiuto, di freddezza improvvisa. Smarrita, in preda al panico, si rifugiava nel suo albergo, senza capire di ripetere, anche se in modo diverso, l'esperienza vissuta con la madre: non sapeva dare quel calore, quell'affetto che le era mancato durante tutta la sua infanzia.

Si difendeva ammettendo di non essere nata per fare la mamma, di non conoscere l'istinto materno che, secondo una opinione generale, dovrebbe essere retaggio di ogni donna; affermava che il solo fatto di mettere al mondo un bambino non fa di ogni donna una mamma.

Carlo invece aveva accolto i bambini, uno dopo l'altro, con grande gioia e anche la signora Luisa era felice di avere finalmente dei nipotini intorno a sé. Solo Enza restava muta, impreparata, sopraffatta da tanta vita. Suo malgrado, aveva messo al mondo tre figli, ma soltanto Carlo ne era il vero, il solo genitore.

Il medico e la sua paziente, o meglio il padre amoroso e protettivo e la figlia combattuta dal desiderio di ribellarsi per crescere, rendersi indipendente, timorosa però di non saper vivere senza di lui: questa la base della loro unione. Enza amava e temeva Carlo proprio come avrebbe amato e temuto un padre. Dall'equilibrio di quell'uomo dipendeva tutta la

Ganz allgemein fürchtete sie jede gefühlsmäßige Äußerung; auch bei ihren Kindern. Es war ihr unmöglich, eine Vertrauensbeziehung zu ihnen aufzubauen. Steif, unfähig ihre Liebe frei zum Ausdruck zu bringen – denn mit Sicherheit liebte sie sie –, fürchtete sie beinahe ihre Nähe und den Körperkontakt. Sie konnte sie nicht trösten, nicht in die Arme nehmen und hätscheln und noch weniger liebkosen, wie es Mütter mit kleinen Kindern tun. Es genügte, dass eines von ihnen sich weinend oder noch schlimmer schreiend, an ihrem Rock klammerte, um in ihr, die immer in Eile war, eine Reaktion der Ablehnung, der plötzlichen Kälte auszulösen. Verloren, von Panik ergriffen, flüchtete sie ins Hotel, ohne zu verstehen, dass sie, wenn auch auf andere Weise, das mit ihrer Mutter Erlebte wiederholte. Sie war nicht in der Lage, jene Wärme, jene Zuneigung zu geben, die ihr während ihrer gesamten Kindheit gefehlt hatte.

Sie verteidigte sich, indem sie zugab, nicht zur Mutter geboren zu sein. Den Mutterinstinkt, der nach allgemeiner Auffassung zum Erbe jeder Frau gehören sollte, kannte sie nicht. Sie behauptete, dass die Tatsache allein, Kinder auf die Welt bringen zu können, nicht aus jeder Frau eine Mutter macht.

Carlo hingegen hatte ein Kind nach dem anderen mit Freude aufgenommen, und auch Frau Luisa war glücklich, endlich Enkelkinder um sich zu haben. Nur Enza blieb stumm, unvorbereitet, von so viel Leben überwältigt. Ohne es wirklich zu wollen hatte sie drei Kinder zur Welt gebracht, aber nur Carlo war die wirkliche, die einzige Bezugsperson.

Der Arzt und seine Patientin, oder vielmehr, der liebevolle und beschützende Vater und die Tochter, hin- und hergerissen vom Wunsch sich aufzulehnen, um erwachsen zu werden, sich unabhängig zu machen, gleichzeitig jedoch in ständiger Angst, ohne ihn nicht leben zu können; das war die Grundlage ihrer Verbindung. Enza liebte und fürchtete Carlo

sua forza, dall'accordo senza riserve, dall'accettazione di ogni sua decisione, cui non avrebbe saputo opporre una propria volontà, lei che di volontà ne aveva da vendere, nasceva la sua sicurezza. Mai avrebbe saputo affrontare un contrasto, un dissenso, anche solo una discussione con lui: sarebbe crollata in un vuoto di solitudine e disperazione.

Fin dal primo momento seppe di aver trovato in lui il padre e l'amante, un amico e non per ultimo, il medico.

Carlo ebbe cura che la vita familiare scorresse nel modo più semplice possibile, evitando i conflitti che immancabilmente nascevano, risolvendo da solo e con estrema diplomazia gli eventuali malintesi, i piccoli e grandi screzi il più delle volte causati dai figli, senza lasciarsi andare in inutili discussioni e tanto meno litigi.

Con gli anni imparò a conoscere la sua donna; intuiva infatti che dietro quella corazza di freddezza e autocontrollo si celava una grande fragilità, una bestiolina ferita a morte fin dalla nascita cui nessuna cura avrebbe potuto restituire la fiducia, la sicurezza, l'autostima che l'avrebbero aiutata a mostrare i veri sentimenti che nutriva verso la propria famiglia.

Come medico, marito e padre sapeva di dover assolvere un compito non facile.

Impegnato a tempo pieno con la famiglia crescente – i tre figli nacquero a breve distanza l'uno dall'altro – aveva dovuto fare dei tagli assai consistenti nella propria vita privata, senza il minimo spazio per le tante avventurette passeggere, che in passato avevano movimentato le sue giornate e ancor più le sue notti. Enza restò la figlia prediletta, la paziente

gerade so, wie sie einen Vater geliebt und gefürchtet hätte. Vom Gleichgewicht dieses Mannes hing ihre ganze Kraft ab, vom bedingungslosen Einverständnis, von der Hinnahme aller seiner Entscheidungen, denen sie keinen eigenen Willen entgegenzusetzen hatte. Sie, die eine unglaubliche Willenskraft besaß, schöpfte diese aus seiner Sicherheit. Nie wäre sie imstande gewesen, einer Auseinandersetzung, einer Unstimmigkeit oder auch nur einer Diskussion mit ihm zu begegnen; sie wäre in eine Leere aus Einsamkeit und Verzweiflung gestürzt.

Von Anfang an wusste sie, in ihm einen Vater und Geliebten, einen Freund und nicht zuletzt einen Arzt gefunden zu haben.

Carlo kümmerte sich darum, dass das Familienleben auf möglichst einfache Art verlief, indem er Auseinandersetzungen vermied, die unausweichlich auftraten; eventuelle Missverständnisse, die kleinen und großen Zerwürfnisse, verursacht zumeist von den Kindern, mit großer Diplomatie allein löste, ohne sich auf unnötige Diskussionen und Streitereien einzulassen.

Mit den Jahren lernte er seine Frau kennen; er erkannte, dass sich hinter dem Panzer aus Kälte und Selbstkontrolle eine große Zerbrechlichkeit verbarg, ein von Geburt an tödlich verletztes Tierchen, dem keine Behandlung das Vertrauen, die Sicherheit, die Selbstachtung zurückgeben konnte, die ihm geholfen hätten, die wahren Gefühle zu zeigen, die es für die eigene Familie hegte.

Als Arzt, Gatte und Vater wusste er, dass er keine leichte Aufgabe zu meistern hatte.

Ständig mit der wachsenden Familie beschäftigt – die drei Kinder kamen kurz nacheinander auf die Welt –, hatte er sein Privatleben ziemlich stark einschränken müssen, ohne den kleinsten Raum für die vorübergehenden kleinen Abenteuer, die in der Vergangenheit Bewegung in seine Tage – und mehr noch –, in seine Nächte gebracht hatten. Enza blieb die auserwählte Tochter, die wichtigste Patientin, die

principale che lo impegnava e che, nonostante tutto, lo gratificava di ogni sacrificio.

La signora Luisa all'inizio non fu affatto entusiasta della scelta del figlio. Le troppe differenze sociali, le origini assai modeste della ragazza, l'assoluta mancanza di signorilità dei modi, per lei segno di un'educazione di un certo livello culturale, la disturbavano più di quanto non volesse ammettere. Per lei, di nobile famiglia veneziana, come spesso vantava di essere – Carlo sorrideva sempre, scettico, su questa nobiltà mai certificata – si trattava di ostacoli a dir poco insormontabili, nonostante fosse costretta a riconoscere nella ragazza doti eccezionali sul piano del lavoro. Per lei contava solo ciò che vedeva. Il vero carattere di Enza, ciò che nascondeva dietro una facciata rozza, definita da uno stile di vita del quale non era certo responsabile, la sua vera personalità, infine non la interessava affatto. Forse non si era mai data la pena di osservarla al di fuori delle sue competenze alberghiere: solo da donna a donna, o meglio come un essere umano. E contrariamente a quanto si mormorasse in paese, non era mai stata gelosa del figlio, anzi aveva sempre guardato con preoccupazione quel suo modo di vivere leggero, scioperato, di eterno giovanotto.

Già da tempo avrebbe desiderato vederlo accasato, padre di famiglia, sulla diritta via, come soleva dire con amarezza. E adesso questo colpo di testa, una ragazza così giovane e di condizioni tanto diverse dalla loro.

Enza non mosse un dito per accattivarsi la benevolenza della futura suocera e fu proprio questo atteggiamento a impressionare tanto favorevolmente la vecchia signora: la fierezza, l'intransigenza, l'incorruttibilità della ragazza. Fra le due donne non ci fu mai un rapporto d'amore – né l'una né l'altra ne sarebbe stata capace – ma di rispetto reciproco.

ihn forderte, und die ihm trotz allem die größte Befriedigung schenkte.

Frau Luisa war anfangs von der Wahl des Sohnes überhaupt nicht begeistert. Die zu großen sozialen Unterschiede, die bescheidenen Verhältnisse, aus denen das Mädchen stammte, das absolute Fehlen an Vornehmheit in ihrer Haltung – für sie Zeichen eines bestimmten kulturellen Niveaus –, störten sie mehr, als sie hätte zugeben wollen. Für sie, aus venezianischem Adelsgeschlecht stammend, wie sie häufig betonte – Carlo lächelte immer skeptisch über diesen nie bestätigten Adel –, handelte es sich, gelinde ausgedrückt, um unüberwindbare Hindernisse, obwohl sie gezwungen war, die außergewöhnlichen Fähigkeiten Enzas bei der Arbeit anzuerkennen. Für sie zählte nur, was sie sah. Der wahre Charakter des Mädchens, das, was sich hinter der rauen Fassade verbarg, der auf einen ihr aufgezwungenen Lebensstil zurückzuführen war, das alles interessierte Frau Golin letztlich gar nicht. Sie hatte sich nie die Mühe gemacht, sie nur von Frau zu Frau, jenseits ihrer Zuständigkeiten für das Hotel, zu betrachten, einfach nur als menschliches Wesen. Im Gegensatz zu dem, was man sich im Dorf erzählte, war sie nie auf ihren Sohn eifersüchtig gewesen, sondern hatte immer mit Besorgnis diese leichte, müßiggängerische Lebensweise des ewigen Jünglings beobachtet.

Schon seit langem hätte sie ihn gerne verheiratet gesehen, als Familienvater und auf dem rechten Weg, wie sie verbittert zu sagen pflegte. Und nun dieser Schlag; ein so junges Mädchen und aus derart fremden Verhältnissen.

Enza rührte keinen Finger, um sich das Wohlwollen der zukünftigen Schwiegermutter zu sichern, und gerade dieses Verhalten war es, das die alte Frau so vorteilhaft beeindruckte: der Stolz, die Unnachgiebigkeit, die Unbestechlichkeit des Mädchens. Zwischen den beiden Frauen gab es nie eine innige Zuneigung – weder die eine noch die andere wäre dazu fähig gewesen –, aber doch gegenseitigen Re-

Due socie in affari e niente di più.

La vecchia signora Luisa morì ultranovantenne e fece di Enza la sua unica erede. Il testamento lasciò senza fiato lei, il marito, i figli e quasi quasi anche il notaio, vecchio amico di famiglia che a suo tempo aveva notificato le sue ultime volontà: fu un atto di gratitudine, un ravvedersi postumo, un riconoscimento dei meriti della nuora come mai nessuno si sarebbe aspettato.

Non si scusò neanche col figlio per averlo più o meno diseredato. Scrisse di suo pugno, che soltanto Enza sarebbe stata in grado di amministrare e salvaguardare la proprietà e che in realtà era lei la vera, la sola padrona dell'albergo. Già da circa vent'anni.

spekt. Zwei Geschäftspartnerinnen, nichts weiter.

Frau Luisa starb hoch in den Neunzigern und machte Enza zu ihrer Alleinerbin. Das Testament überraschte sie, ihren Mann, die Kinder und beinahe auch den Notar, einen alten Freund der Familie, dem sie seinerzeit ihren letzten Willen diktiert hatte. Es war ein Akt der Dankbarkeit, der nachträglichen Wiedergutmachung.

Sie entschuldigte sich nicht einmal bei ihrem Sohn dafür, dass sie ihn mehr oder weniger enterbt hatte. Eigenhändig schrieb sie, dass nur Enza imstande gewesen wäre, den Besitz zu verwalten und zu bewahren, und sie in Wirklichkeit die echte und einzige Herrin des Hotels war. Und das bereits seit nahezu zwanzig Jahren.

Rita

Le riserve della signora Luisa nei confronti della promessa sposa dell'unico figlio non erano del tutto immotivate. La madre, sguattera presso un modesto ristorante cittadino, era stata fino a quel momento l'unico sostegno della famiglia; una famiglia del resto assai piccola, comprendente oltre a lei stessa, due figlie, Enza e Rita, maggiore di una quindicina di anni, sempre chiusa in casa e della quale non si sapeva nulla. Il padre era morto da molti anni. Enza non lo aveva neanche conosciuto e la madre non ne parlava mai.

Enza non parlava mai della sorella ritardata, muta ma non del tutto, cioè ammutolita in seguito a un trauma infantile – una sua supposizione, o forse una spiegazione che aveva cercato di darsi nel corso degli anni.

La madre taceva sempre su questo argomento, sembrava anzi ignorare l'esistenza di quella che Enza definiva una malattia: un segno del destino, una punizione meritata, questa la sua definizione. Se accennava alla figlia maggiore parlava sempre di una disgrazia che l'aveva colpita come un fulmine, di una maledizione del cielo, di una pena da scontare. Mai di una malattia.

A motivo di questa sorella, l'infanzia di Enza era stata un succedersi di incubi notturni. Accadeva assai spesso che venisse svegliata da urli spaventosi, da „no, no" gridati con voce irriconoscibile, mentre la madre piangeva, gridando anche lei come una prefica, lamentandosi con ululati lugu-

Rita

Die Vorbehalte von Frau Luisa der angehenden Braut ihres einzigen Sohnes gegenüber waren nicht gänzlich unbegründet. Enzas Mutter, Küchenhilfe in einem einfachen Restaurant der Stadt, war bis dahin der einzige Rückhalt der Familie gewesen, einer übrigens sehr kleinen Familie, der außer ihr selbst noch zwei Töchter angehörten: Enza und Rita, letztere fünfzehn Jahre älter, immer zu Hause verkrochen, von der man nichts wusste. Der Vater war schon vor Jahren gestorben. Enza hatte ihn nicht einmal gekannt, und die Mutter sprach nie über ihn.

Enza redete nie über ihre geistig zurückgebliebene Schwester. Sie war stumm, jedoch nicht gänzlich, vielleicht in Folge eines Kindheitstraumas, eine Vermutung ihrerseits, oder vielleicht eine Erklärung, die sie sich im Laufe der Jahre zu geben versucht hatte.

Die Mutter schwieg sich in dieser Angelegenheit immer aus, schien die Existenz dessen zu ignorieren, was Enza als Krankheit betrachtete, sie aber als Schicksalsschlag, als verdiente Strafe – so ihre Erklärung – bezeichnete. Wenn sie auf die Tochter anspielte, sprach sie immer von einem Unglück, das sie wie ein Blitz getroffen habe, von einer zu verbüßenden Strafe, nie von einer Krankheit.

Wegen der Schwester war die Kindheit Enzas eine Aufeinanderfolge nächtlicher Albträume gewesen. Es kam sehr häufig vor, dass sie von schrecklichen Schreien geweckt wurde, von mit unkenntlicher Stimme ausgestoßenen „Nein nein" Rufen, während die Mutter weinte, mit schaurigem, beinahe unmenschlichem Heulen wie ein Klageweib. Diese

bri, quasi disumani. Quei pianti notturni la sconvolgevano poi per giorni e giorni.

La madre, una piccola donna scolpita nella pietra, alla luce del giorno non mostrò mai segni di debolezza e tanto meno di vulnerabilità. La vedeva piangere solo di notte ed era questo, più che gli urli della sorella, a disorientarla.

In seguito non ricordò altre lacrime della madre.

In quelle notti di terrore finiva anche lei col mettersi a gridare, non sapendo perché, spaventata da qualcosa di invisibile che sovrastava su di loro: un fantasma orrendo, un ragno mostruoso, enorme, una rete fuligginosa, impalpabile che l'avvolgeva soffocandola. Per questo piangeva, perché le sembrava di vedere forme orribili, misteriose che apparivano e sparivano come in sogno. La madre non si curava di lei. Ne era anzi infastidita, insofferente di quella bambina che tentava di mettersi in mezzo.

Una volta addirittura l'aveva afferrata, e scuotendola con violenza aveva gridato come una furia: „*Sta cittu. Tu chi 'ncintri*[2]?" Fu peggio di uno schiaffo, lei che non conosceva gesti di violenza da parte della madre. Nonostante la sua severità, infatti non era mai stato necessario l'uso delle mani per far capire a lei bambina i limiti oltre i quali non le era permesso di andare.

Per la prima volta percepì la forza dell'unione che legava le due donne, un legame nel quale non ci poteva essere spazio per nessun'altro, neanche per lei. Soprattutto per lei. Un'esclusione che sentì in seguito con sempre maggiore intensità, man mano che andava avanti negli anni.

Più tardi, ripensando a quelle notti, non avrebbe saputo discernere fra realtà e sogno. Le sembrava di aver sognato tutta l'infanzia un numero infinito di brutti sogni, pieni di solitudine, di squallore, e di urli notturni.

---

[2] Sta zitta. Tu che c'entri?

nächtlichen Szenen erschütterten sie dann tagelang.

Die Mutter, eine kleine, in Stein gemeißelte Frau, zeigte tagsüber nie ein Zeichen der Schwäche und schon gar nicht der Verletzlichkeit. Sie sah sie nur nachts weinen und es war gerade das, was sie mehr noch als die nächtlichen Schreie erschütterte.

Davon abgesehen erinnerte sie sich an keine weiteren Tränen der Mutter.

Jene Schreckensnächte endeten damit, dass auch sie zu schreien begann, nicht wissend warum, von etwas Unsichtbarem beherrscht, das sie alle überwältigte: ein fürchterliches Ungeheuer, eine monströse Spinne, riesig, ein rußiges, ungreifbares Netz, das sie erstickend umfing. Sie weinte, weil ihr schien, grauenhafte mysteriöse Gestalten zu sehen, die wie im Traum auftauchten und verschwanden. Die Mutter kümmerte sich nicht um sie. Sie fühlte sich von diesem Kind, das sich aufzudrängen versuchte, belästigt.

Einmal hatte sie sie gar gepackt und geschüttelt, schreiend wie eine Furie: „Sei still! Was hast du damit zu tun?" Erschrocken verstummte sie. Es war schlimmer als eine Ohrfeige für sie, die keine Gesten der Gewalt von Seiten ihrer Mutter kannte. Wegen ihrer Strenge war sie nie genötigt gewesen, ihre Hände zu benutzen, um dem Kind die Grenzen aufzuzeigen, die zu überschreiten ihm nicht erlaubt waren.

Zum ersten Mal nahm sie die Kraft der Bindung wahr, die Mutter und Tochter verband, ein Band, das keinen Platz für andere ließ, auch nicht für sie. Vor allem für sie nicht. Sie spürte das Ausgeschlossensein später, als sie älter wurde, immer stärker.

Später, als sie an jene Nächte zurück dachte, hatte sie nicht mehr zwischen Wirklichkeit und Traum zu unterscheiden vermocht. Es schien ihr, als hätte sie ihre ganze Kindheit lang eine unendliche Anzahl von schlimmen Träumen gehabt, voller Einsamkeit, Elend und nächtlichem Schreien.

Den Anfällen folgten Wochen, ja Monate in denen das alles

Seguivano settimane, a volte mesi, in cui sembrava tutto dimenticato. Poi, senza un motivo apparente, una nuova crisi notturna sconvolgeva l'equilibrio della piccola famiglia.

Enza dai tre ai sei anni aveva passato tutto il santo giorno nella grande cucina della trattoria 'all'Aquila Nera', dove la madre lavorava come sguattera. Una strana parola che mai oggi avrebbe usato per definire il personale addetto alla sua cucina. La madre faceva di tutto, puliva il pavimento, lavava i piatti, mondava le verdure. La padrona, la signora Maria, le permetteva di portare la bambina con sé, perché altrimenti non avrebbe saputo dove lasciarla. Rita restava sola in casa.

La casa dove abitarono per molti anni era una stanzetta, un seminterrato senza luce e senza aria, più una topaia che una casa vera e propria. Una mezza finestra dava sulla strada: si potevano vedere solo i piedi dei passanti e la pioggia che bagnava il marciapiede. Aprire, dare aria, era possibile farlo soltanto di mattina assai presto, per via della polvere della strada, la spazzatura che qualcuno, forse inavvertitamente, buttava proprio lì, fra le sbarre di quella finestra, pensando fosse uno scantinato. Ma dopo la guerra, sfollate, senza un uomo, con pochissimi soldi a disposizione, non avevano trovato altro.

Rita non l'aveva mai toccata, se lo ricordava bene, accudita, presa in braccio, quando era ancora bambina. La madre diceva che era meglio lasciarla stare. Soprattutto lei, che se ne stesse alla larga. Persino a letto – dormivano tutte e tre in un solo letto – non la metteva mai in mezzo, ma da una parte, vicino al muro. La madre si frapponeva fra lei e la sorella maggiore, per evitare ogni contatto fisico. Anche casuale.

Una precauzione del tutto inutile, dato che Rita aveva sempre ignorato la presenza della bambina, quasi non fosse esi-

vergessen schien. Dann, ohne einen ersichtlichen Grund, erschütterte eine neue nächtliche Krise das Gleichgewicht der kleinen Familie.

Vom dritten bis zum sechsten Lebensjahr hatte Enza die ganzen langen Tage in der großen Küche des Gasthauses 'Zum Schwarzen Adler' verbracht, wo ihre Mutter als Spülmagd arbeitete. Ein seltsames Wort, das sie heute niemals als Bezeichnung für das Küchenpersonal verwendet hätte. Die Mutter machte alles: Sie schrubbte den Boden, wusch die Teller, putzte das Gemüse. Die Besitzerin, Frau Maria, erlaubte es ihr, das Kind mitzubringen, weil sie sonst nicht gewusst hätte, wo sie es hätte lassen können. Rita blieb allein zu Hause.

Die Wohnung, in der sie viele Jahre lang wohnten, war eine Kammer im Kellergeschoss, eher ein Loch ohne Licht und Luft, als eine Wohnung. Das halbe Fenster ging zur Straße; man konnte bloß die Füße der Passanten sehen und den Regen, der auf den Gehsteig fiel. Das Fenster zu öffnen und zu lüften war nur früh am Morgen möglich, wegen des Straßenstaubs und des Abfalls, den mancher, vielleicht nur aus Unachtsamkeit, genau zwischen die Gitterstäbe des Fensters warf, in der Meinung, es sei nur ein Keller. Aber nach dem Krieg, evakuiert, ohne einen Mann, mit sehr wenig Geld zur Verfügung, hatten sie nichts anderes finden können.

Rita – sie erinnerte sich gut – hatte sie als Kind nie berührt, umsorgt oder in die Arme genommen. Die Mutter sagte, es sei besser, sie in Ruhe zu lassen. Vor allem *sie* solle besser Abstand halten. Sogar im Bett – sie schliefen alle drei in einem Bett – nahm sie Enza nie in die Mitte, sondern zur Seite, nahe der Wand. Die Mutter legte sich zwischen sie und die ältere Schwester, um jeden Körperkontakt, auch einen zufälligen, zu verhindern.

Eine gänzlich unnötige Vorsichtsmaßnahme, da Rita die Anwesenheit des Kindes immer ignoriert hatte, fast so, als

stita. Meno di un'ombra, di una sedia. Enza non avendo conosciuto altro, considerava quel comportamento del tutto normale. Mai aveva pensato di essere rifiutata da lei, di non essere accettata. D'altra parte la sorella non dimostrava la minima ostilità, né rivalità. A volte però aveva sorpreso quegli occhi fissi su di sé, neri, seri, nei quali era facile leggere una domanda: „Ma tu, chi sei?“ ed era come se non l'avesse mai vista prima. Una domanda che non era mai stata capace di formulare a viva voce, ma che era rimasta sospesa fra loro due, fino alla fine. Non aveva mai capito per quale motivo quella bambina e la donna in seguito facesse parte della sua famiglia.

In lei non c'era aggressione, ma neanche benevolenza, solo la curiosità che si prova per un animaletto mai visto prima, per qualcosa di strano e incomprensibile.

Rita era innocua come una bambina piccola, regredita, rimasta ferma in un'infanzia perduta, senza possibilità di sviluppo. Era come se una volta per tutte avesse deciso di non crescere più. Un rifiuto alla vita. Un'effettiva carenza forse ereditaria, o un blocco dovuto a un trauma.

Di giorno non ebbe mai una crisi, era tranquilla, assorta nei suoi lavori e non fosse stato per il continuo silenzio, sarebbe sembrata normale. Teneva la casa in perfetto ordine. Era anche meticolosa, precisa. Lei stessa si lavava continuamente, angosciosamente, per nettarsi di un sudiciume immaginario, indelebile. Resistente a ogni lavaggio. I suoi movimenti, privi di coordinazione, erano cauti e lenti. Aveva difficoltà a concentrarsi su ciò che stava facendo; si distraeva con estrema facilità e restava imbambolata con un oggetto in mano, non sapendo più cosa fare o a cosa servisse. Quando infine per l'ultima volta si asciugava le mani, dopo l'ennesimo tentativo di ripulirsi da uno sporco che vedeva solo lei, e già era trascorsa un'intera mattinata, si metteva a sferruzzare qual-

hätte es nie existiert. Weniger als ein Schatten, ein Stuhl. Da Enza nie etwas anderes erfahren hatte, empfand sie dieses Verhalten als völlig normal. Nie hatte sie gedacht, von ihr zurückgewiesen, nicht akzeptiert zu werden. Andererseits zeigte die Schwester weder die kleinste Feindseligkeit noch Rivalität. Manchmal hatten sie aber jene Augen überrascht, die sie anstarrten, schwarz, ernst, in denen leicht eine Frage zu lesen war: „Du, wer bist du?“, und es war, als hätte sie sie nie zuvor gesehen. Eine Frage, die sie nie mit eigener Stimme zu stellen imstande gewesen war, die aber bis zum Ende im Raum stand. Sie hatte nicht verstanden, aus welchem Grund das Kind und später die Frau Teil ihrer Familie war.

Es war keine Aggressivität in ihr, doch auch kein Wohlwollen, nur die Neugierde, die man für ein noch nie gesehenes Tier empfindet, für etwas Sonderbares und Unverständliches.

Rita war harmlos wie ein kleines, zurückgebliebenes Kind, das in seiner verlorenen Kindheit ohne Aussicht auf Weiterentwicklung stehen geblieben war. Es war, als hätte sie entschieden, nicht mehr zu wachsen. Ein Sich-dem-Leben-Verweigern, vielleicht wirklich ein erblicher Mangel oder eine von einem Trauma verursachte Blockade.

Tagsüber hatte sie nie einen Anfall, war ruhig, in ihre Arbeit vertieft, und wäre es nicht wegen des ständigen Schweigens gewesen, sie wäre normal erschienen. Sie hielt das Haus perfekt in Ordnung, war penibel und genau. Sie selbst wusch sich andauernd, ängstlich, um sich von einem imaginären, unauslöschlichen Schmutz, resistent gegen jede Waschung zu säubern. Ihre unkoordinierten Bewegungen waren vorsichtig und langsam. Sie hatte Schwierigkeiten sich auf das zu konzentrieren, was sie tat. Sie zerstreute sich mit extremer Leichtigkeit und verharrte verträumt mit einem Gegenstand in der Hand, nicht mehr wissend, was damit zu tun war oder wozu er diente. Wenn sie sich dann endlich zum letzten Mal die Hände abtrocknete, nach dem x-ten Versuch sich von dem Schmutz zu befreien, den nur sie sah, und

cosa, spesso solo una sciarpa con resti di lana che le procurava la madre, anche questo con penosa lentezza, quasi dovesse riflettere ogni volta come passare il filo di lana sul ferro.

Ecco perché la madre preferiva portare la bambina nella trattoria dove lavorava, piuttosto che lasciarla con la figlia maggiore.

Nella grande cucina Enza giocava tutta sola in un angolo, appartata per non disturbare, e se le veniva sonno si inginocchiava davanti a una sedia, sotto il grande tavolo che dominava la stanza e si addormentava appoggiando la testa sulle braccine incrociate. La signora Maria aveva pena di quella bambina più che la madre stessa e se avesse potuto seguire il proprio istinto, l'avrebbe presa fra le braccia e l'avrebbe coccolata: sentiva che quella creatura non aveva mai conosciuto tenerezza. Si poteva leggere nei suoi occhi tristi, nel modo di guardare la madre, nell'apprensione e lo squallore di tutta la piccola persona.

Enza fu sempre assai ragionevole, fin da bambina, non un cedimento, un capriccio; lo sguardo costantemente volto verso la madre per cercare di indovinarne la volontà. Una volontà che non si esprimeva a parole. Bastavano gli occhi, o il modo di stringere le labbra, o soltanto l'aggrottare delle sopracciglia. Per Enza ogni minimo gesto aveva un significato preciso, senza possibilità di dubbio.

La madre non sorrideva mai. Sempre seria, concentrata nel suo lavoro, cercava di accontentare la padrona come meglio poteva. Senza quel lavoro, per quanto mal retribuito, ci sarebbe stata la fame. Abbastanza presto anche la bambina cominciò a lavorare, come la madre, seria seria, impegnata ad asciugare posate e altro. Questi lavoretti la facevano sentire importante perché sapeva di aiutare la madre. Ma diventava anche un gioco, un'occupazione per la bambina, che possedeva solo una bamboletta di pezza, trovata chissà dove, alla quale sussurrava tutti i suoi piccoli segreti river-

bereits der ganze Vormittag vergangen war, begann sie zu stricken, meist Schals aus Wollresten, die ihr die Mutter besorgte, auch das mit einer mühseligen Langsamkeit, beinahe so, als müsste sie jedes Mal überlegen, wie sie den Wollfaden über die Stricknadel legen sollte.

Deshalb nahm die Mutter das Kind lieber mit in den Gasthof als es bei der älteren Schwester zu lassen.

In der großen Küche spielte Enza alleine in einer Ecke, zurückgezogen, um nicht zu stören, und wenn sie schläfrig wurde, kniete sie sich vor einem Stuhl unter dem großen Tisch hin, der den ganzen Raum beherrschte und schlief, den Kopf auf ihre Ärmchen gelegt, ein. Frau Maria tat das Kind mehr leid als der Mutter selbst und hätte es am liebsten, ihrem Instinkt folgend, auf den Arm genommen; sie spürte, dass dieses Kind nie Zärtlichkeit kennen gelernt hatte. Man konnte es in ihren traurigen Augen lesen, in der Art, wie sie die Mutter ansah, in der Angst, im Elend des ganzen kleinen, traurigen Wesens.

Enza war immer besonders vernünftig, seit ihrer Kindheit, kein Nachlassen, keine Laune, den Blick ständig auf die Mutter gerichtet im Versuch, deren Willen zu erraten, ein Wille, der nicht mit Worten geäußert wurde. Es genügten die Augen oder die Art, die Lippen zusammenzupressen oder nur das Zusammenziehen der Augenbrauen: für Enza hatte jede kleinste Geste eine präzise Bedeutung, ohne einen möglichen Zweifel.

Die Mutter lächelte nie. Immer ernst, auf die Arbeit konzentriert versuchte sie die Wirtin so gut es ihr möglich war zufriedenzustellen. Ohne diese Arbeit, so schlecht sie auch bezahlt war, hätte es nur Hunger gegeben. Ziemlich bald begann auch das Kind, wie die Mutter, dort zu arbeiten; sehr, sehr ernst, Besteck und anderes trocknend. Diese kleinen Arbeiten gaben Enza das Gefühl wichtig zu sein, weil sie wusste, dass es der Mutter nützte. Es wurde aber auch ein Spiel, eine Beschäftigung für das Mädchen, das nur eine kleine Stoffpuppe besaß, wer weiß wo gefunden, der es alle

sando su di lei la piena dei suoi sentimenti.

Non dimenticò mai il suo primo giorno di scuola. La madre l'aveva accompagnata fino alla porta della classe e per la prima volta l'aveva baciata in fronte prima di lasciarla, un bacio che restò scolpito nella sua memoria, forse perché fu l'unico.

La maestra fece l'appello e arrivata ad un certo punto sentì chiamare: «Innocenza Rizzo», un nome che non conosceva, come del resto tutti gli altri nomi. La maestra lo ripeté ancora una volta, guardò le bambine, tutte più o meno spaurite, eccitate, e chiese chi era Innocenza Rizzo. Nessuna alzò la manina, come aveva ordinato prima di fare l'appello. Guardò Enza e le chiese: «Tu come ti chiami?» e lei: «Enza».

«Allora sei tu Innocenza Rizzo.» Così conobbe il proprio nome per intero.

La madre venne a prenderla solo il primo giorno di scuola, le insegnò accuratamente, con visibile apprensione e concentrata serietà la strada da percorrere per tornare a casa. Per fortuna si trattava di girare l'angolo, e dopo pochi metri ancora un angolo: come dimenticarlo? E come dimenticare le raccomandazioni della madre, di non fermarsi mai per nessuna ragione, di non parlare con nessuno, neanche con donne che conosceva, di non prendere nessun regalo da nessuno, neanche una caramella, di non accompagnarsi con un'altra bambina. E a casa poi: non disturbare Rita, non chiederle niente, essere brava e silenziosa. Come dimenticare tutti quegli anni di silenzio?

Neanche a scuola osava parlare con le compagne. Non era abituata a stare insieme a tante bambine. Era di una timidezza straziante, tutta chiusa in un guscio di paure e di solitudine. Ci volle tutta la comprensione della maestra per riuscire a integrarla un po'.

seine kleinen Geheimnisse zuflüsterte, sie mit der Flut der aufgestauten Gefühle überschüttend.

Ihren ersten Schultag vergaß Enza nie. Die Mutter hatte sie bis vor die Klassentür begleitet und zum ersten Mal küsste sie sie auf die Stirn, bevor sie ging; ein Kuss, der in ihr Gedächtnis eingemeißelt blieb, vielleicht weil es der einzige war.

Die Lehrerin rief zum Appell, und als die Reihe an ihr war, hörte sie: »Innocenza Rizzo!«, einen Namen, den sie nicht kannte, wie übrigens alle anderen auch. Die Lehrerin wiederholte ihn noch einmal, sah die Kinder an, alle mehr oder weniger verängstigt, aufgeregt und fragte, wer denn Innocenza Rizzo sei. Niemand hob die Hand, wie sie vor Beginn des Appells angeordnet hatte. Sie sah Enza an und fragte: »Wie heißt denn du?«, und sie: »Enza«.

»Also bist du Innocenza Rizzo.« So lernte sie ihren eigenen Namen kennen.

Die Mutter holte sie nur am ersten Schultag ab, zeigte ihr genau, mit konzentriertem Ernst und sichtbarer Sorge, die für den Heimweg zu benutzenden Straßen. Zum Glück musste sie nur um die Ecke und nach wenigen Metern noch einmal um die Ecke: Wie sollte sie das vergessen? Und wie hätte sie die Ermahnungen der Mutter vergessen können, nie, unter keinem Umstand stehen bleiben, mit niemandem sprechen, nicht einmal mit den Frauen, die sie kannte; kein Geschenk von jemandem annehmen, nicht einmal ein Bonbon, sich nicht von Mitschülerinnen begleiten lassen. Und dann zu Hause: Rita nicht stören, nichts fragen, brav und ruhig sein. Wie sollte sie all diese Jahre des Schweigens vergessen?

Nicht einmal in der Schule wagte sie es mit den Mitschülerinnen zu sprechen. Sie war es nicht gewohnt, mit so vielen anderen Mädchen zusammen zu sein. Sie war von einer herzzerreißenden Schüchternheit, ganz eingeschlossen in einer Schale aus Angst und Einsamkeit. Es bedurfte des ge-

La bambina era molto attenta.

Enza fu sempre una brava scolara, una delle prime della classe. Non aveva altra scelta, se voleva continuare ad andare a scuola. La madre, analfabeta come anche Rita, le aveva spiegato che non poteva comprare i libri e che li avrebbe avuti dalla scuola solo se fosse stata veramente brava.

Non seppe mai se le cose stessero così, ma le servì.

Non fu certo solo la sua volontà a permetterle di „far bene". In realtà aveva una mente vivace, pronta a capire, sveglia. Ed oltre ad essere molto ambiziosa, già allora possedeva una volontà di ferro. Il puntiglio di non essere seconda a nessuno.

Imparò anche ad andare da sola 'all'Aquila Nera', dopo la scuola, perché lì riceveva qualcosa da mangiare e poteva aiutare la madre in cucina. Fra le tre e le quattro tornavano a casa. A volte anche più tardi. Le piaceva passare davanti al Duomo. Era quasi di fronte al ristorante. La fontana del Nettuno in particolare l'affascinava, in ogni stagione, e quante volte avrebbe voluto fermarsi, fissare l'acqua che scendeva, tuffarvi le mani dentro, sentirne la freschezza, soprattutto nelle calde giornate d'estate. Non fu mai possibile. Guardava gli altri bambini, un gelato in mano da leccare, mentre passeggiavano avanti e indietro con le madri che chiacchieravano fra di loro. Quando ebbe il primo gelato? Fu la signora Maria a comprarglielo, un giorno d'estate, per compensarla di un lavoro fatto particolarmente bene: «Eccoti i soldi. Va, corri a comprarti un gelato.» E lei aveva guardato un momento la madre per capire se le permetteva di accettare.

Anche in seguito, da adulta, non ebbe mai tempo di fermarsi, di godere della fontana come aveva desiderato da bambi-

samten Verständnisses der Lehrerin, um sie ein wenig zu integrieren.

Enza war sehr aufmerksam.

Sie war immer eine gute Schülerin, eine der besten ihrer Klasse. Sie hatte keine andere Wahl, wenn sie weiterhin zur Schule gehen wollte. Die Mutter, Analphabetin wie Rita, hatte ihr erklärt, sie könne keine Bücher kaufen und dass sie diese, wenn sie wirklich brav wäre, von der Schule bekäme.

Ob sich die Dinge wirklich so verhielten, hatte sie nie erfahren, doch es nützte ihr.

Es war sicher nicht allein der Wille, der ihr ermöglichte, die Sache gut zu machen. Sie hatte einen lebhaften Verstand, war aufnahmebereit und hellwach. Schon damals war sie nicht nur sehr ehrgeizig, sondern besaß bereits den eisernen Willen, niemals jemandem unterlegen zu sein.

Sie lernte auch, nach der Schule allein zum 'Schwarzen Adler' zu gehen, denn dort bekam sie etwas zu essen und konnte der Mutter in der Küche helfen. Zwischen drei und vier Uhr kam sie nach Hause, manchmal auch später. Es gefiel ihr, am Dom vorbeizugehen; er lag beinahe dem Gasthaus gegenüber. Besonders der Neptunbrunnen faszinierte sie zu jeder Jahreszeit, und wie oft wäre sie gerne stehen geblieben, das herabrinnende Wasser zu beobachten, die Hände einzutauchen, die Kühle zu spüren, vor allem an heißen Sommertagen. Es war nie möglich. Sie sah den anderen Kindern zu, die meist ein Eis in der Hand hielten, wie sie mit den miteinander plaudernden Müttern hin und zurück spazierten. Wann hatte sie ihr erstes Eis bekommen? Es war Frau Maria, die es ihr gekauft hatte, an einem Sommertag, um sie für eine besonders gut gemachte Arbeit zu belohnen: »Hier hast du Geld. Geh, kauf dir ein Eis.« Und sie blickte einen Moment auf die Mutter, um zu verstehen, ob es ihr erlaubt war.

Auch später als Erwachsene, hatte sie nie Zeit innezuhalten, um den Anblick des Brunnens zu genießen, so wie sie es

na. Poteva solo gettarle uno sguardo di sfuggita, mentre passava velocemente, tirata per mano dalla madre, abitudine questa che restò anche oltre l'età della prima infanzia. La madre le serrava la mano sempre, tutte le volte che uscivano insieme, quasi a dimostrare che quella bambina così diversa e poi la ragazza alta e bionda, dall'aria tanto straniera, era sua. Apparteneva solo a lei.

«Veni, prestu, ca Rita 'ndi staci aspittandu[3]*.»* Portavano degli avanzi che coprivano il loro fabbisogno quotidiano.

Durante le vacanze cominciò poi ad aiutare la signora Maria. La trattoria aveva carattere familiare: la signora Maria era la padrona ed anche la cuoca, il marito e il figlio servivano i clienti. Tutto lì. L'unico personale era appunto la madre. Col tempo Enza diventò un'esperta aiuto-cuoca. La signora Maria non poteva più farne a meno, tanto che anche durante l'anno scolastico continuò a lavorare per lei. E la trattava bene, provava affetto per quella che considerava una povera orfanella. Le insegnò anche molte cose pratiche di cucina, che la madre non ebbe mai interesse di imparare.

Enza a dieci, dodici anni poteva preparare pietanze squisite che venivano servite ai clienti del ristorante, senza mai sbagliare la quantità di sale, gli ingredienti, le spezie necessarie. Arrivò al punto di saper riconoscere solo con gli occhi la giusta cottura della pasta, senza contare i diversi segreti della cucina trentina. Fu un tirocinio importante soprattutto per gli anni successivi, quando ebbe un ristorante da organizzare, cuochi da scegliere e giudicare, menù da mettere insieme.

Dopo aver fatto i compiti di scuola, tornava nel tardo pomeriggio, insieme alla madre e vi restava fin dopo le dieci di sera; la sua era una giornata assai lunga, ma era fiera di por-

---

[3] Vieni via, presto, Rita ci sta aspettando.

sich als Kind gewünscht hatte. Sie konnte immer nur einen flüchtigen Blick darauf werfen, während sie schnell daran vorbeiging, von der Mutter an der Hand gezerrt, eine Gewohnheit noch aus Enzas Kindheit. Die Mutter fasste ihre Hand, immer, jedes Mal, wenn sie gemeinsam das Haus verließen, um zu beweisen, dass dieses Kind, und später das große blonde Mädchen, das so anders aussah, ihres war. Es gehörte nur ihr.

»Komm schon, schnell. Rita wartet auf uns.« Sie hatten Essensreste dabei, die den Tagesbedarf deckten.

In den Schulferien begann sie dann Frau Maria zur Hand zu gehen. Das Gasthaus war ein Familienbetrieb: Frau Maria war die Besitzerin und die Köchin, ihr Mann und ihr Sohn bedienten die Gäste. Das war's. Die einzige Angestellte war eben ihre Mutter. Enza wurde mit der Zeit eine erfahrene Kochgehilfin. Frau Maria konnte nicht mehr auf sie verzichten, sodass sie auch während des Schuljahres für sie weiterarbeitete. Und sie behandelte sie gut, empfand Zuneigung für das Mädchen, das sie als armes Waisenkind betrachtete. Sie brachte ihr auch viele praktische Küchenkenntnisse bei, für die ihre Mutter kein Interesse aufbrachte.

Mit zehn, zwölf Jahren konnte Enza köstliche Gerichte zubereiten, die den Kunden des Gastlokals serviert wurden. Nie irrte sie sich in der Dosierung von Salz, den Zutaten und den nötigen Gewürzen. Mit einem Blick konnte sie den präzisen Garpunkt der Nudeln feststellen und lernte die verschiedenen Geheimnisse der Trentiner Küche kennen. Es war eine wichtige Lehre, vor allem im Hinblick auf die folgenden Jahre, als sie ein Restaurant zu führen hatte, Köche auswählen und beurteilen und Menüs zusammenstellen musste.

Nachdem sie die Hausaufgaben für die Schule gemacht hatte, kehrte sie am späten Nachmittag gemeinsam mit der Mutter ins Gasthaus zurück und blieb bis nach zehn Uhr abends dort. Ihr Tag war sehr lang, doch war sie stolz, etwas Geld zusätzlich nach Hause zu bringen.

tare in casa qualche soldo in più.

Non ricordava più quando erano finalmente uscite da quella tremenda casa seminterrata; doveva essere stato dopo le elementari, avrà avuto dieci dodici anni. Fu anche con l'aiuto della signora Maria che trovarono un appartamentino vicino alla trattoria, anche questo non lussuoso, ma almeno con una vera finestra sulla strada, luce elettrica, una stufetta che non riempiva la stanza di fumo, come l'altra, e un cesso separato, ma nella stessa casa. Nell'altra bisognava uscire fuori, attraversare una specie di cortile dove temeva di scontrarsi con topacci grossi come gatti, che la terrorizzavano, specialmente di sera, al buio.

Allora aveva paura dei cani, dei gatti, dei cavalli. Una volta ne aveva visto uno per strada ed era rimasta paralizzata dal panico. In generale aveva paura di tutto.

Della gente poi si fidava assai poco, forse perché la madre la metteva in guardia, sempre inquieta, un lampo di sospetto negli occhi. Viveva in continua tensione, come se ad ogni angolo di strada si appostasse un uomo pronto ad insidiarla, un assassino con un coltellaccio in mano, un malvivente deciso a derubarla di quei pochi centesimi che possedeva.

Quella casa fu ideale soprattutto per Rita; trascorreva infatti ore e ore alla finestra e osservava, da lontano, tutti quegli esseri umani dei quali per anni aveva ignorato l'esistenza.

Il matrimonio portò dei grandi cambiamenti nella vita delle tre donne. Già prima Enza aveva consegnato tutto il suo magro stipendio alla madre, ogni mese, con estrema puntualità, tanto che la donna aveva quasi smesso di lavorare in trattoria, eccetto alcune ore in mattinata; per la ragazza fu un punto d'onore mantenere la propria famiglia, anche se assai

Sie erinnerte sich nicht mehr, wann sie endlich aus jener fürchterlichen Bleibe im Kellergeschoß ausgezogen waren; wahrscheinlich nach dem Abschluss der Grundschule, sie musste wohl zehn oder zwölf gewesen sein. Dank der Hilfe von Frau Maria, hatten sie eine kleine Wohnung in der Nähe des Gasthauses gefunden, nicht luxuriös, wenigstens aber hatte sie ein richtiges Fenster zur Straße hin, elektrisches Licht, einen Ofen, der das Zimmer nicht verqualmte wie in der anderen Wohnung, und einen getrennten Abort im Haus. In der anderen Wohnung hatte man hinausgehen und den Hof überqueren müssen, wo sie sich immer davor gefürchtet hatte, Ratten so groß wie Katzen zu begegnen, vor allem am Abend, in der Dunkelheit.

Damals fürchtete sie sich vor Hunden, Katzen und Pferden. Einmal hatte sie eines auf der Straße gesehen und war vor Angst erstarrt. Sie fürchtete sich vor fast allem.

Und den Menschen vertraute sie ziemlich wenig, vielleicht, weil die Mutter sie ermahnte auf der Hut zu sein; immer beunruhigt, ein Aufblitzen eines Verdachts in den Augen. Sie lebte unter ständiger Anspannung, so als ob an jeder Straßenecke ein Mann lauern würde mit einem großen Hackmesser in der Hand, ein Verbrecher, entschlossen ihr die wenigen Lire zu rauben, die sie besaß.

Die neue Wohnung war vor allem ideal für Rita. Sie verbrachte Stunden über Stunden am Fenster und beobachtete all die Menschen, deren Existenz sie jahrelang ignoriert hatte.

Die Hochzeit Enzas brachte große Veränderungen in das Leben der drei Frauen. Schon vorher hatte Enza ihren gesamten mageren Lohn der Mutter übergeben, jeden Monat, mit äußerster Pünktlichkeit, so dass sie beinahe aufgehört hatte im Gasthaus zu arbeiten, ein paar Stunden am Vormittag ausgenommen. Für das Mädchen war es eine Ehrensache, die eigene Familie, wenn auch notdürftig, zu versorgen.

modestamente.

La madre e Rita avevano sempre condotto una vita assai ritirata. Ora avevano preso l'abitudine di andare a spasso, una gran novità, un lusso inaudito e un grande progresso, considerando che per anni le rarissime volte in cui Rita era stata costretta a varcare la soglia di casa aveva avuto dei veri attacchi di panico. Quasi era stato necessario trascinarla di forza. Allora, e solo allora si era aggrappata oltre che al braccio della madre anche a quello di Enza – le poche volte in cui si era accorta di lei.

In casa loro non ricevevano mai ospiti. La madre non aveva stretto amicizia con nessuno; amava la solitudine e anche con i vicini parlava giusto quel poco necessario per non essere considerata una selvaggia, forse per la sua scarsa conoscenza della lingua italiana o per un residuo di diffidenza verso la gente del Nord.

Ora, se il tempo lo permetteva, facevano quattro passi in città, dirigendosi sempre verso i giardini pubblici. Qui stavano sedute una mezz'oretta su una panchina, assorte, mute, due piccole donne magre, sfiorite, senza età, una con un fazzoletto nero in testa, l'altra, poco più giovane di lei, i capelli neri ricci, tirati in una crocchia dietro la nuca. Si assomigliavano come due gocce d'acqua, solo l'espressione degli occhi era diversa: vivaci, puntuti gli uni, spenti e apatici gli altri.

Vestite immancabilmente di nero. Un lutto che portarono tutta la vita. La madre soleva dire che non sarebbero bastate tre vite di lutto per lei.

Osservavano i bambini che giocavano, i pochi passanti, gli uccellini, il cambio delle stagioni, perse chissà dove. Le due donne parlavano poco fra di loro, semmai era sempre la madre a fare qualche piccola osservazione, un commento, quasi per incoraggiare la figlia a pensare.

Die Mutter und Rita hatten immer sehr zurückgezogen gelebt. Jetzt hatten sie die Gewohnheit angenommen, spazieren zu gehen; eine große Neuheit, ein unerhörter Luxus und ein großer Fortschritt, auch angesichts der Tatsache, dass Rita jahrelang richtige Panikanfälle bekommen hatte, wenn sie gezwungen gewesen war, die Türschwelle zu überschreiten. Sie musste fast mit Gewalt hinaus geschleppt werden. Dann, und nur dann, hatte sie sich außer am Arm der Mutter auch an dem von Enza festgeklammert – die wenigen Male, da sie sie wahrgenommen hatte.

Zu Hause empfingen sie nie Gäste. Die Mutter hatte mit niemandem Freundschaft geschlossen. Sie liebte die Einsamkeit, und auch mit den Nachbarn besprach sie nur das Notwendigste, um nicht als Wilde angesehen zu werden – vielleicht auch wegen der spärlichen Italienischkenntnisse, oder wegen eines Restes von Misstrauen den Menschen des Nordens gegenüber.

Wenn es das Wetter erlaubte, gingen sie nun in die Stadt, immer in Richtung des öffentlichen Parks. Dort blieben sie ein halbes Stündchen auf einer Bank sitzen, versunken, stumm, zwei kleine, magere Frauen, verblüht, alterslos, eine mit einem schwarzen Tüchlein auf dem Kopf, die andere, ein wenig jüngere, mit dem Haar im Nacken zu einem Knoten gebunden. Sie glichen sich wie zwei Wassertropfen, nur die Blicke waren anders: Lebhaft und stechend der eine, ausgelöscht und apathisch der andere.

Unweigerlich waren sie schwarz gekleidet in einer Trauer, die sie ein Leben lang trugen. Die Mutter pflegte zu sagen, dass selbst drei Leben an Trauer nicht ausgereicht hätten.

Sie beobachteten, wer weiß wohin entrückt, die spielenden Kinder, die wenigen Passanten, die Vögel, den Wechsel der Jahreszeiten. Sie sprachen wenig miteinander und wenn, dann war es immer die Mutter, die eine kurze Bemerkung machte, einen Kommentar abgab, fast so, als ob sie die Tochter zum Denken ermutigen wollte.

I suoi attacchi notturni erano quasi del tutto scomparsi e anche l'espressione del suo viso non era più quella di una bestiola ferita. Era soltanto inebetita.

Alla madre rispondeva solo a monosillabi, quasi avesse disimparato a parlare. Faceva una gran fatica a trovare le parole, a metterle insieme logicamente, con un certo nesso; ma anche a pronunciarle. La lingua, infatti, forse per mancanza di esercizio o per qualche altra tara ereditaria, mancava di una vera e propria muscolatura. Era floscia, incapace di obbedire agli stimoli del cervello e girava in bocca senza assolvere alla sua funzione fonativa. La voce era rauca, sorda, priva di modulazioni; sembrava che tutto si mettesse contro di lei per scoraggiare ogni tentativo di uscire dalla torre di silenzio nella quale si era persa forse da sempre.

A casa non si lasciava aiutare dalla madre. Voleva fare tutto da sola. Con caparbia ostinazione.

Una volta alla madre che si apprestava a lavare due piatti dopo il loro pasto frugale disse quasi balbettando: «*Tu ti 'ndai a ri-po-sa-ri*[4]» e si vedeva quanto le fosse costato formulare questo pensiero. La madre per giorni e giorni non riuscì a darsi pace.

Lo raccontò ad Enza: «*Ah, ma pensa! Sapi chiju chi dici!*[5]». Ma erano solo sprazzi di luce che presto si spegnevano. Tornava il silenzio, lungo, vuoto. Un silenzio fatto di niente.

Man mano anche la madre smise di parlare, scoraggiata, sempre più chiusa in una solitudine tetra e senza speranza.

Enza si trasferì al paese, dove il marito aveva preso una casa abbastanza spaziosa vicino all'albergo. L'aveva arredata lui

---

[4] Tu ti devi riposare.

[5] Allora pensa. Sa quello che dice!

Ritas nächtliche Anfälle waren beinahe ganz verschwunden und auch ihr Gesichtsausdruck war nicht mehr der eines verwundeten Tiers. Sie war nur stumpfsinnig.

Der Mutter antwortete sie einsilbig, als hätte sie das Sprechen verlernt. Sie hatte große Mühe, Worte zu finden, sie aneinanderzureihen, in einen Zusammenhang zu bringen und sie auszusprechen. Der Zunge fehlte, vielleicht auch aus mangelnder Übung oder wegen eines erblichen Gebrechens, eine richtige Muskulatur. Sie war kraftlos und unfähig den Reizen des Gehirns zu gehorchen; sie drehte sich im Mund ohne ihre lautgebenden Aufgaben zu erfüllen. Die Stimme kam rau, stumpf, ohne Modulation; es schien, als würde sich alles gegen Rita stellen, um jeden Versuch zu vereiteln, aus dem Turm des Schweigens auszubrechen, in den sie sich seit jeher geflüchtet hatte.

Zu Hause ließ sie sich nicht von der Mutter helfen. Sie wollte alles alleine machen. Mit eigensinniger Beharrlichkeit.

Einmal sagte sie stotternd zur Mutter, die sich nach dem bescheidenen Essen anschickte die beiden Teller abzuspülen: »Du musst dich aus-ru-hen!«, und man sah ihr an, wie viel Mühe es sie gekostet hatte, diesem Gedanken Ausdruck zu verleihen. Die Mutter fand tagelang keine Ruhe mehr.

Sie erzählte es Enza: »Also denkt sie. Sie weiß, was sie sagt!« Es waren aber nur kurze Lichtblicke, die bald wieder erloschen. Die Stille kehrte zurück, eine lange, leere Stille, bestehend aus Nichts.

Langsam hörte auch die Mutter auf zu sprechen, entmutigt, immer tiefer eingeschlossen in eine hoffnungslose Einsamkeit.

Enza war ins Dorf umgezogen, wo ihr Mann ein ziemlich geräumiges Haus neben dem Hotel gekauft hatte. Er hatte es selbst eingerichtet, ohne die geringste Beteiligung seiner jungen Braut; nie war klar geworden, ob aus mangelndem Interesse oder fehlender Zeit. Enza war in jenen Jahren mit

stesso, senza nessuna partecipazione della giovane sposa; non fu mai chiaro se per mancanza di interesse o di tempo. Enza in quegli anni era impegnata con la ristrutturazione dell'albergo e non aveva testa per altro. Il marito scherzando, come era sua abitudine, una volta ebbe a dire: „Tu hai un solo amante, l'albergo. Una sola famiglia, l'albergo. Un solo interesse, l'albergo."

Una volta alla settimana però trovava il tempo per andare a Trento, a vedere le due donne.

Erano visite sempre molto brevi. E mai veniva a mani vuote. Portava un cesto pieno di frutta, verdure, carne, e altra roba da mangiare. La madre non ringraziava mai. Guardava indifferente, senza un commento, quasi la cosa non la riguardasse.

Ogni volta Enza sceglieva con cura i regali e non vedeva l'ora di arrivare, di coprire il tavolo della cucina di tutto quel bendiddio. Non che si fosse aspettata della gratitudine, ma almeno un sorriso, uno sguardo benevolo della madre. Niente, mai una reazione, mai una parola. Man mano che appoggiava la roba sul tavolo, la gola si stringeva in un nodo; a stento riusciva allora a trattenere l'ansia e il desiderio di piangere. Lo stesso pianto represso di quando bambina si accorgeva di infastidire la madre col proprio dolore.

Aveva imparato assai presto a inghiottire le lacrime, a nasconderle, per non indispettirla, per non vedere quegli occhi cattivi che la spaventavano più di ogni rimprovero.

Poi si sedevano un momento in cucina, l'una di fronte all'altra, e alle domande di Enza: «Come state. Vi manca qualcosa. Cosa vuoi che ti porti la prossima volta?», la madre rispondeva a monosillabi, appena il necessario, priva di desideri. Priva anche di domande.

Il silenzio, come un muro, le divideva.

«Beh, allora vado.»

Enza si alzava del tutto svuotata, come se insieme al contenuto del cesto avesse rovesciato sul tavolo anche la parte

der Renovierung des Hotels beschäftigt und hatte den Kopf für nichts anderes frei. Scherzend, wie es seine Gewohnheit war, hatte ihr Mann einmal gesagt: „Du hast nur einen Geliebten: das Hotel, nur eine Familie: das Hotel, nur ein Interesse: das Hotel."

Einmal in der Woche aber nahm sie sich die Zeit, nach Trient zu fahren und die beiden Frauen zu besuchen.

Es waren immer sehr kurze Besuche, aber nie kam sie mit leeren Händen. Sie brachte einen Korb mit Obst, Gemüse, Fleisch und anderen Lebensmitteln. Die Mutter bedankte sich nie. Sie schaute gleichgültig, fast so, als betreffe sie die Angelegenheit nicht.

Jedes Mal wählte Enza die Geschenke mit Bedacht aus und konnte es kaum erwarten bei der Ankunft all die Köstlichkeiten auf den Tisch zu stellen. Nicht, dass sie sich Dankbarkeit erwartet hätte, aber doch zumindest ein Lächeln, einen wohlwollenden Blick der Mutter. Aber nichts, nie eine Reaktion, nie ein Wort. Während sie die Dinge auf dem Tisch ausbreitete, schnürte sich ein Knoten in ihrem Hals. Es gelang ihr nur mit Mühe die Tränen zurückzuhalten, dieselben, die sie schon als Kind hatte unterdrücken müssen, um mit ihrem Schmerz die Mutter nicht zu belästigen.

Sie hatte sehr früh gelernt, die Tränen hinunterzuwürgen, um sie nicht zu verärgern, um jene bösen Augen, die sie mehr als jede Rüge erschreckten, nicht sehen zu müssen.

Dann setzten sie sich ein Weilchen in die Küche, eine der anderen gegenüber, und auf die Frage Enzas: »Wie geht es euch? Fehlt euch etwas? Was soll ich dir nächstes Mal mitbringen?«, antwortete die Mutter einsilbig, gerade das Nötigste, wunschlos. Ohne Fragen.

Das Schweigen, wie eine Wand, trennte sie.

»Na, dann gehe ich.«

Enza stand völlig leer auf, als ob sie mit dem Inhalt des Korbes auch ihr intimstes Inneres auf dem Tisch ausgeschüttet hätte. Nackt, ohne den notwendigen, schützenden

più intima di se stessa. Denudata, priva della corazza protettiva necessaria per superare quegli incontri così frustranti, chiudeva la porta dietro di sé e se ne andava. Tornava nella sua nuova casa, ancora sconvolta, e non riusciva a raccapezzarsi, a mettere ordine nei suoi rapporti umani. Anche lì si sentiva un'estranea.

Percepiva con sempre maggiore chiarezza il suo essere fuori posto in quel piccolo nucleo familiare: un'intrusa, ecco come si sentiva, una che cercava di intrufolarsi con regali e altro là dove nessuno voleva averla. E sempre più notava la differenza fra lei e la madre e la sorella: due piccole donne scure, chiuse in un loro mondo arcaico, inaccessibile, mentre lei era aperta al mondo e alla vita, intelligente, capace di esprimersi non soltanto in ottimo italiano (cosa che la madre non riuscì mai a fare, stretta come era nel suo dialetto calabrese) ma anche in inglese e in francese – si era infatti diplomata in ragioneria col massimo dei voti.

Con la madre non sapeva mai di cosa parlare.

In quella casa del resto le parole erano rare. Cadevano misurate, lente. Enza era molto cauta. Aveva imparato a sue spese: guai a non tenerle a freno, a non soppesarle prima di lasciarle andare. Parole innocue, innocenti, nello stesso momento in cui venivano pronunziate correvano il rischio di perdere il loro significato iniziale per acquistarne uno nuovo, mai pensato; subivano una trasformazione quasi per opera di magia e venivano interpretate a seconda delle necessità, mai per quello che erano. Tornavano allora indietro come boomerangs velenosi, pronti a ferire, a uccidere. Come lo sguardo duro della madre; uno sguardo che annientava più di una parola cattiva, più di una condanna a morte. Quanto avrebbe preferito un litigio, insulti volgari e ingiustificati, uno schiaffo, una qualsiasi reazione umana, azioni o parole, tante parole che possono ferire, alle quali però è

Panzer für diese frustrierenden Treffen, schloss sie die Tür hinter sich und ging davon. Sie kehrte in ihr neues Heim zurück, noch verwirrt, und war nicht imstande sich zurechtzufinden und Ordnung in ihre zwischenmenschlichen Beziehungen zu bringen. Auch dort fühlte sie sich fremd.

Mit zunehmender Klarheit nahm sie wahr, dass sie in ihrer Familie ein Fremdkörper war, sie fühlte sich als Eindringling, eine die versuchte sich mit Geschenken dort einzuschleichen, wo sie niemand haben wollte. Immer stärker stellte sie die Unterschiede zwischen sich, der Mutter und der Schwester fest: Dort zwei kleine, dunkle Frauen, in ihrer archaischen, unnahbaren Welt eingeschlossen, und hier sie, offen für die Welt und das Leben, intelligent und fähig sich nicht nur in einem sehr guten Italienisch auszudrücken – etwas, was ihre Mutter nie imstande gewesen war, eingeschnürt in ihren kalabresischen Dialekt –, sondern auch auf Englisch und Französisch, da sie ja ihren Abschluss der Handelsschule mit den besten Noten gemacht hatte.

Sie wusste nie, über was sie mit ihrer Mutter reden sollte.

In jener Wohnung waren Worte eine Seltenheit; sie fielen bemessen, langsam. Enza war sehr vorsichtig! Sie hatte auf eigene Kosten gelernt: Wehe, sie hielte die Worte nicht in Zaum, sie wäge sie nicht ab, bevor sie sie fallen ließ. Unschuldige Laute, die in dem Moment, da sie ausgesprochen wurden, Gefahr liefen, den anfänglichen Sinn zu verlieren, um einen neuen zu gewinnen. Einen nie gedachten. Sie erfuhren eine Verwandlung, beinahe wie durch einen Zauber, und wurden je nach Bedürfnis interpretiert, nie als das, was sie waren. Sie kehrten dann als vergifteter Bumerang zurück, bereit zu verletzen, zu töten. Wie der harte Blick der Mutter, ein Blick, der vernichtete, mehr noch als ein böses Wort, mehr als ein Todesurteil. Wie viel lieber wäre ihr ein Streit gewesen, vulgäre und ungerechtfertigte Beleidigungen, eine Ohrfeige, eine x-beliebige menschliche Reaktion, oder Worte, viele Worte, die verletzen konnten, denen man

possibile contrapporre altre parole. Comunque sia, una possibilità di dialogo, di difesa. Ma anche un contatto. E invece, niente. Solo silenzio.

Certe parole pensate ma non dette, restano sospese nell'aria generando una tensione insostenibile. E feriscono molto più di tante parole cattive gridate, urlate con rabbia; nel silenzio c'è solo disinteresse per l'altro, e ancor più, la volontà di ignorarlo, di non riconoscerne l'esistenza.

Ecco perché Enza aveva imparato a controllare ogni parola, sempre, fin da bambina.

Adesso poteva provvedere meglio per loro, aveva trovato una casa più comoda, con riscaldamento centrale, bagno e acqua calda. Tutte cose che avevano riempito Rita di entusiasmo, di una gioia infantile incontenibile. Enza, disorientata da quelle reazioni così esplosive, cui non era abituata e che non si era neanche aspettata, si rattristò. Solo una punta di tristezza che però offuscò un poco la gioia ingenua delle due donne – perché anche la madre, pur con un filino di sarcasmo, si era rallegrata delle novità, delle comodità cui non era avvezza. Un tale entusiasmo per quelle piccole cose che milioni di persone non notavano neanche! Ogni volta che apriva il rubinetto e usciva acqua calda Rita batteva le mani e non poteva trattenere dei gridolini che somigliavano a una risata; gli occhi brillavano di gioia infantile come davanti a un miracolo, a un colpo di bacchetta magica. Il bagno poi era la sua passione. Non faceva che lavarsi e ne godeva, senza più l'angoscia di prima. L'acqua calda la rendeva euforica. Ci volle molto tempo prima che si abituasse a queste comodità. La gioia rimase, sempre e autentica.

La madre era quasi serena. Diceva che il tempo sana tutte le

aber andere entgegenhalten konnte; wie auch immer, eine Möglichkeit zum Dialog, der Verteidigung, aber auch eine Berührung. Statt dessen nichts. Nur Schweigen.

Bestimmte gedachte aber nie ausgesprochene Worte bleiben in der Schwebe und schaffen unerträgliche Spannung. Sie verletzen mehr als viele böse, im Zorn geschriene Worte. Im Schweigen liegt das Desinteresse des Anderen und noch mehr der Wille ihn zu ignorieren, seine Existenz nicht anzuerkennen.

Das war der Grund, warum Enza gelernt hatte jedes Wort zu prüfen, immer, schon als Kind.

Enza konnte jetzt besser für sie sorgen. Sie hatte eine gemütlichere Wohnung mit Zentralheizung, Bad und Warmwasser für sie gefunden. Das waren Dinge, die Rita mit Enthusiasmus, mit einer unbändigen kindlichen Freude erfüllt hatten. Enza, verwirrt von derart explosiven Reaktionen, die sie von ihr nicht gekannt und auch nicht erwartet hatte, wurde traurig. Es war nur eine Andeutung von Traurigkeit, die aber die unschuldige Freude der beiden Frauen getrübt hatte, denn auch die Mutter – wenn auch mit einem Hauch von Sarkasmus –, war erfreut über die Neuigkeiten, die Bequemlichkeiten, die sie nicht gewohnt war. Ein derartiger Enthusiasmus für diese bescheidenen Dinge, die Millionen von Menschen nicht einmal wahrnehmen! Jedes Mal wenn Rita den Wasserhahn öffnete und das warme Wasser floss, klatschte sie in die Hände und konnte ihre Lustschreie, die einem Gelächter ähnelten, nicht unterdrücken: Ihre Augen leuchteten vor kindlicher Freude wie vor einem Wunder, durch einen Zauberstab hervorgerufen. Das Bad wurde ihre große Leidenschaft; sie tat nichts anderes als sich dauernd zu waschen und genoss es ohne die frühere Angst. Das warme Wasser stimmte sie euphorisch. Es dauerte lange, bis sie sich an diese Annehmlichkeiten gewöhnt hatte. Die Freude blieb und war immer echt.

Die Mutter war zufrieden. Sie sagte, die Zeit heile alle

ferite e che bisogna sapere aspettare: la ricompensa arriva, se c'è giustizia nel mondo.

Era molto invecchiata. Curva, piccola, magra; i capelli folti, ricciuti, indomabili come il suo carattere, avevano conservato il colore della gioventù, con l'aggiunta di qualche filo bianco.

Non era mai andata al paese. Non aveva mai visto la casa degli sposi e con mille scuse era riuscita a sottrarsi alla necessità di conoscere la madre di Carlo. In realtà non mostrò nessun interesse per la vita di Enza, non fece mai domande sulla sua attività in albergo e tantomeno sulla sua famiglia. La trattava come un'estranea, e forse peggio. Era convinta di aver concluso un capitolo della propria esistenza, libera ormai da quel peso opprimente, dalla responsabilità di quella persona.

Enza si sentiva sempre più rifiutata, e non se ne dava pace. Soprattutto non voleva soffermarsi sui sentimenti che la madre nutriva per lei. Considerava giusto e necessario occuparsi di lei e della sorella, ma dentro, nella parte più nascosta di sé, non riusciva ad accettare quell'atteggiamento della madre. Secondo la sua mentalità i regali, il mantenimento completo della piccola famiglia, le cure cui veniva fatta oggetto, tutto tutto le era *dovuto*. Enza sapeva di dover mantenere le due donne, lo voleva anche, ma la feriva più di quanto non volesse ammettere quel *dovuto*. La madre non toccava mai quell'argomento. Per lei era chiaro come il sole che la figlia dovesse provvedere a lei, che fosse suo dovere farlo, che non fosse neanche necessario parlarne, perché semplicemente nella natura delle cose. E che non le dovesse nessuna gratitudine. Neanche il più formale „grazie" ogni volta che la riempiva di regali, o le lasciava dei soldi per il suo mantenimento.

Enza ne soffriva. E il fatto stesso di soffrirne le procurava un malessere ancora maggiore. Pensava di essere una cattiva figlia, ingrata, forse anche avida. Quando le sarebbe ba-

Wunden und man müsse nur warten können: Die Belohnung kommt, wenn es eine Gerechtigkeit auf der Welt gibt.

Sie war sehr gealtert, krumm, klein, mager, das dichte Haar, unzähmbar wie ihr Charakter, hatte die Farbe der Jugend behalten, ausgenommen einige weiße Strähnen.

Sie war nie ins Dorf gegangen. Sie hatte das Haus der Eheleute nie gesehen; mit hunderten von Ausreden war es ihr gelungen, sich der Notwendigkeit zu entziehen, Carlos Mutter kennenzulernen. In Wahrheit zeigte sie keinerlei Interesse an Enzas Leben, stellte nie Fragen zu ihrer Arbeit im Hotel und noch weniger zu ihrer Familie. Sie behandelte sie wie eine Fremde, vielleicht sogar abschätziger. Sie war überzeugt, ein Kapitel ihres Lebens abgeschlossen zu haben, mittlerweile frei zu sein von jenem erdrückenden Gewicht, von der Verantwortung für diese Person.

Enza fühlte sich immer stärker abgelehnt und konnte sich nicht damit abfinden. Vor allem wollte sie sich nicht mit den Gefühlen befassen, die ihre Mutter für sie empfand. Sie fand es richtig und notwendig, sich um sie und ihre Schwester zu kümmern, aber tief in sich, im verborgensten Teil ihrer selbst, konnte sie das Verhalten ihrer Mutter nicht akzeptieren. Nach Mutters Auffassung standen ihr die Geschenke, der totale Unterhalt der kleinen Familie, die Aufmerksamkeiten, *einfach zu* – alles, einfach alles. Enza wusste, dass sie die beiden erhalten musste; sie wollte es auch, doch verletzte es sie mehr als sie sich eingestehen wollte, dieses *steht mir zu*. Die Mutter verlor nie ein Wort darüber. Für sie war es klar wie Sonnenschein, dass es Enzas Pflicht war, dass es gar nicht nötig war, darüber zu reden, weil es ganz einfach in der Natur der Dinge liegt. Sie schuldete ihr keine Dankbarkeit; nicht einmal das förmlichste „Danke", wenn sie sie mit Geschenken überhäufte oder Geld für den Unterhalt da ließ.

Enza litt darunter und dies bereitete ihr ein noch größeres Unbehagen. Sie dachte, eine schlechte Tochter zu sein, undankbar, vielleicht auch geizig. Dabei hätte es ihr genügt,

stato vedere in quegli occhi almeno una volta un lampo di gioia per il piacere di rivederla, un gesto affettuoso, materno. Arrivava, suonava alla porta – non aveva la chiave di casa, non si era mai chiesta perché – e la madre veniva ad aprirle. Senza salutarla, diceva solo: „*Ah, si tu*[6]". Ed era tutto. Non chiedeva di lei, del marito, dei bambini. Taceva e la fissava con gli stessi occhi vuoti di Rita, senza nessuna espressione. Freddi. Indifferenti.

A Carlo non raccontò mai niente, cioè lui sapeva delle sue visite, dei regali, dei soldi che passava alla madre, su questo lei non aveva segreti, ma il resto, quel resto che lei stessa riusciva appena a comprendere, ad accettare, tanto ne era ferita, quel resto rimase chiuso nella zona d'ombra oltre la quale non permise mai a nessuno di gettare uno sguardo. Forse neanche a se stessa.

Dopo ogni nascita Enza veniva a mostrarle il nuovo nato, tutti bambini biondi come lei. La prima, Luisa, colpì la vecchia in modo particolare. La somiglianza con la madre doveva essere impressionante. Una piccola Enza in carne ed ossa. Ne fu sconvolta. I suoi occhi si indurirono, le labbra tirate in un mezzo sorriso, sbiancarono. Un'ombra carica di odio calò su di lei. Con una scusa non volle prendere la bambina in braccio. Enza non capì, sentì solo che la bambina non era stata accettata. Senza nessuna ragione. Una delle tante reazioni della madre, inspiegabile ma non per questo meno mortificante. Non fece domande, sarebbe stato inutile. O forse ne ebbe paura. Anche questo episodio passò dietro la zona d'ombra e lei cercò di dimenticarlo. Non portò più la bambina e in genere preferì sempre venire da sola.

Enza non seppe mai se le sue visite fossero gradite, se la ma-

[6] Ah, sei tu.

nur ein Mal in diesen Augen ein Zeichen der Freude darüber aufblitzen zu sehen, dass sie sie wiedersah, eine zärtliche Geste, eine mütterliche. Sie kam, läutete an der Tür – sie besaß keinen Wohnungsschlüssel, hatte sich nie gefragt warum – und die Mutter machte ihr auf. Ohne zu grüßen sagte sie nur: „Ach, du bist es". Das war alles. Sie erkundigte sich nie nach ihrem Befinden, ihrem Mann, den Kindern. Sie schwieg, starrte sie mit denselben leeren Augen an wie Rita, ohne jeglichen Ausdruck. Kalt. Gleichgültig.

Carlo erzählte sie nie etwas, das heißt, er wusste von ihren Besuchen, den Geschenken, dem Geld, das sie der Mutter gab – diesbezüglich hatte sie keine Geheimnisse –, doch der Rest, jener Rest, den sie selbst gerade irgendwie noch begreifen, akzeptieren konnte, so sehr verletzte er sie, dieser Rest blieb in der Grauzone eingeschlossen, hinter die sie niemanden jemals erlaubte einen Blick zu werfen. Vielleicht nicht einmal sich selbst.

Nach jeder Geburt kam Enza, um das Neugeborene zu zeigen – alles blonde Kinder, wie sie. Die erste, Luisa, beeindruckte die Alte in besonderem Maß – eine kleine Enza aus Fleisch und Blut. Sie war verwirrt. Ihr Blick verhärtete sich, die Lippen, zu einem halben Lächeln verzogen, erblassten. Ein von Hass erfüllter Schatten fiel über sie. Mit einer Ausrede vermied sie es, das Kind in den Arm zu nehmen. Enza verstand es nicht, spürte nur, dass das Kind nicht akzeptiert wurde. Ohne irgendeinen Grund. Eine der vielen Reaktionen der Mutter, unerklärlich, aber deshalb nicht weniger demütigend. Sie stellte keine Fragen; es wäre unnütz gewesen. Oder vielleicht hatte sie Angst davor. Auch dieser Vorfall verschwand in jener Grauzone, und sie versuchte ihn zu vergessen. Sie brachte das Kind nicht mehr mit und zog es vor, allein zu kommen.

Enza erfuhr nie, ob ihre Besuche willkommen waren, ob ihre Mutter sie gerne sah. Aber sie war es, die sie sehen wollte. Sie war sehr jung, ihre Beziehung zu Carlo hatte

dre la vedesse volentieri. Ma era lei che voleva vederla. Era molto giovane, il suo rapporto con Carlo non aveva ancora quelle radici profonde che soltanto il tempo avrebbe potuto mettere, e la madre rappresentava il solo punto fermo, la fonte di ogni sicurezza passata e presente, l'unico rifugio. La roccia cui si era sempre appoggiata, incombente, minacciosa, e nonostante tutto, protettiva perché conosciuta. Impenetrabile, ma sempre presente. Principio e fine di ogni suo desiderio infantile. La meta lontana e irraggiungibile di ogni sua nostalgia. E l'amava con tutta la disperazione dell'essere rifiutato. Un amore cieco, assoluto. Ferito.

Una volta vedendo Piero, il minore dei suoi bambini, che Enza aveva voluto chiamare come il padre, Pietro, forse per compiacere la madre, ebbe a commentare: „*Tu mò fa 'a parti tua. Eu 'a parti mia 'a fici. Ija*", e indicava Rita „*non potti fari 'a sua*[7]". E diceva questo quasi si trattasse di parti da recitare in un teatro immaginario; sul palcoscenico della vita solo l'imponderabile, il caso ha piena facoltà di decidere, di comandare.

„*Nuju si poti scotulari di li responsabilità soi.*[8]" Un'altra frase che ripeteva sempre, con molta durezza, quasi si trattasse di una condanna.

Qualche tempo dopo aggiunse che alcuni, senza nessuna spiegazione, senza un motivo, ne vengono esclusi. Il Grande Burattinaio, il Destino decide, tiene i fili, permette agli attori di recitare la loro parte, di adempiere ai loro doveri, ma accade che qualche marionetta, una piccola figurina di legno, venga dimenticata nel fondo di un vecchio baule, dietro le quinte. A lei il Destino non permette di partecipare al grande spettacolo. Può solo udire qua e là una voce, un grido, e

---

[7] Tu adesso fai la tua parte. Io la mia parte l'ho fatta. Lei non ha potuto fare la sua.

[8] A nessuno è dato sottrarsi alle sue responsabilità.

noch nicht jene tiefen Wurzeln, die nur die Zeit hätte bringen können, und die Mutter stellte den einzigen Fixpunkt, die einzige Quelle jeder vergangenen und gegenwärtigen Sicherheit dar, den einzigen festen Halt, den Felsen, an den sie sich immer gelehnt hatte, bedrohlich und trotz allem beschützend, weil bekannt. Unergründlich aber immer anwesend, Anfang und Ende aller ihrer Kindheitswünsche, das ferne und unerreichbare Ziel all ihrer Sehnsüchte, und sie liebte sie mit der ganzen Verzweiflung eines abgewiesenen Wesens. Eine blinde, bedingungslose Liebe.

Einmal, als die Mutter Piero sah, den jüngsten ihrer Enkel, dem Enza den Namen ihrer Vaters Pietro hatte geben wollen, vielleicht ihrer Mutter zuliebe, sagte sie nur: „Du machst jetzt deinen Teil. Ich habe meinen Teil gemacht. Sie konnte den ihren nicht erledigen", und zeigte auf Rita. Sie sagte das, als ob es sich um einen zu rezitierenden Text in einem imaginären Theater handelte – auf der Bühne des Lebens hat nur das Unwägbare, der Zufall das volle Recht zu entscheiden, zu bestimmen.

„Niemandem ist es erlaubt, sich seiner Verantwortung zu entziehen." Ein weiterer Satz, den die Mutter immer wiederholte, mit großer Härte, beinahe als handle es sich um eine Verurteilung.

Ein anderes Mal fügte sie hinzu, dass einige von ihnen, ohne Erklärung oder Grund, davon ausgeschlossen werden. Der große Puppenspieler, das Schicksal, entscheidet, hält die Fäden, erlaubt den Schauspielern ihre Rolle zu spielen, ihre Pflichten zu erfüllen; doch kommt es vor, dass eine Marionette, eine kleine Holzfigur etwa, auf dem Boden einer alten Truhe hinter den Kulissen vergessen wird. Ihr erlaubt das Schicksal nicht, am großen Schauspiel teilzunehmen. Sie hört nur da und dort eine Stimme, einen Schrei und vielleicht ein Lachen. Auch der Schlussapplaus fällt aus. Sie tritt durch den Hinterausgang von der Bühne ab, verstohlen, so lautlos wie sie gelebt hat, und niemandem fällt ihr Ver-

forse una risata. Anche l'applauso finale viene a mancare. Esce dalla porta di servizio, in sordina, così silenziosa come è vissuta, e nessuno si accorge della sua scomparsa. Sparisce dalla scena senza neanche averla calpestata. Il Destino, inesorabile e spesso ingiusto, decide della vita di tutti; nessuno può sfuggire alla propria sorte.

Era chiaro che pensava a Rita, alla povera marionetta dimenticata in un baule, destinata a non recitare la sua parte insieme a tutti gli altri – un discorso denso di significati, frutto di lunghe riflessioni sulla vita e sulla morte, che doveva aver occupato la sua mente durante interminabili giornate piene di silenzio e di intima solitudine.

Carlo la conobbe poco prima di sposarsi. Non che Enza si vergognasse di lei. I motivi erano altri, più complessi. A lui aveva raccontato della sua infanzia nella cucina dell'Aquila Nera, della miseria, della tristezza che aveva accompagnato la sua vita e quella della sua famiglia, dell'energia, la volontà di sopravvivere della madre e della sua intransigenza. Tutto, anche di Rita aveva raccontato – con un certo imbarazzo – del suo mutismo, delle crisi notturne che ancora, anche se più sporadiche, continuavano a devastare la sua povera esistenza. La definì ritardata, in ogni caso inguaribile, senza pensare che in realtà non era mai stato consultato un medico. Rita era un caso a sé che lei avrebbe volentieri ignorato. Restò un motivo di disagio, un segreto. Già il pensiero di far conoscere la propria famiglia alla futura suocera non la faceva dormire la notte.

Ma Carlo stesso, come avrebbe reagito?

Carlo non era affatto tranquillo, come dava a intendere. Già da tempo aveva percepito il malessere di Enza, la sua suscettibilità ogni volta che si accennava alla sua famiglia, alle sue origini. Non solo. Non era stato difficile capire lo strano rapporto di dipendenza, di estrema sottomissione che la le-

schwinden auf. Sie verschwindet von der Szene, ohne sie auch nur betreten zu haben. Das Schicksal, unerbittlich und häufig ungerecht, entscheidet über das Leben aller. Niemand entkommt seinem Schicksal.

Es war klar, dass sie dabei auf Rita anspielte, auf die arme, in einer Truhe vergessene Marionette, dazu bestimmt, nicht mit all den anderen ihre Rolle zu spielen. Worte voller Bedeutung, Ergebnis langen Nachdenkens über das Leben und den Tod, die ihre endlosen Tage voller Schweigen und innerster Einsamkeit ausgefüllt hatten.

Vor der Heirat hatte Carlo die beiden Frauen kaum gekannt. Nicht, dass sich Enza ihrer geschämt hätte; es waren andere Gründe, komplexere. Ihm hatte sie von ihrer Kindheit in der Küche des 'Schwarzen Adler' erzählt, von der Not, von der Traurigkeit, die ihr Leben und das ihrer Familie begleitet hatten, von der Energie und dem Überlebenswillen der Mutter, von ihrer Unnachgiebigkeit. Alles hatte sie erzählt, auch über Rita – mit einer gewissen Verlegenheit –, vom Schweigen, von den nächtlichen Anfällen, die immer noch, wenn auch immer seltener, ihre ärmliche Existenz verwüsteten. Sie bezeichnete sie als zurückgeblieben, auf jeden Fall unheilbar, ohne daran zu denken, dass in Wirklichkeit nie ein Arzt zu Rate gezogen worden war. Rita war ein Fall für sich, den sie gerne ignoriert hätte; ein Anlass für Unbehagen, ein Geheimnis. Allein der Gedanke, der zukünftigen Schwiegermutter die eigene Familie vorzustellen, raubte ihr den Schlaf.

Doch Carlo selbst – wie würde er reagieren?

Carlo war keineswegs so ruhig, wie er vorgab. Schon seit einiger Zeit hatte er das Unbehagen Enzas wahrgenommen und ihre Gereiztheit, immer wenn ihre Familie, ihre Herkunft angesprochen wurde. Es war nicht schwer gewesen, das eigenartige Verhältnis der Abhängigkeit, der extremen

gava alla madre. E se la vecchia non lo avesse trovato di suo gradimento, come avrebbe reagito Enza? Entrò quindi in quella casa inquieto ma anche con una certa curiosità.

Gli sembrò di precipitare in un altro tempo, lontanissimo, misterioso, retto da leggi arcaiche che credeva dimenticate. Senza avvedersene fu sedotto, incantato da una magia antica come il mondo. Ebbe la strana sensazione di uscire fuori dal tempo presente, di essere scaraventato in altre dimensioni, con un salto in un tempo senza tempo, senza misura.

Come quando entrando in una caverna scavata nel profondo della roccia dopo un primo sbalordimento accompagnato da un vago senso di paura subentra una specie di quiete, di assuefazione. La paura lascia posto allo stupore e solo dopo, uscendone, si nota la singolarità dell'esperienza, l'incantesimo cui si è stati preda. È forse questo il segreto che attira nelle grotte gli speleologi: una sorta di magia. La realtà sospesa fra un passato ancora presente, addirittura visibile attraverso pitture e altre tracce di vite remote, e un futuro oscuro, sconfinato, senza alcun termine di misura temporale. „Due personaggi da tragedia greca", pensò, quando con un certo sollievo si ritrovò fuori, di nuovo nel ventesimo secolo, fra la sua gente.

Con Rita aveva parlato la madre; non fu chiaro se avesse capito il senso del suo discorsetto. Non sapevano come avrebbe reagito, dato che nella loro casa non era mai entrato un uomo, mai una persona estranea. Enza aveva sempre evitato ogni rapporto privato con chicchessia. Non invitava mai nessuno, una compagna di scuola, un'amica. C'erano delle reticenze che lei stessa avrebbe difficilmente saputo spiegare. Già da tempo aveva scoperto di non avere niente in comune con le due donne, e non soltanto somaticamente. Il suo esse-

Unterwürfigkeit, das sie an ihre Mutter band zu sehen. Wenn er der Alten nicht gefallen hätte, wie hätte Enza dann reagiert? Er betrat jene Wohnung also besorgt, doch auch mit einer gewissen Neugierde.

Es war ihm, als würde er in eine andere, weit entfernte, geheimnisvolle Zeit abstürzen, aufrecht erhalten von archaischen, längst vergessenen Gesetzen. Ohne es richtig wahrhaben zu wollen, wurde er von einer Magie, alt wie die Welt, verführt, verzaubert. Er hatte das seltsame Gefühl, die Gegenwart zu vergessen, mit einem Sprung in eine Zeit ohne Zeit, ohne Grenzen, in eine andere Dimension geschleudert zu werden.

Wie beim Eintreten in eine in die Tiefe des Felsens gegrabene Grotte, wo nach dem ersten Erstaunen und einem unbestimmten Gefühl der Angst eine Art der Ruhe, der Gewöhnung eintritt. Die Angst weicht dem Staunen und erst danach, beim Verlassen, bemerkt man die Einzigartigkeit der Erfahrung, die Verzauberung, deren Opfer man gewesen ist. Vielleicht ist das das Geheimnis, das die Höhlenforscher in die Grotten lockt: ihr Zauber. Die zwischen einer noch gegenwärtigen Vergangenheit, durch Malereien und anderen Spuren vergangenen Lebens sichtbare Wirklichkeit, und einer düsteren, grenzenlosen Zukunft ohne die Frist einer zeitlichen Begrenzung. „Zwei Figuren der griechischen Tragödie", dachte er, als er sich mit einer gewissen Erleichterung draußen wieder fand, zurück im zwanzigsten Jahrhundert, unter seinen Leuten.

Mit Rita hatte die Mutter gesprochen; es war nicht klar, ob sie den Sinn der kurzen Rede verstanden hatte. Sie wusste nicht, wie sie reagieren würde angesichts der Tatsache, dass noch nie ein Mann, eine fremde Person die Wohnung betreten hatte. Enza hatte immer jeden privaten Kontakt zu wem auch immer vermieden. Sie lud nie jemanden ein, keine Schulkameradin, keine Freundin. Es gab da Widerstände, die sie selbst sehr schwer hätte erklären können. Schon seit geraumer Zeit hatte sie entdeckt, dass sie mit den beiden

re diversa saltava agli occhi di tutti. Alle domande spesso solo curiose delle amiche, assai poche, e della gente che conosceva, domande che ferivano, non era mai riuscita a trovare una risposta soddisfacente, ma non aveva neanche saputo spiegare il perché di quel malessere. Era come se dietro quella diversità si nascondesse una minaccia, un pericolo.

Rita restò quasi tutto il tempo in cucina, a lavare e rilavare piatti già puliti. Assente, come d'abitudine.

Carlo, sopraffatto da quell'atmosfera opprimente parlò poco, con imbarazzo. Raccontò della casa dove presto avrebbe abitato insieme alla figlia, e invitò la futura suocera al matrimonio. Gli costò non poca fatica tenere un tono leggero, da conversazione da salotto. La vecchia, senza un sorriso, lo sguardo perso chissà dove, di colpo puntava su di lui due occhi scuri, penetranti come due punte che lo trapassavano da parte a parte. Per il resto sembrava non ascoltare o non capire una parola di quanto stava raccontando. Oppure, con la stessa imprevedibilità, volgeva lo sguardo altrove, e sprofondava di nuovo in un mondo magico, inaccessibile, mentre man mano l'aria di quella stanza si faceva sempre più irrespirabile. Non fece domande, non parlò, forse intimidita da quel signore („*nu gran signuri*", come si lasciò sfuggire più tardi accennando a lui) che chissà per quale motivo aveva deciso di sposare la figlia – anche qui il destino – ma nei pochi momenti in cui incontrò i suoi occhi ne mise l'anima a nudo, impietosamente: uno sguardo scrutatore, carico di diffidenza, gettato nel profondo del suo essere.

Anni dopo, riparlando con Enza di quel pomeriggio memorabile, ricordò il turbamento di quei momenti, la vaga sensazione di essere sul punto di smarrirsi, di perdere il centro di

Frauen nichts gemeinsam hatte, nicht nur nicht das äußere Erscheinungsbild. Ihr Anderssein fiel jedem auf. Auf die häufig nur neugierigen Fragen der wenigen Freundinnen und Bekannten – Fragen, die verletzten – hatte sie nie eine zufriedenstellende Antwort gefunden, aber sie hatte auch nie das Warum dieses Unbehagens zu erklären vermocht. Es war, als ob sich hinter dem Anderssein eine Bedrohung, eine Gefahr verbergen würde.

Rita blieb die ganze Zeit in der Küche, um bereits saubere Teller wieder und wieder abzuwaschen. Abwesend, wie üblich.

Überwältigt von der bedrückenden Atmosphäre sprach Carlo wenig, mit Verlegenheit. Er erzählte vom Haus, in welches er bald gemeinsam mit Enza einziehen würde und lud die zukünftige Schwiegermutter zur Hochzeit ein. Es kostete ihn nicht wenig Anstrengung, einen leichten Gesprächston beizubehalten. Die Alte, ohne ein Lächeln, mit verlorenem Blick, richtete plötzlich die schwarzen Augen auf ihn, durchdringend wie zwei Spitzen, die ihn durchbohrten. Im Übrigen schien sie nicht zuzuhören oder kein Wort von dem zu verstehen, was gesagt wurde. Oder sie richtete ihren Blick mit derselben Unvorhersehbarkeit anderswo hin und versank aufs Neue in eine verzauberte, unzugängliche Welt, während die Spannung im Zimmer nach und nach unerträglich wurde. Sie stellte keine Fragen, sprach nicht, vielleicht eingeschüchtert von jenem Herrn („ein großer Herr", wie sie später, auf ihn andeutend, sagte), der, wer weiß aus welchen Gründen beschlossen hatte, die Tochter zu heiraten – auch hier das Schicksal –, doch in den wenigen Augenblicken, in denen sich ihre Augen begegneten, entkleidete sie erbarmungslos seine Seele: ein prüfender Blick, voller Misstrauen, in die Tiefe seines Seins geworfen.

Jahre später, als er mit Enza über jenen denkwürdigen Nachmittag sprach, erinnerte er sich an die Beunruhigung, an das unbestimmte Gefühl, sich und den eigenen Mittelpunkt zu verlieren, in den Abgrund unbekannter Welten zu

se stesso, di precipitare in un abisso di mondi sconosciuti.

Dopo, quando se ne fu andato: «*Iju esti grandi pe' tia, e ti po' fari di patri, pe' tia chi non 'ndavisti patri*», disse. «*Esti n'omu bonu. Non ti faci mancari nenti.*[9]» Il tutto senza nessun sentimento. Una semplice constatazione.

Fu un consenso, o solo un commento? Non c'era gioia né disapprovazione. Niente. Aveva solo espresso i suoi pensieri ad alta voce. Enza, benché abituata alle sue reazioni, ne fu ferita. Una delle tante ferite.

Carlo tornò a vederla molti anni dopo, ma questa volta in veste di medico. Era malata, ma non voleva farsi curare.

„Che medicini e medicini! Su cosi d'u diavulu chi mi vonnu teniri ccà sta terra.[10]"

„Nuju si po' permettiri mu ferma a morti[11]."

„Non c'è mezzu mu si poti fermari. Ija sapi quandu è l'ura[12]."

„Eu 'u sacciu: 'a morti è ccà, è vicina. Mi chijama[13]."

„Mi staci chijamandu, 'a sentu... Dici u nomu meu. Mi canusci, ija mi canusci[14]."

Frasi che ripeteva, staccate, anche a distanza di giorni. Sempre le stesse. Un pensiero non certo inquietante, che occupava la sua mente; un dato di fatto naturale e niente di più.

La morte infatti l'aveva chiamata. Carlo disse subito alla

---

[9] Ti può essere padre e ti sarà padre, tu che non ne hai mai avuto uno. È un uomo buono. Ti tratterá bene.

[10] Che medicine e medicine! È roba del diavolo, per tenermi legata a questa terra.

[11] Nessuno si può permettere di fermare la morte.

[12] Non c'è medicina che possa arrestarla. È sempre lei a decidere quando deve venire.

[13] Io lo so: la morte è qui, in questa stanza e mi chiama.

[14] Mi sta chiamando, la sento. Mi chiama per nome. Lei mi conosce già.

stürzen.

Danach, als er gegangen war, sagte die Mutter: »Er kann dir Vater sein und er wird dir Vater sein, dir, die du nie einen hattest. Er ist ein guter Mann. Er wird es dir an nichts fehlen lassen.« Gefühllos. Eine einfache Feststellung.

War es eine Zustimmung oder nur eine Bemerkung? Da war weder Freude noch Ablehnung. Nichts. Sie hatte nur ihre Gedanken laut ausgesprochen. Obwohl an ihre Reaktionen gewöhnt, fühlte sich Enza verletzt. Eine der vielen Wunden.

Carlo suchte die Mutter Jahre später noch einmal auf, dieses Mal aber in seiner Eigenschaft als Arzt. Sie war krank, wollte sich aber nicht behandeln lassen.

„Medikamente und Arzneien! Das ist Teufelszeug, um mich an diese Welt zu ketten."

„Niemand darf sich anmaßen, den Tod aufzuhalten."

„Es gibt keine Arznei, die ihn aufhalten könnte. Es ist immer er, der entscheidet, wann er kommen soll."

„Ich weiß es: Der Tod ist hier, in diesem Zimmer und ruft mich."

„Er ruft mich, ich höre es. Er ruft mich beim Namen. Er kennt mich schon."

Sätze, die sie wiederholte, mit Pausen, im Abstand von Tagen. Immer dieselben. Ein Gedanke, der sie nicht beunruhigte, der sie aber beschäftigte – eine gegebene, natürliche Tatsache, nichts weiter.

Der Tod hatte sie in der Tat gerufen. Carlo sagte seiner Frau sofort, dass nichts mehr zu machen sei; die von ihrer Mutter seit wer weiß wann verdrängte Krankheit war bereits in ihrem Endstadium.

moglie che non c'era niente da fare: la malattia, ignorata da chissà quanto tempo dalla madre, era già nella fase finale.

Avrebbe potuto tirare forse qualche mese, poco più.

Enza correva ogni pomeriggio a Trento per trascorre qualche minuto silenzioso con la madre.

Non avevano niente da dirsi, come sempre, e Enza che avrebbe voluto salutarla con un bacio o una leggera stretta di mano, o soltanto sfiorarle una spalla, veniva fermata dagli occhi della donna, uno sguardo duro, deciso: non avrebbe mai permesso alla figlia di approfittare della sua debolezza.

Quando non poté più lasciare il letto, Enza trovò un'infermiera per assisterla di tutto punto.

Rita sembrava non accorgersi di niente. Continuava a sferruzzare, a lavare la casa, a tenere tutto in ordine. Ma la sera, quando restava sola con la madre, si sedeva accanto al suo letto e sospirava. Sospirava, non trovando le parole per esprimere i suoi pensieri. Allora la chiamava soltanto, a voce bassissima: „Ma. Ma". Ansiosa, quasi non la volesse disturbare. La madre la mandava a dormire, dicendo di starsene tranquilla. Ogni notte le ripeteva però la stessa frase, affinché se la stampasse bene in mente: „*Enza si pigghja cura di tia. Vidi ca ija non ti dassa mai*[15]."

Carlo veniva ora a vederla ogni volta che poteva. Col tempo si era un po' assuefatto all'atmosfera opprimente di quella casa. Quella donna però, restò per lui un enigma, il relitto di un mondo lontano, da lungo scomparso. Piccola, sempre più minuta, ma ancora carica di volontà, indomabile fino all'ultimo, conservava la fermezza di chi non vuole o non può arrendersi: era decisa a recitare la sua parte fino in fondo, uscendo dalla scena di propria volontà. E non dalla porta di

---

[15] Enza penserá a te. Enza non ti abbandonerá mai.

Er hätte das Ende vielleicht einige Monate hinauszögern können, kaum mehr.

Enza eilte jeden Nachmittag nach Trient, um einige schweigsame Minuten bei der Mutter zu verbringen.

Sie hatten sich nichts zu sagen, wie immer, und Enza, die sie gerne mit einem Kuss oder einem leichten Händedruck begrüßt hätte oder nur mit einer leichten Berührung der Schulter, wurde von den Augen der Frau, einem harten, bestimmenden Blick, abgehalten. Sie hätte es der Tochter nie erlaubt, ihre Schwäche auszunutzen.

Als sie ihr Bett nicht mehr verlassen konnte, suchte Enza eine Krankenschwester, die sie rundum betreute.

Rita schien von allem nichts zu bemerken. Sie fuhr fort zu stricken, die Wohnung zu putzen, alles in perfekter Ordnung zu halten. Doch am Abend, wenn sie mit der Mutter alleine war, setzte sie sich ans Bett und seufzte. Sie seufzte, weil sie nicht die Worte fand, ihre Gedanken auszudrücken. Dann rief sie nur mit leiser Stimme ihr: „Ma', Ma'". Ängstlich, beinahe als wolle sie sie nicht stören. Die Mutter schickte sie ins Bett, sagte, sie könne beruhigt sein. Jede Nacht aber wiederholte sie denselben Satz, damit er sich ihr gut ins Gedächtnis einpräge: „Enza wird sich um dich kümmern. Enza wird dich nie verlassen."

Carlo kam jetzt jedes Mal, wenn er konnte, um nach ihr zu sehen. Mit der Zeit hatte er sich an die bedrückende Atmosphäre der Wohnung gewöhnt; diese Frau aber blieb ihm ein Rätsel, ein Relikt einer fernen, seit langem verschwundenen Welt. Klein und immer magerer, aber immer noch voller Willenskraft, unbändig bis zuletzt, bewahrte sie sich die Standhaftigkeit derer, die sich nicht ergeben können oder wollen. Sie war entschlossen, ihre Rolle zu Ende zu spielen und die Bühne nach eigenem Willen zu verlassen, nicht durch den Dienstboteneingang. Der Tod musste noch

servizio. La morte doveva aspettare ancora un poco. Lei aveva un ultimo compito da svolgere e nemmeno la morte avrebbe potuto fermarla.

Una sera, ed era chiaro che la fine era ormai prossima, volle che Enza si sedesse sulla sponda del letto, accanto a lei. Voleva parlare e faceva già fatica. Ma aveva aspettato fino all'ultimo: non troppo presto né troppo tardi. Sentiva ora di non poter rimandare oltre. La morte era ormai impaziente, incombeva con la sua presenza in quella stanza ed era difficile ignorarla.

Cominciò con la solita raccomandazione: «*Non l'abbandunari, a Rita. N'a dassari mai: chista è l'urtima cosa chi 'nda mu fai.*[16]» Enza, come sempre, cercò di tranquillizzarla con promesse, con giuramenti sulla testa dei suoi bambini, come chiedeva lei. Questa volta però c'era dell'altro. Le fece cenno di accostare il suo orecchio alla sua bocca.

Le sussurrò una frase.

Lei non capì.

Sollevò il viso e la guardò interrogativamente, pensando si trattasse di delirio, di un improvviso colpo di pazzia. La madre, quasi avesse indovinato i suoi pensieri, la fissò con la durezza di sempre, e le fece cenno di avvicinarsi un'altra volta.

«*Eu sugnu a nanna tua. A mamma tua esti ija.*[17]»

Il viso asciutto, solcato da una ragnatela di rughe scavate dall'età e dalla malattia, sembrava pietrificato. Gli occhi fissi nel vuoto: due punte di spillo ancora in grado di ferire.

Non una lacrima.

---

[16] Non abbandonare Rita. Non la lasciare mai. È l'ultima cosa che devi fare.

[17] Io sono tua nonna. Lei é tua madre.

ein bisschen warten. Sie hatte noch eine letzte Aufgabe zu erledigen und nicht einmal er hätte sie daran hindern können.

Eines Abends – es war klar, dass das Ende kurz bevor stand – wollte sie, dass sich Enza auf die Bettkante setze, neben sie. Sie wollte reden und es bereitete ihr große Mühe. Doch sie hatte bis zuletzt gewartet: Nicht zu früh und nicht zu spät; sie spürte, dass sie es nicht weiter aufschieben durfte. Der Tod war nunmehr ungeduldig, drohte mit seiner Anwesenheit in diesem Zimmer, und es war schwer, ihn zu übersehen.

Sie begann mit der üblichen Ermahnung: »Verlasse Rita nicht. Lass' sie nie allein. Es ist das Einzige, was du noch tun musst.« Enza versuchte, sie wie immer mit Versprechungen, mit Schwüren auf die Gesundheit ihrer Kinder – so wie sie es forderte – zu beruhigen. Dieses Mal aber war da noch etwas anderes. Sie gab ihr ein Zeichen, ihr Ohr an ihren Mund zu legen.

Sie flüsterte einen Satz.

Enza verstand nicht.

Sie hob den Kopf und sah sie fragend an, in der Meinung, es handle sich um Gefasel, einen plötzlichen Anfall von Verwirrung. Fast so, als hätte sie ihre Gedanken erraten, sah die Mutter sie mit der üblichen Strenge an und bedeutete ihr, noch einmal näher zu kommen.

»Ich bin deine Großmutter. Rita ist deine Mutter.«

Das hagere Gesicht, zerfurcht von einem Netz von Falten, die das Alter und die Krankheit gegraben hatten, schien versteinert. Die Augen starr ins Leere gerichtet: zwei Nadelspitzen, noch fähig zu verletzen.

Keine Träne.

Una notte di violenza

Gridài tantu... nuju vinni. Tutti chjusi intra. Nuju s'affacciau. Astutaru i lumi e u focu, pe' nommu si vidi u fumu d'u caminu[18].

Fu il racconto di un trauma, di un incubo, covato in tutti quegli anni nella parte più scura della sua memoria, espresso ora per la prima volta con parole il più delle volte incomprensibili per Enza. Un dialetto stretto, nonostante più di quarant'anni trascorsi in Trentino. Per lei l'italiano restò sempre una lingua straniera.

Un filo di voce interrotto dal fiato che si rifiutava di fluire. Un sussurro dal suono duro, imperioso, nonostante la debolezza del corpo arrivato agli estremi, che rispecchiava una volontà indomabile: neanche la morte vicina riusciva a piegarla.

Un succedersi di pensieri emergenti da chissà quali profondità antiche, frasi brevi, primitive, ma di grande efficacia. La lingua, il calabrese, l'ultimo filo, che tenace la teneva ancora legata al suo luogo d'origine. Radici che affondavano in una terra, in un luogo assai lontano, mai più rivisto se non in qualche sogno, forse. Terra, paese, genti perdute nei meandri della sua memoria; non la lingua, rimasta intatta, connessa ai suoi pensieri. Indissolubilmente.

Enza l'aveva sempre capita benché lei stessa avesse avu-

---

[18]Ho gridato tanto. Nessuno è venuto, / Tutti chiusi in casa. Nessuno si affacciò. / Hanno spento i lumi e anche il fuoco perché non si vedesse il fumo dei camini.

Eine Nacht der Gewalt

Ich habe bange gerufen ..., niemand ist gekommen,alle in ihren Häusern verkrochen. Keiner schaute heraus. Sie haben die Lichter und auch die Feuer ausgemacht, damit man nicht den Rauch der Kamine sehen konnte.

Es war die Erzählung eines Traumas, eines Albtraums, all die Jahre im finstersten Teil ihrer Erinnerung ausgebrütet und jetzt zum ersten Mal für Enza in meist unverständliche Worte gekleidet. Ein strenger Dialekt, trotz der über vierzig im Trentino verbrachten Jahre. Für sie blieb Italienisch immer eine Fremdsprache.

Ein Hauch von Stimme, vom schweren Atem unterbrochen, der sich weigerte zu fließen. Ein Flüstern mit hartem Klang, herrisch, trotz der Schwäche des an seine Grenzen gelangten Körpers, das einen unzähmbaren Willen widerspiegelte. Nicht einmal der nahe Tod konnte sie beugen.

Ein Aufeinanderfolgen von Gedanken, die aus, wer weiß welch uralten Tiefen, auftauchten; kurze Sätze, primitiv, doch mit großer Wirkung. Die Sprache, Kalabresisch, das letzte Band, das sie noch hartnäckig an den Ort ihrer Herkunft fesselte. Wurzeln, die in einem Land, in einem weit entfernten Ort steckten, den sie nie mehr gesehen hatte, außer im Traum vielleicht. Land, Dorf, Menschen, verloren in den Mäandern ihrer Erinnerung; nicht aber die Sprache, sie war intakt geblieben, mit ihren Gedanken verbunden. Unauflöslich.

Enza hatte sie immer verstanden, auch wenn sie selber große Schwierigkeiten gehabt hätte, einige Sätze in diesem

to non poche difficoltà a formulare qualche frase in quel dialetto, ma questa volta ebbe l'impressione che la madre usasse parole a lei sconosciute, parole mai dette, in una lingua appartenente a un popolo sparito da secoli.

Ma forse non la voleva capire. Nel suo cervello era scattato un meccanismo che bloccava le sue facoltà di intendere: in realtà si rifiutava di ascoltare. Non voleva assolutamente. Sentiva forte l'impulso di scappare, di liberarsi dalla stretta di quella mano. Una mano, una stretta che conosceva molto bene.

E la ripugnanza per quel fiato fetido già corrotto dalla morte, che le sfiorava l'orecchio quasi volesse impregnarlo, possederlo; e la voce rauca, cavernosa. No. Avrebbe voluto turarsi le orecchie con le mani e fuggire, solo fuggire. Ma la madre serrava il suo polso senza possibilità di scampo, quasi ne percepisse la repulsione, la resistenza. La piccola mano conservava ancora la forza di prima, o era solo un riflesso, come l'artiglio di un uccello rapace quando afferra la preda. In quella morsa esprimeva la disperazione di tutti quegli anni di silenzio e il desiderio di dar libero sfogo ai sentimenti che aveva represso con volontà determinata. A costo di venirne sopraffatta e distrutta: ora doveva parlare, almeno prima di morire.

«*Tu, senti a mia: tu mi 'ndai a sentiri.*[19]»

Sapeva che la madre insieme a Rita e al padre erano emigrati alla fine degli anni Trenta da uno sperduto paesino arrampicato sui monti della Sila, del quale la madre taceva sempre il nome, quasi lo avesse dimenticato, sepolto nella sua memoria, insieme al tempo in cui vi era vissuta. Diceva solo „*'u paisi*[20]" e lei sapeva sempre a quale paese si riferiva.

E ricominciò il vecchio racconto che Enza aveva sentito

---

[19] Tu, proprio tu, devi ascoltare.

[20] Il paese

Dialekt zu formulieren; dieses Mal jedoch hatte sie den Eindruck, die Mutter benutze ihr unbekannte Worte, nie gesprochene Worte, in einer Sprache eines seit Jahrhunderten verschwundenen Volkes.

Vielleicht aber wollte sie nicht verstehen. In ihrem Gehirn war ein Mechanismus ausgelöst worden, der ihre Fähigkeit zu verstehen blockierte; in Wahrheit weigerte sie sich zu hören. Sie wollte absolut nicht. Jäh spürte sie den Impuls davonzulaufen, sich von jenem Griff zu befreien. Eine Hand, ein Griff, den sie sehr gut kannte.

Und der Ekel vor dem stinkenden, vom Tod zerfressenen Atem, der ihr Ohr streifte, als wolle er es durchdringen, besitzen; und die raue, hohle Stimme. Nein. Sie hätte ihre Ohren mit den Händen verschließen und fliehen wollen, nur fliehen. Doch die Mutter ließ ihr keinen Ausweg, fasste sie enger am Handgelenk, als ob sie die Abstoßung, den Widerstand fühlen könnte. Die kleine Hand war kraftvoll, wie früher. Aber vielleicht war es nur ein Reflex, wie der eines Raubvogels, wenn er mit den Krallen die Beute packt. In diesem Griff lagen die Verzweiflung all jener Jahre des Schweigens und das Bedürfnis, den Gefühlen freien Lauf zu lassen, die sie seit jeher mit entschlossenem Willen unterdrückt hatte. Auch auf die Gefahr hin überwältigt und zerstört zu werden: jetzt musste sie sprechen, zumindest jetzt, bevor sie starb.

»Du, gerade du musst mir zuhören.«

Sie wusste, dass ihre Mutter gemeinsam mit Rita und dem Vater Ende der dreißiger Jahre aus einem entlegenen Dörfchen im Sila Gebirge ausgewandert war, dessen Namen die Mutter immer verschwiegen hatte, beinahe so, als hätte sie ihn vergessen, in ihrer Erinnerung begraben mitsamt der Zeit, in der sie dort gelebt hatte. Sie sagte nur „'u paisi" – das Dorf, und Enza wusste immer, welches Dorf gemeint war.

Sie erzählte wieder die alte Geschichte, oft schon im Laufe ihres Lebens gehört, wie ein missliches Schicksal gewollt

varie volte nel corso della sua vita, come la malasorte aveva voluto che il padre decidesse di cercare fortuna altrove, nell'Italia del Nord, lontano dalla loro terra, dal luogo dove erano nati, dove tutti li conoscevano. Loro non avevano niente, solo una capretta, che lasciarono alla madre e un tetto sopra la testa. Due mani per lavorare c'erano, ma era il lavoro a mancare. E la fame sempre lì, in agguato. Andavano a letto sempre mezzo digiuni, si nutrivano solo di erbe che lei andava a cercare in campagna.

Il podestà sapeva di quella miseria, non erano i soli in paese, e ogni volta che incontrava uno di loro li circuiva con mille promesse: un pezzo di terra da lavorare, una casa, delle mucche... cosa volevano di più? Continuare a fare la fame al paese, senza futuro, quando tutto quel bendiddio aspettava solo il nuovo proprietario? Ebbero perfino un foglio da presentare a un altro podestà, lontano, molto lontano, vicino alle Alpi. Lì c'era lavoro, terra, benessere! Lei non voleva partire, il cuore le diceva di no. Meglio restare e morire di fame al paese piuttosto che buttarsi così, alla ventura. Ma il capo famiglia si lasciò convincere; tanti altri erano emigrati molto più lontano, oltre oceano e loro non avevano neanche bisogno di attraversare lo stretto di Messina. Un viaggio solo di terra e in Italia!

Fu un viaggio interminabile, in un treno affollato all'inizio da gente come loro e poi, man mano che salivano lungo la penisola, da italiani. Non ricordava più quante volte fossero scesi e saliti in vari treni, e l'attesa in stazioni sconosciute, in sale d'aspetto sovraffollate, di giorno e di notte, sballottati da ogni parte, e lo smarrimento di non sapere dove si trovavano: nomi di città che non significavano niente per loro, nomi che indicavano solo un luogo nel vasto mondo, abitato da tanta gente senza viso, senza i connotati a loro familiari, dove si parlava una lingua forestiera.

hatte, dass ihr Vater beschloss das Glück anderswo, in Norditalien zu suchen, fern der Heimat, dem Ort, an dem sie geboren waren und wo sie alle kannten. Sie besaßen nichts, nur eine Ziege, die sie ihrer Mutter überließen, und ein Dach über dem Kopf. Zwei Hände zum Arbeiten waren zwar da, doch es war die Arbeit, die fehlte. Und dann der Hunger, immer auf der Lauer. Sie gingen immer mit halb leerem Magen zu Bett, ernährten sich nur von Kräutern, die sie auf den Feldern sammelten.

Der *Podestà*, der faschistische Bürgermeister, wusste von dieser Not – sie waren nicht die einzigen im Dorf – und jedes Mal, wenn er einem von ihnen begegnete, umgarnte er ihn mit tausend Versprechungen: ein Stück Land zu bebauen, ein Haus, Kühe ..., was wollten sie mehr? Weiter im Dorf Hunger leiden, ohne Zukunft, wenn all diese Gottesgaben nur auf einen neuen Besitzer warteten? Sie bekamen sogar einen Zettel, den sie einem anderen *Podestà*, weit weg, sehr weit weg, in der Nähe der Alpen, vorzulegen hätten. Dort gäbe es Arbeit, Land, Wohlstand! Sie wollte nicht fort; ihr Herz sagte: Nein. Besser bleiben und im Dorf verhungern als sich in ein Abenteuer stürzen, einfach so. Doch der Vater ließ sich überzeugen. Viele waren noch viel weiter weg gezogen, über den Ozean, und sie hätten nicht einmal die Meeresenge bei Messina überqueren müssen. Eine Reise nur zu Land und in Italien!

Es war eine unendliche Reise, in einem zuerst von Menschen wie sie überfüllten Zug, und dann von 'Italienern', als sie nach und nach weiter nach Norden kamen. Sie erinnerte sich nicht mehr, wie oft sie in verschiedene Züge ein- und ausgestiegen waren, an das Warten in unbekannten Bahnhöfen, in überfüllten Wartesälen, bei Tag und bei Nacht, hin- und hergeschoben, und an die Verwirrung, nicht zu wissen, wo sie waren: Städtenamen, die für sie nichts bedeuteten; Namen, die nur einen Ort in der weiten Welt bezeichneten, wo man eine fremde Sprache sprach; wo viele gesichtslose Menschen wohnten, ihnen völlig unbekannt.

L'arrivo infine in una grande città, Bolzano, dove passarono la notte in un posto di raccolta; il giorno dopo l'angosciosa ricerca degli uffici addetti all'emigrazione e sempre la difficoltà di farsi capire – il loro dialetto metteva tutti in difficoltà. Fu necessario cercare un calabrese, una specie di interprete fra italiani del sud e italiani del nord. Infine, come non bastasse, ancora un viaggio, questa volta in corriera, fra un traforo e l'altro, più di venti, lungo una strada scavata nella roccia, a strapiombo su un torrente ribollente di acque tempestose. E le cento curve. La bambina, Rita, sconvolta, anzi terrorizzata, aveva dovuto vomitare proprio sui sedili della corriera, sotto lo sguardo carico di riprovazione degli altri passeggeri.

La madre si guardava intorno inquieta: le sembrava di andare in capo al mondo, o meglio in terra di nessuno. Rio Bianco, l'ultimo villaggio, quattro case prima del passo di Pennes, poco prima della frontiera con l'Austria. Nessuno aveva detto che lì si parlava un'altra lingua, molto più straniera di quella degli italiani del nord, e che per andare al paese vicino dove c'era il Comune, la chiesa e tutto il resto, bisognava andare ore e ore a piedi.

Tutto era diverso, lì: le montagne altissime, la roccia cruda e nuda, il colore del cielo, a volte così scuro da lasciare presentire il buio dell'inferno, o azzurro e irraggiungibile come l'innocenza delle anime pure. Ma l'aria era sempre pungente, in qualsiasi stagione dell'anno. Il freddo era infatti più intenso e durava più a lungo che da loro. E la gente, i vestiti che portavano, quello che mangiavano. Il pane era nero e non aveva il gusto del loro pane; e anche se lo faceva lei stessa trovava una farina diversa, mescolata con segala, con crusca e chissà con che altro.

Tutti li guardavano con sospetto, e pur essendo poveri anche loro, li trattavano dall'alto in basso, peggio delle be-

Endlich die Ankunft in einer großen Stadt, Bozen, wo sie die Nacht in einem Sammellager verbrachten. Am Tag danach die mühselige Suche nach den für die Auswanderer zuständigen Büros, und immer die Schwierigkeiten sich zu verständigen – ihr Dialekt stellte für alle ein Problem dar. Es war notwendig einen Kalabresen zu suchen, eine Art Dolmetscher zwischen Süd- und Norditalienern. Und schließlich, als hätte die erste nicht schon genügt, eine weitere Reise, dieses Mal im Autobus, von einem Tunnel zum anderen, mehr als zwanzig an der Zahl, entlang einer in den Felsen gehauenen Straße, über dem Abgrund eines wild schäumenden Flusses. Und hunderte von Kurven. Das Kind, Rita, verwirrt und verängstigt, erbrach sich unter den missbilligenden Blicken der anderen Fahrgäste.

Die Mutter blickte sich beunruhigt um: ihr schien, als würde sie ans Ende der Welt fahren, ins Niemandsland. Weißenbach, der letzte Weiler, vier Hütten unterhalb des Penser Jochs, kurz vor der Grenze zu Österreich. Niemand hatte ihnen gesagt, dass dort eine andere Sprache gesprochen wurde, viel fremder noch als jene der Norditaliener, und dass man, um ins Dorf zu kommen, wo das Rathaus, die Kirche und alles andere war, Stunden über Stunden zu Fuß gehen musste.

Alles war anders dort: die sehr hohen Berge, der nackte und rohe Fels, die Farbe des Himmels, manchmal so finster, dass man die Finsternis der Hölle erahnen konnte, oder blau und unerreichbar wie die Unschuld reiner Seelen. Die Luft aber war immer scharf, prickelnd, zu jeder Jahreszeit. Die - Kälte war intensiver und dauerte länger als bei ihnen zu Hause. Und die Menschen, die Kleider, die sie trugen, was sie aßen ... Das Brot war schwarz und hatte nicht den Geschmack ihres Brotes; auch wenn sie es selber buk, bekam sie anderes Mehl, mit Roggenmehl, mit Kleie und wer weiß, mit was noch, vermischt.

Alle schauten sie misstrauisch an. Obwohl sie selbst auch arm waren, behandelten sie sie herablassend, schlimmer als

stie. Fin dal primo momento sentirono il disprezzo e l'ostilità di quella gente. No, mancava la solidarietà della miseria, della sofferenza. Quella solidarietà che conoscevano nel loro paese. C'era odio, in quegli occhi, e rabbia a stento repressa.

Non capirono mai perché.

Non furono mai accettati. E qualche anno dopo, nell'autunno del '43, quando i tedeschi da amici degli italiani di colpo diventarono nemici, senza che nessuno ne avesse capito il motivo, e occuparono tutta la zona facendo da padroni, con grande compiacimento di tutta la popolazione tirolese che invece si identificava con loro, per quei quattro italiani del luogo la situazione peggiorò notevolmente. Anzi ci mancò poco che non li rimandassero in Calabria, o in un campo di concentramento, o in un cosiddetto campo di lavoro. Chissà cosa li trattenne da quell'ultimo passo. C'era soltanto qualche carabiniere che parlava quasi come loro, ma non per questo meno arrogante: un fascista passato dalla parte del più forte. E loro sempre ad abbassare la testa, a subire umiliazioni e soprusi. Da tutte le parti.

Subito, appena arrivati, si erano chiesti se erano ancora in Italia, se non avevano passato il confine, se si trovavano all'estero, senza saperlo: si vedeva solo il tricolore e la fotografia del re e quella del Duce nei locali del Comune. Unico segno di italianità in quel paese di stranieri.

Questi racconti li aveva sentiti, a pezzi, qua e là nel corso della sua vita. La madre ogni tanto si ricordava di qualche cosa, di qualche episodio e glielo raccontava, come una fiaba. Una brutta fiaba. Una cattiva fiaba senza lieto fine.

Ma ora, perché di nuovo quei racconti?

Tiere. Vom ersten Augenblick an spürten sie die Verachtung und die Feindseligkeit jener Menschen. Nein, es fehlte die Solidarität der Not, des Leids: jene Solidarität, die sie aus ihrem Dorf kannten. In diesen Augen war Hass und mit Mühe unterdrückter Zorn.

Das Warum verstanden sie nie.

Nie wurden sie akzeptiert. Einige Jahre später, im Herbst 1943, als die Deutschen plötzlich von Freunden der Italiener zu Feinden wurden – ohne dass jemand den Grund verstanden hätte –, die ganze Gegend besetzten und sich als Herren aufspielten, sehr zum Gefallen der Tiroler Bevölkerung, die sich mit ihnen identifizierte, verschlechterte sich die Lage für die paar Italiener im Dorf beträchtlich. Es fehlte nicht viel, dass sie sie nach Kalabrien zurückgeschickt hätten, oder in ein Konzentrationslager oder in ein sogenanntes Arbeitslager. Wer weiß, was sie von diesem letzten Schritt abgehalten hatte. Es gab nur den einen oder anderen Carabiniere, der wie sie sprach, deshalb aber nicht weniger arrogant war: Faschisten, die auf die Seite des Stärkeren gewechselt waren. Und sie, immer gezwungen den Nacken zu beugen, Erniedrigungen und Übergriffe hinzunehmen. Von allen Seiten.

Gerade angekommen, hatten sie sich gleich gefragt, ob sie sich überhaupt noch in Italien befanden oder ob sie etwa die Grenze überschritten hätten und sich vielleicht im Ausland befänden, ohne es zu wissen. Man sah zwar die Trikolore, die italienische Fahne, und die Fotografie des Königs und jene des Duce in den Räumen des Rathauses, doch waren das die einzigen Zeichen von italienischer Identität in diesem Dorf von Fremden.

Diese Geschichte hatte sie schon in Bruchstücken im Laufe ihres Lebens gehört. Die Mutter erinnerte sich manchmal an etwas, an irgendeine Episode und erzählte sie ihr wie ein Märchen. Ein böses Märchen ohne glückliches Ende.

Jetzt aber ...? Warum erneut diese Geschichte?

In quel momento particolare vi sentì una minaccia: la brutta fine di quella fiaba doveva avere a che fare con lei. Un'inquietudine, un'ansia nuova la mise in allarme.

Sapeva di essere nata a Rio Bianco e di esserci rimasta fino all'età di tre anni circa. Di questo periodo della sua infanzia non era rimasto nulla, neanche la più piccola impressione. Tutto era cancellato: i suoi primi ricordi si collegavano solo al grande tavolo della cucina della trattoria dove la madre aveva trovato lavoro quasi subito dopo il loro arrivo a Trento, e un treno, un vecchio treno stracarico di gente. Ma non sapeva se lo aveva sognato o se ne avesse solo sentito parlare dalla madre. Come tanti altri episodi della sua infanzia. Tutto al confine fra il sogno e la realtà.

Il padre non lo ricordava, non lo aveva mai conosciuto.

Ora venne a sapere che era stato ammazzato, a bruciapelo, da loro.

«Chi loro?» chiese angosciosamente.

«Eranu tri. Arti, di carnagioni chjara. Parlavanu in tedescu. Tri sordati[21]*.»*

Il racconto proseguì affannoso. Ogni frase dipanava un suo percorso già precostituito: un susseguirsi di nodi che ora si scioglievano mettendo alla luce sassi acuminati, taglienti come lame che colpivano a sangue il cuore, le viscere di Enza.

Le mucche avevano muggito inquiete. C'era qualcosa per l'aria, quella notte. Il marito si alzò e andò in stalla.

In cucina c'era una porta che comunicava con la stalla.

Subito l'altra porta, quella che dava sul cortile, fu spalancata da un calcio furioso.

---

[21]Erano tre. Alti, di carnagione chiara. Parlavano tedesco. Tre soldati.

In diesem Augenblick spürte sie eine Bedrohung: das schlimme Ende jenes Märchens musste mit ihr zu tun haben. Eine Unruhe, eine neue Bangigkeit versetzten sie in Alarmbereitschaft.

Sie wusste, dass sie in Weißenbach auf die Welt gekommen und bis zu ihrem dritten Lebensjahr dort gewesen war. Aus diesem Abschnitt ihrer Kindheit war nichts geblieben, nicht einmal der leiseste Eindruck. Alles ausgelöscht. Ihre ersten Erinnerungen verbanden sich nur mit einem Zug, einem alten, mit Menschen überfüllten Zug und mit dem großen Küchentisch des Gasthauses, in dem ihre Mutter sofort Arbeit gefunden hatte, nachdem sie nach Trient gekommen waren. Sie wusste aber nicht, ob sie das geträumt oder ob sie nur ihre Mutter davon, wie von anderen Episoden ihrer Kindheit erzählen gehört hatte. Alles nur an der Grenze zwischen Traum und Wirklichkeit.

An den Vater erinnerte sie sich nicht; sie hatte ihn nie kennen gelernt.

Jetzt erfuhr sie, dass er umgebracht worden war, von denen.

»Von denen …?«, fragte sie ängstlich.

»Sie waren zu dritt. Groß, mit heller Hautfarbe. Sie sprachen deutsch. Drei Soldaten.«

Sie fuhr mühsam mit der Geschichte fort. Jeder Satz spulte sich in einer vorherbestimmten Reihenfolge ab: eine Aufeinanderfolge von Knoten, die sich nun lösten und uralte Steine freilegten, die verletzend und scharf wie Klingen in Enzas Herz und Eingeweide drangen.

Die Kühe hatten unruhig gebrüllt. Es lag etwas in der Luft in jener Nacht. Ihr Mann war aufgestanden und in den Stall gegangen.

In der Küche gab es eine Tür, die in den Stall führte.

In dem Moment wurde die andere Tür, jene die auf den Hof führte, mit einem energischen Fußtritt aufgestoßen.

E loro entrarono e con loro entrò la morte.

Volevano da mangiare, da vestire. Volevano scappare oltre il confine. Parlavano a gesti, brutalmente, perché si accorsero che lei non capiva. Gridavano ordini: ricordava ancora solo due parole che ripetevano continuamente e che aveva già sentito altre volte „*scvani 'taliani, scvani 'taliani.*[22]" Cominciò a raccogliere quel poco che avevano. Loro videro le bottiglie. Era grappa. L'avevano distillata per venderla al paese. Ognuno di loro prese una bottiglia e cominciarono a bere, a bere, a bere. Non la finivano più di bere, quasi si fosse trattato di acqua fresca.

Intanto il marito era rientrato dalla stalla.

Non lo avesse mai fatto.

Lo aggredirono.

Volevano i suoi vestiti, le sue scarpe e si arrabbiarono perché lui, poveraccio, era piccolo e magro e loro non entravano nella sua roba.

Poi uno di loro vide Rita, che fino ad allora si era tenuta nascosta dietro la madre, e prese a sghignazzare.

Rita aveva solo quindici anni ma ne dimostrava qualcuno di meno.

La scena che descrisse, sempre più rotta da singhiozzi secchi che cercava di trattenere, fu per Enza un incubo: capiva e non capiva.

La madre rantolava.

Ora si costringeva a formulare le parole che da più di quarant'anni la lingua si era rifiutata di pronunciare.

Parole dimenticate, seppellite dietro un muro di silenzio.

A volte muoveva solo le labbra, già aride e sottili, senza che ne venisse fuori un suono: ancora il vecchio rifiuto, l'ultima difesa che faticosamente crollava per sua volontà.

---

[22]Schweine Italiener = porci italiani.

Sie kamen herein und mit ihnen der Tod.

Sie wollten etwas zum Essen und zum Anziehen. Sie wollten über die Grenze fliehen. Sie sprachen mit Gesten, barsch, da sie merkten, dass man sie nicht verstand. Sie brüllten Befehle; sie erinnerte sich nur an zwei Worte, die sie dauernd wiederholten: „Italiani, Schweine!" Sie begann das Wenige, das sie hatten zusammenzuraffen. Die Soldaten sahen die Flaschen. Es war Schnaps. Sie hatten ihn gebrannt, um ihn im Dorf zu verkaufen. Jeder von ihnen nahm eine Flasche und sie begannen zu trinken, zu trinken, zu trinken. Sie hörten nicht mehr auf zu trinken, fast so, als handelte es sich um frisches Wasser.

Inzwischen war ihr Mann aus dem Stall zurückgekommen.

Hätte er es bloß nie getan.

Sie ergriffen ihn.

Sie wollten seine Kleider, seine Schuhe, und wurden zornig, weil er, der Arme, klein und mager war und sie nicht in seine Sachen passten.

Dann sah einer von ihnen Rita, die sich bis dahin hinter der Mutter versteckt gehalten hatte, und begann zu grinsen.

Rita war erst fünfzehn, doch sie sah jünger aus.

Die Szene, die sie beschrieb, immer wieder von trockenem Schluchzen unterbrochen, das sie zu unterdrücken versuchte, war für Enza ein Albtraum. Sie verstand und verstand nicht.

Die Mutter röchelte.

Sie zwang sich jetzt jene Worte zu formulieren, die ihre Zunge sich seit vierzig Jahren geweigert hatte auszusprechen.

Vergessene Worte, begraben hinter einer Mauer des Schweigens.

Manchmal bewegte sie nur die schon ausgetrockneten, schmalen Lippen, ohne dass sie einen Ton hervorgebracht hätte. Schon wieder die alte Weigerung, die letzte Verteidigung, die mühsam unter ihrem Willen einstürzte.

«L'ammazzaru a na botta, cu nu corpu sulu d'arma, chiji assassini. Si 'ndavia misu ammenzu, mu la difendi, a la criatura sua.[23]»

Lei terrorizzata era scappata fuori, in cerca di aiuto.

Ma forse era stata solo la paura a spingerla, la paura che quegli uomini volessero buttarsi anche su di lei.

Una reazione improvvisa, incontrollata.

Per caso si trovava accanto alla porta. Era stato il destino a farla correre da quella parte. Fosse stata in mezzo alla cucina non avrebbe potuto fuggire.

Quante volte aveva cercato di giustificarsi.

Ma in quel caso, il destino aveva deciso per lei!

E lo ripeteva ancora, quasi a scolparsi per l'ultima volta: «*Era destinu.*[24]»

Si nascose nel fienile accanto alla casa. Si avvolse nella paglia, tremante, fuori di sé. Non riusciva a gridare. Aveva lasciato la sua bambina in mano a quei bruti, senza difesa, seguendo un impulso irrazionale, come un animale che fugge davanti al fuoco che divampa furioso, senza pensare ai suoi piccoli, deciso solo a salvare la propria vita.

Da allora, quel rimorso, quell'accusa che leggeva negli occhi della sua bambina ammutolita.

Meglio morire, come il marito, o essere violentata, piuttosto che sopportare quel rimorso. Ancora adesso nel raccontare, nell'ammettere quello che considerava il grande peccato della sua vita, malediceva il giorno della propria nascita.

«Era megghju nommu nescìa.[25]»

Niente avrebbe potuto redimerla da quel peccato.

---

[23]Lo hanno ammazzato con un colpo solo, quegli assassini. Si era messo in mezzo per proteggere la sua creatura.

[24]Era destino.

[25]Era meglio non fossi mai nata.

»Sie haben ihn mit einem einzigen Hieb umgebracht, diese Mörder. Er hatte sich dazwischen gestellt, um seine Kreatur zu verteidigen.«

Sie war erschrocken hinausgelaufen, auf der Suche nach Hilfe.

Aber vielleicht ist es nur die Angst gewesen, die sie gedrängt hatte, die Angst, dass sich diese Männer auch auf sie stürzen könnten.

Eine plötzliche, unkontrollierte Reaktion.

Zufällig stand sie neben der Tür. Es war das Schicksal, das sie dorthin gehen ließ. Hätte sie in der Mitte der Küche gestanden, sie hätte nicht fliehen können.

Wie oft hatte sie versucht, sich zu rechtfertigen.

Doch in diesem Fall entschied das Schicksal für sie!

Und sie wiederholte es noch einmal, beinahe um sich zu entlasten: »Es war Schicksal.«

Sie versteckte sich im Stadel neben dem Haus. Sie vergrub sich im Heu, zitternd, außer sich. Sie vermochte nicht zu schreien. Sie hatte ihr Kind in den Händen dieser Bestien zurückgelassen, ohne Schutz, einem irrationalen Impuls folgend, gleich einem Tier, das vor einem rasenden Feuer flieht, ohne an seine Kleinen zu denken, entschlossen das eigene Leben zu retten.

Immer diese Gewissensbisse, seit damals, diese Anklage, die sie in den Augen ihres verstummten Kindes las.

Besser sterben, wie ihr Mann, oder vergewaltigt werden, als diese Gewissensbisse zu ertragen. Jetzt noch, beim Erzählen, beim Gestehen dessen, was sie als die größte Sünde ihres Lebens empfand, verwünschte sie den Tag der eigenen Geburt.

»Wäre ich bloß nicht geboren.«

Neanche il perdono di Dio avrebbe potuto conciliarla con se stessa.

Chissà quanto tempo rimase nascosta.

Poi li sentì: uscivano schiamazzando, ridendo, del tutto ubriachi. Attese qualche tempo, temendo che intendessero tornare ancora una volta. Si liberò allora della paglia e rasentando i muri si avvicinò alla sua casa: silenzio, solo un pianto sommesso.

«Mi l'allordaru tutta, sta criatura mia. Tutta lorda di sangu e di porcarìa. Rovinata pe' sempri. Era megghju mu l'ammazzavanu, a chiju momentu. E mu 'ndammazzàvanu a tutti tri, a nu corpu.[26]»

Allora finalmente riuscì a gridare, a chiedere aiuto finché ebbe fiato.

«Mi lamentai tutta 'a notti. Ma nessunu si muvìu mu 'ndi porta aiutu. Porti e finestri sbarrati. Stanzi 'o scuru. Parìa ca non c'è nuju. Sulu silenziu, mancu 'na vuci, mancu nu suspiru si sentìa.[27]»

La notte ancora fredda, era chiara. La luna piena, candida, illuminava il cortile fin negli angoli più remoti; un velo di luce gelido sfiorava quella terra immonda scoprendone l'intima miseria. Vide le montagne intorno a sé, nitide in quella luce lattiginosa, lontane e quanto mai indifferenti.

Come gli abitanti di quella terra.

I suoi lamenti si persero nel silenzio della notte.

Infine prese un secchio d'acqua e rientrò.

La guerra era finita da qualche settimana, così aveva raccontato il marito tornando dal paese. Lo aveva sentito dire.

---

[26]Me l'hanno imbrattata tutta, la mia creatura. Era viscida di sangue e di altra robaccia. L'hanno rovinata per sempre. L'avessero ammazzata subito. Ci avessero ammazzati tutti e tre, sul colpo.

[27]Ho gridato tutta la notte. Nessuno venne ad aiutarci. Porte e finestre sbarrate. Le case buie, come disabitate. Solo silenzio, non una voce, non un sospiro si sentiva.

Nichts hätte sie von jener Sünde freisprechen können.

Nicht einmal die Vergebung Gottes hätte sie mit sich selbst versöhnen können.

Wer weiß, wie lange sie in ihrem Versteck blieb.

Dann hörte sie sie: sie kamen lärmend heraus, lachend, total besoffen. Sie wartete eine Weile, in der Angst, sie könnten noch einmal zurückkehren. Sie befreite sich dann vom Heu und an den Mauern entlang schleichend näherte sie sich dem Haus: Stille, nur ein leises Wimmern.

»Sie haben mir meine Kreatur ganz beschmutzt. Sie war mit Blut und anderem Sauereien verschmiert. Sie haben sie für immer zerstört. Hätten sie sie doch sofort umgebracht; hätten sie uns doch alle drei umgebracht, auf der Stelle.«

Dann endlich konnte sie schreien, um Hilfe rufen solange der Atem reichte.

»Ich habe die ganze Nacht geschrien. Niemand kam, uns zu helfen. Türen und Fenster verriegelt, die Häuser finster, wie unbewohnt. Und die Stille, nicht eine Stimme, nicht ein Atemzug.«

Die Nacht war kalt und klar. Der Vollmond erhellte den Hof bis in die entlegensten Winkel; ein eiskalter Lichtschleier streifte die schmutzige Erde, die innerste Not bloßlegend. Sie sah die Berge um sich, klar im milchigen Licht, weit weg und gleichgültiger denn je.

Wie die Bewohner dieses Landes.

Ihr Jammern verlor sich in der Stille der Nacht.

Schließlich nahm sie einen Kübel Wasser und ging wieder ins Haus.

Der Krieg war seit einigen Wochen vorbei, so hatte ihr Mann, aus dem Dorf zurück, erzählt. Er hatte es sagen gehört.

Era contento, adesso sarebbero venuti tempi migliori, chissà, magari avrebbero potuto tornare in Calabria. Trovare lavoro lì.

Lo avvolse in una coperta. Nessuno l'aveva aiutata.

Il giorno dopo nessuno si mostrò; le poche case intorno, vuote, senza vita. Non un'anima in giro: sembrava si fossero tutti dileguati durante quella notte di terrore.

In seguito, uno dopo l'altro, i vicini, le vicine spinti dalle loro piccole necessità, sgusciarono fuori dalle loro case, dalle stalle, guardinghi, occhi bassi, evitando di guardarla, di avvicinarsi. Neanche avesse avuto la lebbra.

Furono anni di estrema miseria e di grande solitudine.

Rita smise di parlare. Aveva scelto un posto, un angolo buio della cucina, dove trascorreva tutto il giorno accucciata sul pavimento. Non permetteva alla madre di avvicinarsi, neanche quando le portava qualcosa da mangiare. Doveva appoggiare il piatto per terra, a una certa distanza. E mangiava solo quando lei si allontanava. Proprio come una bestiola ferita.

Già allora aveva cominciato a gridare ogni notte „no, no" tremando convulsamente. E ai tentativi della madre di abbracciarla reagiva con veri attacchi isterici, dibattendosi selvaggiamente, la schiuma alla bocca, finché perdeva i sensi. Quando rinveniva, cadeva in uno stato di totale apatia. Assente, dimentica di tutto. Non riconosceva la madre, non sapeva dove si trovava né chi fosse.

La madre si accorse, dopo alcuni mesi, che la povera creatura era incinta. Decise di dichiarare il neonato a nome suo. Non aveva altra scelta. Enza nacque di notte e gli urli di Rita non furono tanto diversi da quelli delle sue crisi isteriche.

La chiamò Innocenza.

Er war froh; jetzt würden bessere Zeiten kommen. Wer weiß, vielleicht hätten sie nach Kalabrien zurückkehren und dort Arbeit finden können.

Sie wickelte ihn in eine Decke. Niemand half ihr.

Am nächsten Tag zeigte sich niemand; die wenigen Häuser ringsum leer. Keine Menschenseele. Es schien so, als wären alle in jener Schreckensnacht verschwunden.

Danach schlichen die Nachbarn, die Nachbarinnen, eine nach der andern, getrieben von den kleinen Notwendigkeiten aus den Häusern, den Ställen, vorsichtig, niedergeschlagenen Blickes. Sie vermieden es sie anzusehen, sich ihr zu nähern. Als wäre sie eine Aussätzige.

Es kamen Jahre ärgster Not und großer Einsamkeit.

Rita hatte aufgehört zu sprechen. Sie hatte sich einen Ort gesucht, eine dunkle Ecke in der Küche, wo sie auf dem Boden zusammengekauert den ganzen Tag verbrachte. Sie erlaubte der Mutter nicht sich ihr zu nähern, nicht einmal, wenn sie ihr etwas zum Essen brachte. Sie musste den Teller in einer bestimmten Entfernung auf den Boden stellen und sie aß nur, wenn sie sich entfernte. Ganz wie ein verwundetes Tier.

Bereits damals hatte sie angefangen jede Nacht krampfhaft zitternd „Nein, nein!“ zu schreien. Auf die Versuche der Mutter sie zu umarmen, reagierte sie mit hysterischen Anfällen, wild um sich schlagend, Schaum vor dem Mund, bis sie das Bewusstsein verlor. Wenn sie wieder zu sich kam, verfiel sie in einen Zustand vollständiger Apathie. Abwesend, alles vergessend. Sie erkannte die Mutter nicht mehr, wusste weder, wo sie sich befand noch wer sie war.

Nach wenigen Monaten bemerkte die Mutter, dass das arme Geschöpf schwanger war. Sie beschloss, das Neugeborene auf ihren Namen eintragen zu lassen. Sie hatte keine andere Wahl. Das Kind kam nachts auf die Welt und die Schreie Ritas waren nicht anders als bei ihren hysterischen Anfällen.

Sie gab dem Mädchen den Namen Innocenza, Unschuld.

Rita era rimasta tutto il tempo in cucina, a lavare piatti e stoviglie già puliti. Si ritirava sempre lì quando qualcuno veniva a vedere la madre malata, ancora timorosa di ogni vicinanza, di ogni contatto con estranei.

Sicuramente non aveva sentito niente.

La madre finì come sempre facendole giurare di non abbandonare mai la povera creatura.

Enza, annientata, tornò a casa senza sapere come vi fosse giunta. Carlo la vide più sconvolta del solito e pensò subito che la madre fosse già morta.

«No. Mi ha soltanto sepolto sotto una montagna di spazzatura, prima di morire... doveva farlo!»

I giorni seguenti si accorse di lavarsi più spesso del solito, di evitare qualsiasi contatto fisico col marito: si sentiva sporcata fino in fondo all'anima, irrimediabilmente.

Quando tornò a visitarla, ebbe l'impressione di non essere più la stessa persona di prima. Un sentimento nuovo, sconosciuto si stava impadronendo di lei: si sentiva contaminata. Ma più grave ancora, percepì la perdita di quella fiducia nella vita che è il patrimonio primo di ogni essere umano. E l'angoscia di essere sul punto di dissacrare un tabù: mancarle di rispetto, ribellarsi alla madre!

Perché, perché aveva raccontato a lei quella storia ormai appartenente al passato, finita?

«E io, cosa c'entro io con quella storia?» le gridò fra i denti, appena fu sola con lei.

La madre non capì, aggrottò le sopracciglia e strinse le labbra rugose: cosa voleva quella donna da lei? Ecco la prima reazione di quella creatura che aveva nutrito e curato oltre le proprie forze, una creatura non desiderata, non voluta

Rita war die ganze Zeit in der Küche geblieben, um sauberes Geschirr und Besteck abzuwaschen. Sie zog sich immer zurück, wenn jemand kam, um die kranke Mutter zu sehen, immer noch jede Nähe fürchtend, jeden Kontakt mit Außenstehenden.

Ganz bestimmt hatte sie nichts gehört.

Die Mutter schloss wie immer ab, indem sie sie schwören ließ, das arme Geschöpf nie allein zu lassen.

Enza, vernichtet, kehrte nach Hause zurück ohne zu wissen, wie sie dort hingekommen war. Carlo sah sie verwirrter als sonst und dachte sofort, dass die Mutter schon tot sei.

»Nein. Sie hat mich nur unter einem Berg von Unrat begraben, bevor sie stirbt ... Sie musste es tun!«

An den darauf folgenden Tagen bemerkte sie, dass sie sich öfter als sonst wusch, dass sie jeden Körperkontakt mit ihrem Mann mied: sie fühlte sich bis ins Innerste der Seele beschmutzt und hoffnungslos.

Als sie sie wieder besuchte, hatte sie den Eindruck nicht mehr derselbe Mensch wie früher zu sein. Ein neues, unbekanntes Gefühl begann sich ihrer zu bemächtigen: sie fühlte sich besudelt. Noch schlimmer aber war, dass sie das Vertrauen ins Leben verlor, dem höchsten Gut jeden menschlichen Wesens. Und die Angst, an dem Punkt angelangt zu sein, ein Tabu zu brechen: der Mutter die Achtung zu versagen. Sich gegen sie aufzulehnen!

Warum hatte sie ihr diese längst in der Vergangenheit versunkene Geschichte erzählt?

»Und ich, was habe ich mit dieser Geschichte zu tun?«, presste sie zwischen den Zähnen hervor, sobald sie mit ihr allein war.

Die Mutter verstand nicht, hob die Augenbrauen und presste die runzeligen Lippen zusammen: was wollte diese Frau von ihr? Also das war die erste Reaktion jenes Geschöpfes, das sie genährt und über die eigenen Kräfte hin-

che era entrata urlando nella sua vita.

«Tu sì 'a continuazioni di chija storia, tu sì la prova vera di chija sbentura[28]*.»*

Queste parole dure come pietre colpirono Enza peggio di una lapidazione. Erano queste le parole che aveva sempre temuto di sentire? Questo si celava dietro il silenzio della madre?

«Ma quella storia è accaduta prima che ci fossi io. Rita sarebbe ammutolita anche senza la mia nascita.»

«Rita fu sempri adaccussì. Diu vozzi accussì, mu 'a castiga di quandu nescìu, e puru a mìa mi castigau[29]*...»*

Non volle continuare, chiuse gli occhi sconfitta e le fece cenno con la mano di andare. Duramente. Enza dopo un momento di stupore, capì che sarebbe stato meglio non sapere altro: la madre scimunita, il padre stupratore. E lei? Era normale lei?

Uscendo da quella casa sentì di essere grata alla madre (quale madre?) di aver aspettato tanto, praticamente fino all'ultimo momento. La conoscenza di quella storia le avrebbe impedito di vivere come aveva vissuto. Non si sarebbe mai sposata, non avrebbe avuto figli. Quale vita sarebbe stata possibile? Avrebbe dovuto strapparsi la carne di dosso, farsi a pezzi, odiare ogni parte di sé.

O meglio ancora, rinunciare alla vita stessa.

Morì qualche giorno dopo. Non ci furono altre parole fra loro due. La madre la fissò fino all'ultimo con quello sguardo fuori dal tempo che conosceva così bene, e che solo ora capiva nel suo vero significato.

---

[28] Tu sei il seguito di quella storia, la prova vivente di quella sciagura.

[29] Rita è sempre stata così. Dio ha voluto punirla fin dalla nascita e anche me ha punito.

aus gepflegt hatte. Ein unerwünschtes Wesen, nicht gewollt, das schreiend in ihr Leben getreten war.

»Du bist die Fortsetzung jener Geschichte, der lebende Beweis dieses Unglücks.«

Diese Worte, hart wie Steine, trafen Enza schlimmer als eine Steinigung. Waren das die Worte, die sie einmal hören zu müssen fürchtete? Verbarg sich das hinter dem Schweigen der Mutter?

»Diese Geschichte hat sich aber ereignet, bevor ich zur Welt kam. Rita wäre auch ohne meine Geburt verstummt.«

»Rita ist immer so gewesen. Gott hat sie seit ihrer Geburt strafen wollen, und auch mich mit ihr.«

Sie wollte nicht fortfahren, schloss die Augen und bedeutete ihr mit einem Handzeichen, dass sie gehen solle. Schroff. Nach einem Augenblick des Staunens, begriff Enza, dass es besser wäre, nichts weiter zu wissen.

Die leibliche Mutter schwachsinnig, der Vater ein Vergewaltiger. Und sie? War sie normal?

Als sie das Haus verließ, spürte sie, dass sie ihrer Mutter (welcher Mutter?) dankbar war, so lange gewartet zu haben, praktisch bis zum letzten Augenblick. Das Wissen um jene Geschichte hätte ihr verwehrt zu leben, wie sie gelebt hatte. Sie hätte nie geheiratet, hätte keine Kinder bekommen. Welches Leben wäre möglich gewesen? Sie hätte sich das Fleisch vom Leibe reißen, sich zerstückeln, jeden Teil von sich hassen müssen.

Oder besser noch, ganz auf das Leben selbst verzichten.

Die Mutter starb einige Tage später. Zwischen ihnen beiden gab es keine weitere Aussprache. Sie starrte sie bis zum Ende mit jenem Blick jenseits der Zeit an, den Enza so gut kannte und dessen wahre Bedeutung sie erst jetzt verstand.

A lei lasciò soltanto il peso di quel ricordo. E Rita.

Enza la fece portare in chiesa. Fu celebrata una messa, nonostante conoscesse i sentimenti religiosi, o meglio non religiosi della madre. Non l'aveva mai vista pregare e tanto meno andare in chiesa, mai che invocasse il nome di Dio o della Madonna, come ognuno fa giornalmente, quasi meccanicamente, senza pensare. Per lei Dio era morto a Rio Bianco. E forse già prima, nel suo paesino sui monti della Sila.

Qualche tempo prima, a proposito di un efferato episodio criminale avvenuto in città aveva mormorato, con la solita durezza e decisione, che un Dio che permette simili orrori è cattivo e lei non voleva pregare un Dio cattivo. Se poi lo faceva per mettere alla prova le sue creature, da Lui stesso voluti a Sua immagine e somiglianza, cioè uno specchio della sua Essenza, anche Lui fatto di bene e di male, li puniva ingiustamente, dato che Lui è l'origine di ogni bene e di ogni male. Anche il diavolo è una Sua creatura e non è giusto che lo abbia delegato a diffondere il male sulla terra. Allora c'è un Dio del bene e un Dio del male?

Poi aveva concluso: „*Ma forzi Diu non esisti, nui simu abbandunati a nui stessi. E allura non 'u pregu a nu Diu chè non c'è.*[30]"

Pensieri che aveva meditato a lungo, si capiva dal tono aspro, dal grande risentimento. Enza non si era mai posta domande circa la religiosità della madre. Lei stessa, cresciuta in quel clima di assoluto rifiuto di ogni tipo di assimilazione, sia sociale che religioso, senza riflettere, si era assuefatta a quel sistema di vita. A scuola, poi, durante l'ora di religione, aveva ascoltato passivamente, come del resto tutte le sue

---

[30]Ma forse Dio non esiste e noi siamo abbandonati a noi stessi. Allora non prego un Dio che non c'è.

Ihr hinterließ sie nur die Last dieser Erinnerung. Und Rita.

Enza ließ sie in die Kirche bringen. Es wurde eine Messe gelesen, obwohl sie die religiösen, oder besser die nicht religiösen Gefühle der Mutter kannte. Sie hatte sie nie beten und noch weniger in die Kirche gehen sehen; nie kam es vor, dass sie Gott oder die Madonna angerufen hätte, wie es alle tagtäglich tun, beinahe mechanisch, ohne zu denken. Für sie war Gott in Weißenbach gestorben. Vielleicht auch schon früher, in ihrem Dörfchen in den Bergen der Sila.

Einige Zeit vorher hatte sie, auf einen schrecklichen kriminellen Vorfall bezogen, der sich in der Stadt ereignet hatte, mit der üblichen Härte und Bestimmtheit gemurmelt, dass ein Gott, der solche Gräuel zulässt, böse ist und sie wolle nicht zu einem bösen Gott beten. Wenn er es aber tat, um seine Geschöpfe auf die Probe zu stellen, von ihm selbst, nach seinem Ebenbild geschaffen, das heißt als Spiegelbild seiner Essenz, war auch er aus Gut und Böse gemacht, dann bestrafe er sie zu Unrecht, da ja er der Ursprung alles Guten und allen Übels ist. Auch der Teufel ist sein Geschöpf und es ist nicht recht, dass er ihm aufgetragen hat, das Unheil auf der Welt zu verbreiten. Also gibt es einen Gott des Guten und einen Gott des Bösen?

Dann hatte sie beschlossen: „Doch vielleicht gibt es Gott nicht, und wir sind uns selbst überlassen. Also bete ich nicht zu einem Gott, den es nicht gibt."

Gedanken, die sie lange ausgebrütet hatte, man konnte es aus dem rauen Ton heraushören, aus dem großen Groll. Enza hatte sich zur Religiosität der Mutter nie Fragen gestellt. Sie selbst, aufgewachsen in diesem Klima der absoluten Ablehnung jeder Assimilierung, sei es sozialer oder religiöser Art, hatte sich ohne nachzudenken an diese Lebensart angepasst. In der Schule dann, während der Religionsstunde, hatte sie, wie übrigens alle ihre Schulkameradinnen, teilnahmslos den immer gleichen langweiligen Ausführungen des Priesters zugehört, ohne sich deshalb Probleme zu

compagne, le lezioni del prete, uguali, noiose, senza farsene un problema.

Le reazioni sempre estreme della madre, cui del resto era abituata, facevano parte di quel carattere bizzarro, fuori dal comune; e anche il suo conflitto con Dio, rientrava nella normalità.

Enza non poté evitare di portarla in chiesa. Avrebbe dovuto dare troppe spiegazioni, anche a Carlo, al quale non aveva ancora raccontato nulla.

Rita venne ad abitare nella loro casa. Le fu data una stanza al primo piano, con una finestra che dava sul lago e un bagno tutto per lei. La sua passione per l'acqua calda la consolò di tutto. La pulizia continuò ad occuparla per molte ore della giornata. Sferruzzava poi interminabili strisce di colori diversi con la lana che Enza comprava per lei, strisce che venivano regolarmente regalate a istituzioni di carità. Rita non chiedeva mai dove andassero a finire i suoi lavori. Rita non chiedeva mai niente. I suoi rapporti con Enza rimasero quelli di sempre, cioè inesistenti. Dopo alcuni mesi di smarrimento, di paura, in cui cercò la madre chiamandola a voce bassa, soprattutto la sera, cominciò a rassegnarsi.

Dalla sua stanza usciva solo per prendere il pasto di mezzogiorno con la famiglia, la sera restava sola. Enza veniva a prenderla e la conduceva per mano, come una bambina. Visibilmente agitata Rita allora e solo allora si aggrappava alla sua mano e se avesse voluto o potuto parlare avrebbe pregato di restare nella sua stanza, tutto il giorno. Ma non lo aveva mai fatto. Forse perché non ci aveva neanche pensato. Le proteste dei figli – non avevano nessuna simpatia per quella zia, non solo, ma dicevano che la sua sola presenza bastava per toglier loro l'appetito! – e il malessere suo e di Rita la convinsero a desistere da ogni tentativo di socializzazione.

machen.

Die immer extremen Reaktionen der Mutter, die sie ja gewohnt war, waren Teil ihres bizarren, außergewöhnlichen Charakters; auch ihr Konflikt mit Gott gehörte zur Normalität.

Enza konnte es nicht vermeiden, sie in die Kirche bringen zu lassen. Sie hätte zu viele Erklärungen abgeben müssen, auch Carlo gegenüber, dem sie noch nichts erzählt hatte.

Rita kam in ihr Haus. Für sie wurde ein Zimmer mit einem Fenster zum See hin und einem Bad, allein für sie, eingerichtet. Ihre Leidenschaft für das Warmwasser tröstete sie über alles hinweg. Das Putzen beschäftigte sie weiterhin viele Stunden am Tag. Sie strickte endlose Streifen, in unterschiedlichen Farben, aus der Wolle, die nun Enza für sie kaufte; die Strickereien wurden regelmäßig an Wohltätigkeitseinrichtungen verschenkt. Rita fragte nie etwas. Ihre Beziehung zu Enza blieb die, die sie immer gewesen war, das heißt inexistent. Nach einigen Monaten der Verwirrung, der Angst, während derer sie die Mutter suchte, indem sie vor allem am Abend mit leiser Stimme nach ihr rief, begann sie sich mit der neuen Situation abzufinden.

Sie kam nur aus dem Zimmer, um mit der Familie das Mittagessen einzunehmen; am Abend blieb sie allein. Enza ging sie holen und führte sie an der Hand, wie ein kleines Mädchen. Sichtbar aufgeregt klammerte sie sich dann und nur dann an ihre Hand, und wenn sie sprechen gewollt oder gekonnt hätte, hätte sie sie gebeten, auf ihrem Zimmer bleiben zu dürfen, den ganzen Tag. Daran hatte Enza nie gedacht. Erst die Einsprüche der Kinder – sie hatten keinerlei Sympathie für diese Tante, und behaupteten, dass ihre bloße Anwesenheit ihnen den Appetit nehme – und ihr eigenes Unbehagen, überzeugten sie, jeden Versuch der Sozialisierung aufzugeben.

Carlo in un primo momento non aveva voluto intervenire lasciando a lei tutte le decisioni riguardanti la sorella. Solo quando vide che la situazione cominciava a precipitare, soprattutto quando l'equilibrio della moglie si destabilizzò in modo sempre più preoccupante, cercò una persona che si occupasse della cognata. Trovarono un'infermiera in pensione disposta a trascorrere alcune ore con Rita, a prendere i pasti insieme a lei e in generale a tenerle compagnia facendo qualche lavoretto a maglia. In tal modo si ristabilì una certa normalità. Rita dopo un periodo di nuove inquietudini, riuscì a superare ogni diffidenza e finì con l'abituarsi alla nuova situazione.

Furono anche anni di grandi cambiamenti. I ragazzi, finite le scuole, uno dopo l'altro uscirono di casa per proseguire i loro studi, chi a Padova, chi a Verona. Tornavano solo a fine settimana, e non sempre.

Luisa si sposò e si stabilì a Trento.

Am Anfang hatte sich Carlo nicht einmischen wollen und hatte ihr alle die Schwester betreffenden Entscheidungen überlassen. Erst als er sah, dass die Lage unhaltbar zu werden drohte, vor allem als sich das Gleichgewicht seiner Frau auf immer besorgniserregendere Weise verschlechterte, suchte er jemanden, der sich um die Schwägerin kümmern sollte. Sie fanden eine pensionierte Krankenschwester, die bereit war, einige Stunden am Tag mit Rita zu verbringen, die Mahlzeiten gemeinsam mit ihr einzunehmen und ihr allgemein etwas Gesellschaft zu leisten, während sie beide strickten. Nach einer Phase neuerlicher Unruhe gelang es Rita das Misstrauen zu überwinden und sie gewöhnte sich endlich an die neuen Umstände.

Es waren auch sonst Jahre großer Veränderungen. Nach Abschluss der Schule, zogen die Kinder, eines nach dem anderen, aus, um ihr Studium in Padua oder in Verona zu beginnen. Sie kehrten nur am Wochenende nach Hause zurück, und das nicht immer.

Luisa heiratete und zog nach Trient.

Squilibri

Per Enza invece, iniziò un periodo di grandi squilibri.

Non sapeva ancora se raccontare a Carlo di quella notte a Rio Bianco. Come e in quali termini? „Mia madre è Rita." Oppure: „Mia madre, quella che ho sempre creduto fosse mia madre, in realtà è mia nonna". E anche: „Mio padre, cioè quello che ha messo mia madre incinta, era un soldato tedesco, anzi tre soldati tedeschi".

No. No. Impossibile.

Come ammettere di essere il prodotto di uno stupro, di portare in sé il germe di quell'individuo ripugnante, che con quel gesto aveva inteso umiliare il nemico fino alla generazione seguente? Dopo la disfatta militare, l'ultima vendetta sull'essere più debole e indifeso: l'offesa sessuale, un segno indelebile, l'onta più infame che si possa infliggere a un essere umano.

Enza imparò ad aver pietà per quella bambina ritardata che era stata Rita, per la madre che era vissuta di rimorso.

E lei? La sua infanzia senza amore, anzi col risentimento quotidiano della madre che vedeva in lei solo uno strascico fastidioso di quella notte, l'immagine vivente di quegli uomini alti e biondi. Capì anche la ragione del proprio nome, Innocenza: un tentativo di giustificarsi davanti a chi? A Dio che l'aveva abbandonata, agli uomini, alle donne del vicinato che avevano ignorato quella bambina per tutti quei primi

Verwirrungen

Für Enza begann eine Zeit großer Unausgeglichenheit.

Sie wusste noch nicht, ob sie Carlo von jener Nacht in Weißenbach erzählen sollte. Wie und mit welchen Worten? „Rita ist meine Mutter." Oder: „Meine Mutter, die, die ich immer für meine Mutter gehalten habe, ist in Wirklichkeit meine Großmutter". Oder etwa: „Mein Vater, das heißt, der, der meine Mutter geschwängert hat, war ein deutscher Soldat, vielmehr drei deutsche Soldaten."

Nein. Nein. Unmöglich.

Wie sich eingestehen, das Produkt einer Vergewaltigung zu sein, den Keim jenes abstoßenden Individuums in sich zu tragen, das mit jener Tat den Feind bis in die nachfolgende Generation hinein erniedrigen wollte? Nach der militärischen Niederlage die letzte Rache am schwächsten und ungeschütztesten Wesen: die sexuelle Kränkung, ein unauslöschliches Mal, die niederträchtigste Schmach, die man einem menschlichen Wesen zufügen kann.

Enza lernte Mitleid mit dem zurückgeblieben Mädchen zu haben, das Rita einmal gewesen war, für die Mutter, die von Gewissensbissen gelebt hatte.

Und sie? Ihre Kindheit ohne Liebe, im Gegenteil, mit dem täglichen Groll der Mutter, die in ihr bloß eine lästige Fortsetzung jener Nacht sah, das lebendige Abbild dieser großgewachsenen, blonden Männer. Sie begriff auch den Sinn des eigenen Namens Innocenza: ein Versuch, sich vor wem zu rechtfertigen? Vor Gott, der sie verlassen hatte, vor den Männern, den Frauen aus der Nachbarschaft, die das Mädchen während der gesamten ersten drei Lebensjahre igno-

tre anni di vita?

Con che cuore l'aveva accolta, la notte della sua nascita? E in seguito: come l'aveva cullata, accudita, tenuta in braccio, nutrita col latte della mucca? Perché di certo Rita non era stata in condizioni di allattarla, di badare a lei. Non aveva mai capito il rapporto che correva fra loro due.

Pensieri che tormentavano i suoi giorni e le sue notti.

Avrebbe voluto urlare di dolore, lasciarsi andare fino a perdere la ragione, ma la sofferenza di Carlo, ignaro di tutto e forse il timore di una sua reazione imprevedibile la tenevano a freno, un freno che aveva imparato a gestire fin dalla nascita.

E ora sapeva perché.

Minuto per minuto era impegnata a soffocare quella furia devastatrice che avrebbe potuto distruggere, con un colpo solo, quanto aveva costruito in tutti gli anni della sua vita: i suoi rapporti sociali, la sua famiglia e soprattutto l'unione con Carlo, fonte di ogni equilibrio e di ogni stabilità.

Spesso veniva sopraffatta da un vivo senso di disgusto, di ripugnanza per se stessa. Si sentiva fisicamente viscida, quasi il corpo fosse imbrattato di liquidi ributtanti, sangue misto a sperma. Ma anche dei liquidi di cadaveri in decomposizione. Si annusava continuamente e si lavava con la stessa angoscia che conosceva in Rita. Non c'era acqua o sapone che potesse nettarla da tanto sudiciume; adesso capiva il perché di quella mania.

Non riuscendo a togliersi di dosso tutto quello sporco che tornava, che si riproduceva incessantemente, cominciò a ferirsi, prima per caso, col coltello mentre mangiava – ma aveva quasi smesso di mangiare – poi con intenzione, usando lamette e altri oggetti molto affilati, con l'intento di staccare la pelle dal corpo, quasi si fosse trattato solo di un involucro

riert hatten?

Mit welchem Gefühl hatte sie sie in der Nacht ihrer Geburt aufgenommen? Und danach? Wie hatte sie sie gewiegt, versorgt, im Arm gehalten, mit Kuhmilch ernährt? Denn Rita war mit Sicherheit nicht im Stande gewesen sie zu stillen, sich um sie zu kümmern. Sie hatte nie verstanden, welche Beziehung zwischen ihnen beiden bestand.

Gedanken, die ihre Tage und ihre Nächte quälten.

Sie hätte vor Schmerz schreien wollen, sich bis zur Bewusstlosigkeit gehen lassen, doch Carlos Sorge, obwohl vollkommen ahnungslos, und vielleicht die Angst vor einer unvorstellbaren Reaktion seinerseits, hielten sie in Zaum; Zügel, die sie seit ihrer Geburt zu gebrauchen gelernt hatte.

Und jetzt wusste sie warum.

Minute um Minute war sie damit beschäftigt, jene vernichtende Wut zu ersticken, die auf einem Schlag alles hätte zerstören können, was sie in all den Jahren aufgebaut hatte: ihre sozialen Bindungen, ihre Familie, vor allem aber ihre Beziehung zu Carlo, die Quelle jeden Gleichgewichts und jeder Beständigkeit.

Häufig wurde sie von einem heftigen Gefühl des Ekels, der Abscheu vor sich selbst übermannt. Sie fühlte sich körperlich unrein, beinahe so, als ob ihr Körper von abstoßenden Flüssigkeiten beschmutzt worden wäre: von Blut vermischt mit Sperma, aber auch von Verwesungssäften der Kadaver. Sie roch ständig an sich und sie wusch sich mit derselben Beklemmung, die sie von Rita kannte. Es gab weder das Wasser noch die Seife, die sie von so viel Schmutz hätte befreien können. Jetzt begriff sie das Warum jener Besessenheit.

Da sie nicht imstande war, all den wiederkehrenden Schmutz, der sich unaufhörlich reproduzierte, von sich abzuwaschen, begann sie sich zu verletzen, beim Essen mit dem Messer – sie hatte aber fast aufgehört zu essen; dann vorsätzlich, indem sie Rasierklingen und andere scharfe Gegenstände benutzte, immer mit der Absicht, die Haut vom

odioso, bianco, anzi latteo e non scuro e spesso come quello della madre. Si feriva per fare del male a quell'altro corpo che l'aveva generata con brutalità e che sopravviveva in lei per confermare ogni momento la sua presenza, il suo essere lì, con lei, in lei, sempre, notte e giorno. Prese a odiare se stessa, un odio conosciuto, nato insieme a lei, quando ancora nel grembo materno aveva percepito il rifiuto, la negazione della sua esistenza.

Quest'odio si riversò sui capelli biondi, sugli occhi azzurri, sulla pelle bianca e delicata, infine su tutto quel corpo non suo, di provenienza straniera, che l'aveva estraniata col resto del mondo, cioè col piccolo mondo della donna vestita di nero con la quale era cresciuta. Aveva infatti fissato tutti i suoi interessi, il suo desiderio di identificazione su quell'unica persona, cui credeva di dovere la vita, un'identificazione mai accettata dall'altra parte, anzi rifiutata con durezza: lei non poteva far parte di quella famiglia. Lei era soltanto il frutto di una violenza e niente altro.

Ora cominciò a capire il perché della lotta senza compromessi cui si era costretta da sempre per affermare il proprio diritto alla vita.

Una crisi si succedeva all'altra e Carlo, temendo il peggio, non la perdeva di vista un momento. Una volta non riuscì a fermarla mentre si scagliava con veemenza contro uno specchio che andò in frantumi. Aveva visto un'immagine riflessa, la propria immagine trasfigurata, non quella che vedevano gli altri, ma l'altra, quella che poteva vedere soltanto lei: il viso del padre che ritrovava nei propri lineamenti, nella forma del corpo, forse nel modo di muovere le mani, di camminare. E in chissà quanti altri gesti di cui non era consapevole.

Körper zu lösen, beinahe als hätte es sich nur um eine Hülle gehandelt, verhasst, weiß, milchig, im Unterschied zu jener dunklen und festen Haut ihrer Mutter. Sie verletzte sich, um jenem anderen Körper Leid zuzufügen, der sie mit Brutalität gezeugt hatte und der in ihr überlebte, um in jedem Augenblick seine Anwesenheit zu bestätigen, sein Hiersein, mit ihr, in ihr, immer, Tag und Nacht. Sie begann sich selbst zu hassen, ein bekannter Hass, mit ihr geboren, als sie noch im Mutterleib die Ablehnung, die Verneinung ihrer Existenz gespürt hatte.

Dieser Hass ergoss sich über die blonden Haare, die blauen Augen, die helle, empfindliche Haut, letztendlich über den ganzen Körper, der nicht ihrer war, sondern fremder Herkunft, der sie dem Rest der Welt entfremdet hatte, das heißt der kleinen Welt der schwarz gekleideten Frau, mit der sie aufgewachsen war. Sie hatte ja alle ihre Interessen, ihren Wunsch der Identifikation an der einzigen Person festgemacht, der sie das Leben zu verdanken glaubte, eine von der Gegenseite nie akzeptierte, sogar barsch abgelehnte Identifikation: sie durfte nicht Teil dieser Familie sein. Sie war nur die Ausgeburt einer Gewalttat und nichts anderes.

Jetzt begann sie das Warum des Kampfes ohne Kompromisse zu verstehen, zu dem sie sich seit jeher gezwungen hatte, um das eigene Recht auf das Leben zu behaupten.

Eine Krise folgte der anderen, und Carlo, das Schlimmste befürchtend, ließ sie nicht einen Moment aus den Augen. Einmal konnte er sie nicht aufhalten, als sie sich mit Vehemenz in einen Spiegel stürzte, der zerbrach. Sie hatte ein gespiegeltes Abbild gesehen, das eigene verwandelte Abbild, nicht jenes, das die anderen sahen, sondern das andere, jenes, das nur sie sehen konnte. Das Gesicht des Vaters, das sie in ihren Gesichtszügen wiederfand, in der Form des Körpers, vielleicht in der Art die Hände zu bewegen, zu gehen und wer weiß; in wie vielen anderen Gesten, derer sie sich nicht bewusst war.

Rimasero solo alcune cicatrici alle mani, sulle braccia, sulla fronte, delle quali in seguito non ricordò l'origine.

Carlo, incapace di fare una qualsiasi diagnosi, non conoscendo l'origine di quelle improvvise esplosioni, cercava di tenere la situazione sotto controllo con calmanti, psicofarmaci più o meno pesanti, pur sapendo che si trattava solo di palliativi. Enza taceva, ma anche le poche parole che le sfuggivano nei momenti di maggiore tensione, per lui non avevano un senso logico, e alle richieste di spiegazioni si chiudeva in un mutismo che certo conosceva, che però non aveva mai avuto la stessa intensità di adesso.

I suoi sogni cominciarono a popolarsi di stranieri, di uomini alti e biondi, di soldati armati di tutto punto, minacciosi. Parole in una lingua sconosciuta, gridi selvaggi e la voce della madre che chiamava Rita: un lamento, un sottofondo che si ripeteva, sempre uguale, monotono ma tanto più terrificante. Anche la vecchia cucina in Rio Bianco da sempre dimenticata, forse mai entrata coscientemente nella sua memoria, riemergeva in tutti i suoi più minuti particolari: buia, fumosa, il pavimento di terra battuta dove lei bambina aveva fatto i primi passi, la grande stufa col fuoco aperto, qualche pentola affumicata dove la madre preparava la minestra quotidiana, la lampada a petrolio che li aveva seguiti fino a Trento, appoggiata sul tavolo rustico in mezzo alla stanza. E il buio nel quale tutto si perdeva in dimensioni fantastiche, figure mostruose che apparivano e sparivano, inghiottite dal fumo che sempre impregnava quel locale. Vedeva anche un grosso chiodo al muro, alto, vicino alla porta, dove qualcuno, un uomo, il padrone di casa, aveva lasciato una vecchia coppola sgualcita, sempre lì, polverosa, satura del fumo e degli odori della cucina.

E poi la porta che si spalancava sgangheratamente, il ru-

Es blieben nur einige Narben an den Händen, an den Armen, auf der Stirn, an deren Herkunft sie sich später nicht mehr erinnern konnte.

Unfähig irgendeine Diagnose zu stellen, da er den Ursprung dieser plötzlichen Ausbrüche nicht kannte, versuchte Carlo die Situation mit Beruhigungsmitteln, mit mehr oder minder starken Psychopharmaka unter Kontrolle zu halten, wohl wissend, dass es sich nur um Linderungsmittel handelte. Enza schwieg, doch auch die wenigen Worte, die ihr in den Augenblicken größter Spannung entwichen, hatten für ihn keinen Sinn, und auf die Frage nach Erklärungen, schloss sie sich in eine Stummheit ein, die er schon kannte, die aber bisher nie eine derartige Intensität erreicht hatte.

Ihre Träume begannen sich mit Fremden zu bevölkern, mit groß gewachsenen blonden Männern, mit bedrohlich bewaffneten Soldaten. Worte in einer unbekannten Sprache, wilde Schreie und die Stimme der Mutter, die nach Rita rief. Ein Jammern, ein Hintergrundgeräusch, das sich wiederholte, immer gleich, monoton aber immer schrecklicher. Auch die alte Küche in Weißenbach, seit jeher vergessen, vielleicht nie bewusst in ihr Gedächtnis eingedrungen, trat in all ihren kleinsten Details zu Tage: finster, voller Rauch, der gestampfte Lehmboden, auf dem sie als Kind die ersten Schritte getan hatte; der große offene Kamin mit dem Feuer, einige verrußte Töpfe, in denen die Mutter die alltägliche Suppe zubereitete; die Petroleumlampe ihrer ersten Kindheit, die nach Trient mitgenommen worden war, auf dem groben Tisch in der Raummitte. Und die Dunkelheit, in der sich alles in fantastischen Dimensionen verlor; furchterregende Figuren, die auftauchten und verschwanden, vom Rauch verschluckt, der ständig diesen Raum durchflutete. Sie sah auch einen großen Nagel an der Wand neben der Tür, an dem jemand, der Hausherr, eine alte zerbeulte Mütze hängen gelassen hatte, immer dort, staubig, vom Rauch und den Kochgerüchen gesättigt.

Und dann die Tür, die sich ächzend auftat, das Geräusch

more dei cardini arrugginiti che stridevano, e nient'altro: solo un silenzio carico di attese. In sogno sapeva che sarebbe accaduto qualcosa di terribile.

E allora si svegliava gridando „no, no", come aveva fatto Rita, per la prima volta identificandosi in lei.

Si alzava come in trance e correva da Carlo, ancora fuori di sé. Non sapeva dirgli niente, o non poteva, in lotta con se stessa. Il marito cercava di abbracciarla come si fa con i bambini quando hanno paura del buio, ma le sue reazioni erano sempre sconcertanti. Voleva stare con lui ma non voleva essere toccata, non sopportava la sua vicinanza, pur cercando il calore delle sue braccia. Si rifugiava nel suo letto, e soltanto la voce suadente, rassicurante di Carlo riusciva a calmarla. Balbettava di brutti sogni, senza specificare. Diceva solo di star male, tanto male.

Seguirono altri brutti sogni, ancor più incomprensibili, ma ugualmente angosciosi: un treno nero, enorme, di ferro arrugginito, un treno appartenente a un passato assai remoto. Lei piccola, bambina di qualche anno, accanto a quella montagna di ferro fumante che l'avvolgeva con un vapore caldo, vischioso.

Oppure lei stessa, ma già adulta, su un treno che correva all'impazzata, chissà dove. Poi a un certo punto deragliava, proseguendo sulla strada asfaltata fra il terrore dei passanti.

E ancora lo stesso treno che la inseguiva dovunque, incalzandola inesorabilmente, deciso a travolgerla: un mostro di ferro con due occhi di fuoco. E non era la mano di un uomo a guidarlo, lei lo sapeva. Il treno correva spinto da una forza interiore, indovinava i suoi pensieri, i suoi sotterfugi, le sue finte, il suo nascondersi dietro un angolo di strada o dentro un portone. Il rumore spaventoso della locomotiva sferragliante, fragorosa, la svegliava ogni volta, terrorizzata,

der verrosteten, kreischenden Türangeln und nichts anderes, nur eine Stille voller Erwartung. Im Traum wusste sie, dass etwas Furchtbares geschehen würde.

Dann erwachte sie „nein, nein“ schreiend wie Rita, sich zum ersten Mal mit ihr identifizierend.

Sie stand wie in Trance auf und lief noch außer sich zu Carlo. Noch mit sich selbst ringend, wusste sie nicht, was sie ihm sagen sollte. Ihr Mann versuchte sie zu umarmen, wie man es mit den Kindern macht, wenn sie Angst vor der Dunkelheit haben, doch ihre Reaktionen wurden immer verwirrender. Sie wollte bei ihm sein, doch wollte sie nicht angefasst werden; sie ertrug seine Nähe nicht, obwohl sie die Wärme seiner Umarmung suchte. Sie flüchtete sich in sein Bett und nur die liebevolle Stimme Carlos konnte sie beruhigen. Sie stotterte etwas von bösen Träumen, ohne es genauer auszuführen. Sie sagte nur, dass es ihr schlecht gehe, sehr schlecht.

Es folgten andere hässliche Träume, noch unverständlichere, doch gleichermaßen beklemmende: ein schwarzer, riesiger Zug aus verrostetem Eisen, ein Zug, der zu einer weit zurückliegenden Vergangenheit gehörte; sie, klein, ein Mädchen, wenige Jahre alt, neben diesem Berg aus rauchendem Eisen, der sie in einen warmen, schleimigen Dampf hüllte.

Oder sie selbst als Erwachsene in einem Zug, der, wer weiß wohin, raste. Dann, an einer bestimmten Stelle entgleiste er und setzte, unter dem Schrecken der Vorübergehenden, seine Fahrt auf der asphaltierten Straße fort.

Und wieder derselbe Zug, der sie überallhin verfolgte, sie unerbittlich bedrängte, als ob er entschlossen sei, sie zu überrollen: ein eisernes Ungeheuer mit zwei Feueraugen, und es war keine Menschenhand, die ihn steuerte, sie wusste es. Der Zug rollte, angetrieben von einer inneren Kraft, erriet ihre Ausflüchte, ihre Finten, ihr Verstecken hinter einer Hausecke oder in einem Hauseingang. Das fürchterliche, tosende Rattern der Lokomotive weckte sie jedes Mal in

in un bagno di sudore.

Come dire a Carlo di quel treno dei tempi passati, di quella locomotiva che sapeva tutto di lei, del suo terrore di venirne travolta? Come spiegare il malessere che sconvolgeva il suo organismo, la nausea che le impediva di mangiare, di bere, di respirare? Era oppressa dal ricordo di quei sogni misteriosi, che non capiva, dai quali non riusciva a liberarsi: l'incubo si impossessava di lei. Diventava vita, quotidianità faticosa. „È questa la pazzia? Si chiedeva, il non poter uscire dall'incubo, esserne dominata, giorno e notte, senza un momento di tregua?"

Ora odiava non solo il corpo ma anche il cervello per il continuo pensare. E ogni notte tornavano i treni, le vecchie locomotive che lei non ricordava di aver mai visto, minacciose, vendicative, dotate di un'intelligenza distruttiva. „Perché quei treni?" Si chiedeva.

Ormai posseduta da paure che non riusciva a verbalizzare, decise di non dormire più, perché i sogni erano ancora più tormentosi dei pensieri da sveglia. Cominciò allora un periodo di angosce continue, in cui trascorreva notti intere camminando da un angolo all'altro della propria stanza. Ma da sveglia una frase, sempre la stessa, o meglio spezzoni di frase, spesso due sole parole, tornavano inesorabilmente a formularsi da sé, senza alcuna partecipazione della sua volontà: „Scimunita, stupratore" e queste due parole pendevano come ragnatele nella notte. Una, due, cento ragnatele che l'avvolgevano, la invischiavano. Parole che acquistavano una corposità molliccia, ributtante. Si dibatteva allora, urlando, gesticolando nel disperato tentativo di liberarsi da quei filamenti osceni.

Carlo, che ormai dormiva male anche lui, l'orecchio sempre

Schweiß gebadet erschrocken auf.

Wie sollte sie Carlo von dem Zug aus vergangenen Zeiten erzählen, von der Lokomotive, die alles von ihr wusste, von ihrer Angst überrollt zu werden? Wie sollte sie das Unbehagen erklären, das ihren Körper durcheinander brachte, den Ekel, der sie hinderte zu essen, zu trinken, zu atmen? Sie wurde von der Erinnerung an diese geheimnisvollen Träume erdrückt, die sie nicht verstand und von denen sie sich nicht befreien konnte: der Albtraum bemächtigte sich ihrer, wurde Leben, mühseliger Alltag. „Ist das der Wahnsinn?", fragte sie sich, „nicht aus dem Albtraum herauskönnen, beherrscht sein, Tag und Nacht, ohne einen Augenblick der Ruhe?"

Nun hasste sie nicht nur ihren Körper, sondern auch ihr Gehirn wegen des ständigen Denkens. Und jede Nacht kehrten die Züge zurück, die alten Lokomotiven, die in Wirklichkeit gesehen zu haben sie sich nicht erinnern konnte, bedrohlich, rachsüchtig, mit einer zerstörerischen Intelligenz ausgestattet. „Was sollen diese Züge?", fragte sie sich.

Mittlerweile von einer Angst besessen, die sie nicht ausdrücken konnte, beschloss sie, nicht mehr zu schlafen, denn die Träume waren noch schmerzhafter als die Gedanken bei Bewusstsein. Damals begann eine Zeit andauernder Ängste, während der sie die Nächte damit verbrachte, in ihrem Zimmer von einer Ecke in die andere zu gehen. War sie aber wach, war es ein Satz, immer derselbe, oder eher Bruchstücke eines Satzes, häufig nur zwei Wörter, die sich immer wieder wie von selbst einstellten, ohne jede Beteiligung ihres Willens: „Schwachsinnige, Vergewaltiger", und diese beiden Wörter hingen wie ein Spinnennetz in der Nacht. Eines, zwei, hundert Spinnennetze, die sie umwickelten, umgarnten. Wörter, die eine schwammige, abstoßende Körperlichkeit annahmen. Dann schlug sie schreiend und fuchtelnd um sich im verzweifelten Versuch, sich von diesem obszönen Geflecht zu befreien.

Carlo, der inzwischen selbst schlecht schlief, immer in

teso in direzione della camera della moglie, si alzava e si precipitava ogni volta con la siringa in mano, un calmante, utile almeno per rimetterla a letto, farla dormire, lei che si rifiutava di dormire. Balbettava quelle due parole misteriose, sempre più lontana e cedeva a lui che la distendeva sul letto, la copriva con la coperta e si sedeva accanto a lei in attesa che si addormentasse: Carlo non riuscì mai a decifrare quelle parole che avevano uno strano accento straniero. E se le avesse capite non ne avrebbe afferrato il significato.

Spesso si sorprendeva ad osservare le proprie mani. Distendeva le dita lunghe, sottili e le fissava, persa, finché un pensiero si faceva strada nel suo cervello, un pensiero che ogni volta la sconvolgeva: quelle non erano le mani di sua madre. E non riusciva a distinguere la madre che l'aveva generata da quella che l'aveva allevata. Scrutava quella povera donna, Rita, la spiava, l'osservava come mai prima, cercando in lei qualche segno in comune, anche una sola piega del viso, o la forma delle unghie, la linea delle sopracciglia. Niente. Nessun segno, nessuna linea in comune. No. Con lei non poteva identificarsi, quella non poteva essere sua madre. Era un rifiuto di tutto il suo corpo che sfociava in un senso di repulsione contro di lei e contro se stessa.

Ogni giorno quel confronto. La mattina uscendo per andare in albergo, si ripeteva: „Hai visto tua madre? Hai salutato tua madre? Ti sei riconosciuta in lei?" ed era ogni volta una sferzata in pieno viso.

Accadeva che non andasse in albergo, che sparisse per mezze giornate senza avvertire nessuno e al ritorno non era in grado di rispondere alla domande di Carlo. Non sapeva dire dove era stata, cosa aveva fatto.

Richtung des Schlafzimmers seiner Frau lauschte, stand auf und stürmte jedes Mal mit der Beruhigungsspritze in der Hand ins Zimmer, um sie wieder ins Bett zum Schlafen zu bringen – sie, die sich zu schlafen weigerte. Sie stotterte jene zwei geheimnisvollen Worte, immer weiter weg, und ergab sich ihm, der sie auf das Bett legte, sie zudeckte und sich neben sie setzte und darauf wartete, dass sie einschlief. Carlo konnte jene beiden Worte, die einen sonderbar fremden Akzent hatten, nie entschlüsseln, und hätte er sie verstanden, er hätte ihren Sinn nicht begriffen.

Häufig überraschte sie sich beim Betrachten der eigenen Hände. Sie streckte die langen, schmalen Finger aus und fixierte sie, verloren, bis sich ein Gedanke in ihrem Gehirn einen Weg bahnte, ein Gedanke, der sie jedes Mal erschütterte: das waren nicht die Hände ihrer Mutter. Und sie war nicht imstande, die Mutter, die sie zur Welt gebracht, von jener zu unterscheiden, die sie großgezogen hatte. Sie beobachtete diese arme Frau, Rita, sie forschte sie aus, beobachtete sie wie nie zuvor, um irgendein gemeinsames Zeichen zu finden, auch nur eine einzige Falte im Gesicht, die Form der Fingernägel, die Linie der Augenbrauen. Nichts. Kein Zeichen, kein gemeinsamer Gesichtszug. Nein. Mit ihr konnte sie sich nicht identifizieren; das konnte nicht ihre Mutter sein. Es war eine Weigerung ihres ganzen Körpers, die in einer Art Abscheu vor ihr und vor sich selbst mündete.

Jeden Tag diese Gegenüberstellung. Am Morgen, wenn sie das Haus verließ, um ins Hotel zu gehen, sagte sie sich: „Hast du deine Mutter gesehen? Hast du deine Mutter gegrüßt? Hast du dich in ihr wiedererkannt?" – und jedes Mal war es wie ein Schlag mitten ins Gesicht.

Es kam vor, dass sie nicht ins Hotel ging, dass sie halbe Tage lang verschwand, ohne jemanden zu benachrichtigen, und wieder im Hotel zurück, war sie nicht in der Lage, auf die Fragen Carlos zu antworten. Sie wusste nicht zu sagen, wo sie gewesen war, was sie getan hatte.

Per la prima volta il Dottor Golin fu costretto a occuparsi dell'organizzazione dell'albergo. Enza commetteva errori, dimenticava impegni precedentemente presi, dava ordini e contrordini senza alcuna logica lasciando spesso tutto in mano al personale che approfittava di quella nuova trascuratezza.

Entrava nel suo ufficio ed era possibile vederla seduta per ore dietro la sua scrivania del tutto immobile, assente, lo sguardo fisso, persa dietro chissà quali riflessioni.

Ora ricordò di aver notato già prima, fra i dieci e i dodici anni, di non assomigliare a nessuna delle due donne con le quali viveva e di aver chiesto alla madre-nonna – si sorprendeva adesso a definire così la madre di prima, turbandosi, confondendosi, sconvolgendo in tal modo l'ordine su cui aveva basato fino a quel momento la propria vita – chi oltre a lei, nella famiglia avesse avuto i capelli biondi. La madre e Rita erano brune, anzi corvine, con una capigliatura folta, ricciuta, la pelle scura, spessa. A lei bastava un po' di sole per diventare rossa come un'aragosta, e i capelli erano lisci, sottili, fragili, di un biondo quasi sbiancato. Capelli da donne del Nord Europa.

Ora capiva l'imbarazzo e anche l'ambiguità della madre. Come doveva esser stato difficile per lei avere una bambina così diversa, così chiaramente straniera! Un essere venuto lì per testimoniare, per condannare, come le aveva detto poco prima di morire, per impedirle di dimenticare l'incubo di quella notte: impossibile amarla come si ama una piccola creatura indifesa. Proteggerla sì, curarsi di lei anche, per avere un sostegno in seguito, quando vecchia, avrebbe avuto bisogno del suo aiuto: ma amarla? Per lei restò sempre un'ospite non invitato, un'intrusa, in ogni caso una che non aveva niente a che fare con la sua famiglia. Chissà il malessere di vederla. Guardare nei suoi occhi chiari significava scoprirvi ogni volta un'altra persona, colui che tornava nei suoi

Zum ersten Mal war Doktor Golin gezwungen, sich um die Verwaltung des Hotels zu kümmern. Enza unterliefen Fehler, sie vergaß eingegangene Verpflichtungen, gab Anweisungen und Gegenanweisungen ohne irgendeinen Sinn, und überließ oft alles dem Personal, das diese Nachlässigkeit ausnutzte.

Sie ging in ihr Büro und man konnte sie völlig bewegungslos, abwesend hinter ihrem Schreibtisch sitzen sehen, mit starrem Blick, wer weiß welchen Überlegungen nachhängend.

Jetzt erinnerte sie sich, bereits früher, als sie zehn oder zwölf war, keiner der beiden Frauen, mit denen sie lebte ähnlich gesehen zu haben, und dass sie ihre Mutter/Großmutter – sie überraschte sich dabei, jetzt ihre Mutter so zu bezeichnen und die Ordnung, auf der ihr bisheriges Leben gründete, derart über den Haufen zu werfen – gefragt hatte, wer außer ihr in der Familie blondes Haar gehabt habe. Die Mutter und Rita hatten dunkles, nein, rabenschwarzes, dichtes, lockiges Haar, beide eine dunkle, feste Haut. Ihr genügte ein wenig Sonne, um krebsrot zu werden, und ihr Haar war glatt, dünn, leicht, beinahe weißblond. Haare der Frauen Nordeuropas.

Nun verstand sie die Verlegenheit und auch das Schweigen der Mutter. Wie schwer musste es für sie gewesen sein, ein derart anderes Kind zu haben, so offensichtlich fremd! Ein Wesen, gekommen, um zu bezeugen, zu verurteilen – wie sie ihr kurz vor ihrem Tod gesagt hatte –, um sie daran zu hindern, den Albtraum jener Nacht zu vergessen: unmöglich konnte sie sie lieben, wie man ein kleines, schutzloses Geschöpf liebt. Sie beschützen konnte sie, sich um sie kümmern auch, um später im Alter, wenn sie ihre Hilfe brauchen würde, eine Stütze zu haben – doch sie lieben? Für sie blieb sie immer ein unerwünschter Gast, ein Eindringling, auf jeden Fall eine, die nichts mit ihrer Familie zu schaffen hatte. Wer weiß, was für ein Unbehagen es ihr bereitete, sie sehen zu müssen. In ihre hellen Augen zu schauen, bedeutete jedes

sogni anche a distanza di anni, il ritratto vivente di quello straniero dagli occhi di ghiaccio e dai capelli di stoppa. Anche la madre aveva incubi, ne era certa. Non si era mai abituata a lei. Ed era stato inutile ripetersi che la bambina e poi la giovinetta e la donna non avesse colpa di essere al mondo.

Ecco la scelta del suo nome.

Le sue giustificazioni erano tutte razionali: qualcuno però dentro di lei continuava a urlare come una bestia feroce, a ruggire e basta. E non voleva guardare dentro di sé. Temeva di scoprire qualcosa di inquietante. Un mostro vendicativo, forse. Non volle indagare, non volle mai chiedersi quali sentimenti nutrisse per quella bambina innocente e indifesa, per quella giovinetta così assennata, sinceramente legata a lei. Per quella donna che pure si curava di lei, che la manteneva assicurandole un benessere cui non era certo abituata.

Più odio che amore. Amore? Ecco una parola che non entrava nel suo vocabolario. Mentre l'odio... l'odio era di casa, anche se le rimordeva la coscienza.

Alle domande di Enza bambina, che voleva sapere a chi somigliava, aveva risposto di aver avuto un nonno biondo: nel Sud c'erano anche delle persone con la pelle bianca come lei e gli occhi azzurri. Il che era poi vero, benché nel suo paese non ne avesse mai visto uno. Anche alle domande sul padre, aveva risposto che era morto subito dopo la fine della guerra, e si riferiva al marito, cioè al nonno. Ma non aveva voluto descriverlo, si era chiusa in un silenzio torvo, cupo. Enza aveva capito ancora una volta che era meglio non fare domande. La madre reagiva spesso così: taceva, si irrigidiva, gli occhi incattiviti, infossati nelle orbite. Non chiese più nulla, soffocò la propria curiosità. Ma il malessere restò. La reticenza della madre, quel suo esitare e infine l'improv-

Mal darin eine andere Person zu entdecken, jemanden, der noch nach Jahren in ihren Träumen wiederkehrte, das leibhaftige Abbild jenes Fremden mit den eiskalten Augen und dem Stoppelhaar. Auch die Mutter hatte Albträume gehabt; sie war sich dessen sicher. Sie hatte sich nie an sie gewöhnen können, und es war umsonst gewesen, sich zu wiederholen, dass das Kind, das Mädchen später und dann die Frau keine Schuld daran hatte, auf der Welt zu sein.

Daher auch ihr Name.

Die Rechtfertigungen waren allesamt vernünftig; irgendjemand in ihr aber fuhr fort, wie ein wildes Untier zu schreien, zu brüllen: genug! Und sie wollte nicht in sich schauen. Sie fürchtete etwas Beunruhigendes zu entdecken; eine rachsüchtige Bestie vielleicht. Sie wollte nicht nachforschen; sie wollte sich nie fragen, welche Gefühle sie für dieses unschuldige, schutzlose Kind hegte, für dieses derart vernünftige, aufrichtig an ihr hängende Mädchen; für jene Frau, die sich sogar um sie kümmerte, die sie versorgte und ihr einen Wohlstand sicherte, den sie sicher nicht gewohnt war.

Mehr Hass als Liebe. Liebe? Ja, das war ein Wort, das nicht zu ihrem Wortschatz gehört hatte. Während der Hass hier zu Hause war, auch wenn er ihr das Gewissen zernagte.

Auf die Frage des Kindes, das wissen wollte, wem es ähnlich sehe, hatte sie geantwortet, dass sie einen blonden Großvater gehabt habe, dass es auch im Süden Menschen mit bleicher Haut gleich der ihren und mit blauen Augen gebe – was auch stimmte, obwohl sie in ihrem Dorf nie einen gesehen hatte. Auch auf die Fragen nach dem Vater hatte sie geantwortet, dass er gleich nach Kriegsende gestorben sei, und bezog sich dabei auf ihren Mann, das heißt auf den Großvater. Sie hatte ihn aber nicht beschreiben wollen, sondern sich in ein finsteres, düsteres Schweigen gehüllt. Enza hatte ein weiteres Mal begriffen, dass es besser war, keine Fragen zu stellen. Die Mutter reagierte oft so: sie schwieg, versteifte sich, die Augen erbost in den Augenhöhlen vergraben. Sie fragte nichts mehr, erstickte ihre Neugier-

visa durezza che si manifestava senza un preciso motivo, senza una qualsiasi causa apparente la disorientavano, distruggendo con un colpo solo quella sicurezza faticosamente acquisita, quei pochi punti di appoggio sui quali basava il proprio equilibrio. Per giorni poi si sentiva mancare la terra sotto i piedi e la scrutava timorosa, di nuovo insicura.

Ora cominciò a chiedersi chi fosse colui che l'aveva generata. Non osava definirlo padre, non voleva, perché non le era stato padre.

Aveva preso coscienza dell'atto infame di quella notte? Come si sente un uomo dopo aver violentato una ragazzina, una donna? Può tornare alla vita normale, amare sul serio una donna, avere figli? Figlie?

Chi era quell'uomo, chi erano quei tre individui e come avevano vissuto dopo? Chissà quante altre donne avevano violentato nel corso della guerra. E poi, la vita in tutta la sua quotidianità, li aveva ripresi: erano tornati alle loro famiglie dimenticando le atrocità passate.

Un pensiero allucinante: magari erano anche fieri della loro bravata! Se ne saranno persino vantati! Almeno fra di loro.

Temeva di perdere la ragione.

Ma non si soffermava mai troppo su queste considerazioni. Si bloccava per impedirsi di pensare temendo di scivolare su un terreno troppo insidioso, in un caos di emozioni che avrebbero potuto travolgerla. Erano questi i momenti in cui esplodeva in vere e proprie crisi di violenza, già al limite della follia.

Lo scoprire in sé, oltre ai segni somatici assai chiari, anche una certa parentela, forse un'affinità di carattere con chi l'aveva generata, la terrorizzava, le provocava un fortissimo senso di nausea e di ribrezzo indicibile. Allora desiderava

de, doch das Unbehagen blieb. Die Verweigerung der Mutter, dieses Zögern und letztlich die plötzliche Härte, die ohne ersichtlichen Anlass, ohne Grund kam, verwirrte sie, zerstörte mit einem Schlag ihre mühsam erlangte Sicherheit und die wenigen Anhaltspunkte, auf denen ihr Gleichgewicht beruhte. Tagelang fühlte sie den Boden unter den Füßen schwinden und sie beobachtete die Mutter forschend und ängstlich, aufs Neue verunsichert.

Jetzt begann sie sich zu fragen, wer der war, der sie gezeugt hatte. Sie wagte es nicht ihn Vater zu nennen, wollte nicht, weil er ihr nicht Vater gewesen war.

War ihm die niederträchtige Tat jener Nacht bewusst geworden? Wie fühlt sich ein Mann, nachdem er ein Mädchen, eine Frau vergewaltigt hat? Kann er zu einem normalen Leben zurückkehren, eine Frau wirklich lieben, Kinder haben? Töchter?

Wer war dieser Mann; wer waren diese drei Individuen und wie hatten sie nachher gelebt? Wer weiß, wie viele andere Frauen sie im Laufe des Krieges vergewaltigt hatten. Und dann hatte das Leben in all seiner Alltäglichkeit diese Männer wieder aufgenommen; sie waren zu ihren Familien zurückgekehrt, die begangenen Gräuel vergessend.

Ein erschütternder Gedanke: vielleicht waren sie sogar stolz auf ihr Bravourstück! Hatten sogar damit geprahlt! – zumindest unter sich.

Sie fürchtete, den Verstand zu verlieren.

Doch sie hielt sich nie zu lange bei solchen Überlegungen auf. Sie verbot sich das Weiterdenken, weil sie fürchtete auf ein zu gefährliches Terrain zu geraten, in ein Gefühlschaos, das sie hätte fortreißen können. Das waren die Augenblicke, in denen sie in wahren Gewaltanfällen explodierte, bereits an der Grenze zum Wahnsinn.

Über die ziemlich klaren körperlichen Merkmale hinaus auch noch eine gewisse geistige Verwandtschaft zu entdecken, vielleicht eine charakterliche Affinität mit dem, der sie gezeugt hatte, entsetzte sie, verursachte in ihr ein sehr star-

solo uscire dalla propria pelle, dal proprio corpo.

Avrebbe voluto spaccarsi in mille pezzi, lacerare la propria carne e sanguinare. Solo sanguinare.

Si accorse di riprendere i fili di quella tela che aveva tessuto la madre-nonna, la stessa tela che aveva sconvolto l'esistenza della loro piccola famiglia. La madre gliel'aveva lasciata in eredità, l'unica eredità, incompiuta, interrotta dalla morte. Lei doveva portarla a termine. Ma come?

Chissà quante volte quella donna era stata tormentata dalle stesse domande, dalla stessa angoscia che ora impediva a lei di vivere come prima.

Solo Rita, chiusa in un suo mondo da ebete, non lasciava alla realtà nessun accesso, nessuno spiraglio: aveva messo un muro fra sé e la realtà. Ma forse, come diceva la madre, questo muro esisteva già prima di quella notte. Magari quello scontro traumatico era caduto nel vuoto della sua mente, emergendo solo di notte, nel mondo dei sogni. Solo lì riviveva in tutto il suo orrore quella notte di spavento.

Ma era come vivere la storia di un'altra persona.

kes Gefühl des Ekels und der unsagbaren Abscheu. Dann wünschte sie nur aus der eigenen Haut, aus dem eigenen Körper zu fahren.

Sie hätte sich in tausend Stücke reißen, das eigene Fleisch zerfetzen und bluten wollen. Nur bluten.

Sie bemerkte, dass sie die Fäden dieses Tuches wieder aufnahm, das ihre Mutter/Großmutter gewebt hatte, dasselbe, das die Existenz ihrer kleinen Familie erschüttert hatte. Die Mutter hatte es ihr als Erbe hinterlassen, das einzige Erbstück, unvollendet, vom Tod unterbrochen. Sie musste es zu Ende bringen. Wie aber?

Wer weiß, wie oft diese Frau von denselben Fragen gequält worden war, von derselben Beklemmung, die jetzt sie daran hinderten, wie früher zu leben.

Nur Rita, eingeschlossen in ihre stumpfsinnige Welt, ließ der Wirklichkeit keinen Zugang, keinen Spalt; sie hatte eine Mauer zwischen sich und die Realität gestellt. Vielleicht aber, wie die Mutter sagte, hatte diese Mauer bereits vor jener Nacht existiert. Vielleicht war diese traumatische Auseinandersetzung in die Leere ihres Geistes gefallen und tauchte nur nachts in der Welt der Träume wieder auf. Nur dort erlebte sie jene Schreckensnacht in all ihren Gräueln aufs Neue.

Doch war es, als lebe sie die Geschichte einer anderen Person.

Un viaggio a ritroso

Enza, fra una crisi e l'altra, pensò che tornare a Rio Bianco, dopo più di quarant'anni, avrebbe potuto aiutarla. Non sapeva come, ma sentì quell'impulso con una urgenza tale che si convinse sul serio di poterne trarre qualche giovamento.

Aveva bisogno di quel pellegrinaggio; voleva vedere i luoghi della disgrazia, la casa, il grande cortile che si apriva sulle montagne, così come glielo aveva descritto la madre e che ancora forse appariva nei sogni di Rita. Di quei luoghi, lei, non conservava nessun ricordo; la madre aveva deciso di tornare in Italia, come usava dire, alla fine degli anni Quaranta.

Volle rifare il percorso che la sua famiglia aveva fatto tanti anni prima, quando era emigrata dalla Calabria. Ma come ripetere quel viaggio? Dove trovare quei treni puzzolenti dove gli esseri umani, miseri, rassegnati si ammucchiavano come bestie condotte al macello? La madre-nonna aveva spesso narrato di disagi, di sofferenze, ma la miseria patita in paese non aveva niente in comune con lo sconforto, la paura provata durante quel viaggio. I suoi racconti erano sempre stati così precisi in ogni particolare che Enza aveva avuto l'impressione di essere stata lei stessa su quei treni, di aver sentito lo sferragliare sulle rotaie, di aver conosciuto la desolazione di quel viaggio notturno verso l'ignoto, fra persone sconosciute

Avrebbe almeno voluto prendere la corriera per l'ultimo

Eine Reise in die Vergangenheit

Zwischen einem Anfall und dem nächsten dachte Enza daran, dass ihr nach über vierzig Jahren eine Rückkehr nach Weißenbach hätte helfen können. Sie wusste zwar nicht wie, doch spürte sie diesen Impuls mit einer derartigen Dringlichkeit, dass sie ernsthaft glaubte, daraus irgendwie Linderung ziehen zu können.

Sie brauchte diese Pilgerfahrt; sie wollte den Ort des Unheils sehen, das Haus, den großen Hof, der sich zu den Bergen hin auftat, so wie ihn ihr die Mutter beschrieben hatte und wie er vielleicht immer noch in Ritas Träumen auftauchte. Sie hatte sich keine Erinnerung bewahrt; die Mutter hatte Ende der vierziger Jahre beschlossen, nach Italien zurückzukehren, wie sie zu sagen pflegte.

Sie wollte den Weg gehen, den ihre Familie viele Jahre vorher gegangen war, als sie von Kalabrien auswanderte. Wie konnte sie jene Reise wiederholen? Wo sollte sie jene stinkenden Züge wiederfinden, die menschlichen Wesen, armselig, resigniert und zusammengepfercht wie die Tiere auf dem Weg zum Schlachthof? Die Mutter/Großmutter hatte oft von Entbehrungen und Leiden erzählt, doch die Not, die sie im Heimatdorf gelitten hatten, hatte nichts mit der während der Reise erlebten Trostlosigkeit und Angst gemein. Ihre Erzählungen darüber waren immer so präzise bis ins letzte Detail gewesen, dass Enza fast den Eindruck hatte, sie wäre selbst in jenem Zug gewesen, hätte das Rattern auf den Geleisen gehört und die Trostlosigkeit jener nächtlichen Reise ins Unbekannte zwischen fremden Menschen erlebt.

Sie hätte zumindest den Autobus für den letzten Ab-

tratto di strada, ma dopo tanto tempo, col benessere sopravvenuto, anche le corriere erano diventate comode, anzi eleganti. Cosa era rimasto di allora? Niente, o quasi niente.

Quando finalmente trovò la forza di intraprendere questa specie di viaggio a ritroso nel tempo, erano passati molti mesi dalla morte della madre-nonna.

Era autunno inoltrato. I suoi ospiti abituali, quelli che avrebbero trascorso i mesi invernali nel suo albergo, erano già tutti arrivati.

Carlo, inquieto, non vedeva il senso di quel viaggio e se proprio non era possibile evitarlo, avrebbe voluto accompagnarla. Enza negli ultimi tempi non aveva avuto crisi, sembrava essere tornata alla normalità. Scherzò con lui, si prese gioco delle sue paure. E partì da sola.

Scelse un giorno qualsiasi della settimana, di buon mattino: una decisione presa su due piedi, per sorprendersi. Per sorprenderlo. Al marito, che ancora avrebbe voluto trattenerla, disse che sarebbe tornata assai presto, in giornata. In fondo con la macchina in meno di due ore sarebbe arrivata comodamente a Rio Bianco.

La notte aveva dormito solo con l'aiuto di un sedativo. Prima di partire era passata brevemente nella stanza di Rita, come sempre. Questa volta era più presto del solito. Rita dormiva ancora, tutta raggomitolata su se stessa, quasi non potesse distendersi neanche nel sonno. Enza era abituata a vederla così. Adesso sapeva anche perché. In generale, adesso capiva tutto della sorella-madre. Anche il suo mutismo, le sue paure.

Al momento di salire in macchina si era guardata intorno: una bella giornata autunnale, l'aria fresca, pulita, il cielo sereno, solo qualche nuvoletta dimenticata, leggera, quasi tra-

schnitt der Strecke nehmen wollen, doch nach so langer Zeit und dem eingetretenen Wohlstand, waren selbst die Busse gemütlich, sogar elegant geworden. Was war von damals geblieben? Nichts, oder fast nichts.

Als sie endlich die Kraft fand, diese Reise zurück in die Zeit zu unternehmen, waren viele Monate seit dem Tod der Mutter/Großmutter vergangen.

Es war tief im Herbst. Ihre üblichen Gäste, jene, die die Wintermonate in ihrem Hotel verbringen würden, waren bereits alle angekommen.

Carlo, beunruhigt, sah den Sinn dieser Reise nicht, und wenn es schon nicht möglich war sie zu vermeiden, hätte er sie zumindest begleiten wollen. Enza hatte in letzter Zeit keine Anfälle mehr gehabt, schien wieder in die Normalität zurückgekehrt zu sein. Sie scherzte mit ihm, spielte mit seinen Ängsten. Und fuhr alleine los.

Sie suchte sich irgendeinen Wochentag aus, früh morgens; ein plötzlich gefasster Entschluss, um sich selbst zu überraschen, um ihn zu überraschen. Ihrem Mann, der sie hätte aufhalten wollen, sagte sie, dass sie sehr bald wieder zurück sei, noch im Laufe des Tages. Schließlich wäre sie mit dem Auto in weniger als zwei Stunden in Weißenbach angekommen.

In der Nacht hatte sie nur mit Hilfe eines Beruhigungsmittels schlafen können. Bevor sie losfuhr, hatte sie kurz in Ritas Zimmer geschaut, wie üblich. Dieses Mal war es früher als sonst. Rita schlief noch, ganz in sich zusammengekauert, beinahe so, als könne sie sich nicht einmal im Schlaf entspannen. Enza war es gewohnt, sie so zu sehen. Jetzt wusste sie auch warum. Ganz allgemein verstand sie von ihrer Schwester/Mutter jetzt alles. Auch ihr Schweigen, ihre Ängste.

Als sie in den Wagen stieg, sah sie sich um: ein schöner Herbsttag, kühle, saubere Luft, heiterer Himmel, nur einige leichte, fast durchsichtige, vergessene Wölkchen. Jetzt, in

sparente. Ora a Bolzano il cielo era coperto. In realtà non aveva notato come lentamente le nuvole si fossero sempre più addensate in un unico ammasso grigio. Con tutto ciò non sembrava che dovesse venire a piovere. Era un grigio fermo, senza sviluppi, una cappa di nebbia o di smog.

Fino a quel momento aveva concentrato tutta la sua attenzione sui sorpassi, sul traffico stradale delle prime ore del mattino, sui camion, cercando in tal modo di ignorare quel senso di nausea che inesorabilmente saliva dallo stomaco e si strozzava in gola.

La segnaletica stradale l'aiutò a trovare la provinciale per la Val di Sarentino. Andava molto lenta, non tanto per prudenza, quanto per poter leggere tutte le indicazioni stradali. Era insicura, inquieta, in pieno stato d'allarme.

Passò Castel Roncolo e dopo qualche centinaio di metri incominciarono le prime curve, i primi tunnel. Si accorse di non essere mai venuta da quelle parti, neanche per una breve gita domenicale insieme alla famiglia.

Si guardava intorno con la stessa espressione negli occhi che conosceva nella madre: in guardia, l'istintivo presentimento di un possibile pericolo. La strada era stretta da una parte da rocce aspre, ripide e dall'altra da uno strapiombo scosceso, un dirupo del quale non poteva vedere il fondo.

Il malessere di prima si accentuò. Capì che in quelle condizioni le sarebbe stato impossibile proseguire e appena possibile, dopo qualche chilometro, fra un tunnel e l'altro, fermò la macchina. Fece appena in tempo ad aprire la portiera che già il caffè preso la mattina prima di partire si riversava con violenza sull'asfalto e insieme al caffè tutta l'angoscia accumulata in quegli ultimi mesi.

Sentì qualcuno piangere a dirotto. Lamenti, singhiozzi laceranti. Cercò affannosamente un fazzoletto e si asciugò il viso: era lei che piangeva, che gridava in modo sconnesso.

Bozen, war der Himmel bedeckt. In Wirklichkeit hatte sie gar nicht bemerkt, wie sich die Wolken immer mehr zu einem einzigen grauen Haufen verdichtet hatten. Trotz alledem schien es nicht, als wolle es zu regnen beginnen. Es war ein stillstehendes Grau ohne Bewegung, eine Haube aus Nebel oder Smog.

Bis zu diesem Zeitpunkt hatte sie ihre ganze Aufmerksamkeit auf die Überholmanöver, den frühen Morgenverkehr, die Laster gerichtet, um so dieses Gefühl von Übelkeit zu verdecken, das unaufhaltsam vom Magen aufstieg und ihr den Hals zuschnürte.

Die Straßenschilder halfen ihr die Landstraße in das Sarntal zu finden. Sie fuhr sehr langsam, nicht so sehr aus Vorsicht, sondern um alle Hinweisschilder lesen zu können. Sie war unsicher, unruhig, in voller Alarmbereitschaft.

Sie fuhr am Schloss Runkelstein vorbei und kurz darauf kamen die ersten Kurven, die ersten Tunnel. Sie stellte fest, dass sie noch nie hier gewesen war, nicht einmal auf einem kurzen Sonntagsausflug mit der Familie.

Sie schaute sich mit demselben Gesichtsausdruck um, den sie von ihrer Mutter kannte: auf der Hut, eine mögliche Gefahr instinktiv voraussehend. Die Straße war in rauen, steilen Fels gesprengt, der auf der einen Seite anstieg und auf der anderen in einen Abgrund abfiel, dessen Tiefe sie nicht ausmachen konnte.

Die Übelkeit von vorhin verstärkte sich. Sie begriff, dass sie in ihrem Zustand nicht weiterfahren konnte, und als es einige Kilometer weiter möglich war, zwischen einem Tunnel und dem nächsten, hielt sie an. Sie schaffte es gerade noch die Tür zu öffnen, als sich bereits der Kaffee, den sie am Morgen vor der Abfahrt getrunken hatte auf den Asphalt ergoss und mit ihm die ganze in den letzten Monaten aufgestaute Qual.

Sie hörte jemanden hemmungslos weinen – ein Jammern, ein herzzerreißendes Schluchzen. Sie suchte atemlos ein Taschentuch und wischte sich das Gesicht ab: sie war es,

Così non aveva pianto neanche davanti al cadavere della madre-nonna.

Riprese il controllo di sé e scese dalla macchina. Si trovò in uno slargo della strada, previsto per permettere agli automobilisti una fermata d'urgenza.

Diede un'occhiata oltre la scarpata, gli occhi ancora velati di lacrime: sull'altro lato la montagna vicina, coperta da erbacce, da piante selvatiche, brulle, secche, come bruciate. I rami nudi dei pochi alberi che crescevano fra le rocce tremavano, umidi del gelo notturno, presagi dei prossimi freddi, della pioggia vicina, della neve che presto l'avrebbe seguita. Questo senso di disfacimento, di fine, anche di morte, accentuò la sua desolazione. Pensò: „Ho sbagliato stagione".

Risalì in macchina, pensando ancora: „Se comincio così e sono soltanto all'inizio, come farò ad arrivare a Rio Bianco?"

Ricordò la madre-nonna, la sua fermezza, la volontà di fare la sua parte, come soleva dire, anche nelle situazioni più disperate. Anche lei doveva fare la sua parte ora, senza cedimenti, senza darsi per vinta.

Quante volte, in quegli ultimi mesi, si era chiesta se la madre-nonna l'avesse amata. Ma la parola amore per quella donna era un lusso da persone ricche, un sentimento che lei rifiutava di manifestare nelle sue forme esteriori, visibili, per una sorta di inibizione, considerandolo forse un segno di debolezza. Aveva amato almeno Rita? Sicuramente non si era mai posta una simile domanda. Enza in ogni caso, non aveva mai visto la madre fare un gesto di tenerezza verso la figlia, a parte i suoi abbracci notturni, che non erano improntati a tenerezza ma a compianto, a pietà, a consolazione. E se questo è amore, allora l'aveva amata.

die weinte, die unzusammenhängende Worte schrie. So hatte sie nicht einmal vor der Leiche der Mutter/Großmutter geweint.

Sie erlangte wieder die Kontrolle über sich, stieg aus dem Wagen. Sie befand sich auf einer Ausweichstelle, dafür vorgesehen, dass Autofahrer in Notfällen anhalten konnten.

Sie warf einen Blick in die Böschung, die Augen noch von Tränen verschleiert: auf der anderen Seite der nahe Berg, bedeckt von Gräsern, wilden Sträuchern, nackt, vertrocknet, wie verbrannt. Die nackten Zweige der wenigen Bäume, die zwischen den Felsen wuchsen, zitterten vom nächtlichen Frost, Vorbote der kommenden Kälte, des nahenden Regens, des Schnees, der ihm bald folgen würde. Dieses Gefühl von Auflösung, von Ende, von Tod auch, verstärkte ihre Trostlosigkeit. Sie dachte: „Ich habe die Jahreszeit verfehlt."

Sie stieg wieder ins Auto und dachte dabei: „Wenn ich so beginne und erst am Anfang bin, wie soll ich da nach Weißenbach kommen?"

Jetzt erinnerte sie sich an die Mutter/Großmutter, an ihre Hartnäckigkeit, an deren Willen, ihre Rolle zu Ende zu spielen, wie sie zu sagen pflegte, auch in extremen Situationen. Nun war sie an der Reihe ihre Rolle zu spielen, ohne Nachgeben, ohne sich geschlagen zu geben.

Wie oft hatte sie sich in den letzten Monaten gefragt, ob die Mutter/Großmutter sie geliebt hatte. Doch das Wort Liebe war für diese Frau ein Luxus der reichen Leute, ein Gefühl, das sie sich aus einer Art Hemmung heraus in äußerlicher, sichtbarer Form auszudrücken weigerte, weil sie es vielleicht als ein Zeichen der Schwäche betrachtete. Hatte sie zumindest Rita geliebt? Sicherlich hatte sie sich nie eine derartige Frage gestellt. Enza jedenfalls hatte nie gesehen, dass die Mutter der Tochter gegenüber eine Geste der Zärtlichkeit gemacht hätte, abgesehen von den nächtlichen Umarmungen, die nicht von Zärtlichkeit, sondern von Trauer, Mitleid, Trost bestimmt waren. Wenn das Liebe ist, dann hatte sie sie geliebt.

Anche lei rifuggiva da ogni effusione sentimentale. Carlo ne aveva sofferto molto e aveva attribuito la sua freddezza alla differenza di età. Per controbilanciare questo eccessivo riserbo l'aveva sommersa di tenerezza, di piccole attenzioni, quasi per scusarsi di essere così vecchio, ma dovette ricredersi, quando vide che anche con i figli Enza restava spartana, gelida.

Ricordò l'unico bacio della madre-nonna il primo giorno di scuola, lei bambina smarrita, lasciata sola davanti alla porta della classe: doveva aver provato un'intensa pietà se aveva potuto superare le proprie inibizioni. O forse soltanto l'ostilità. E poi, i rari, rarissimi sorrisi, gli occhi scuri, concentrati che la fissavano, che la scrutavano quasi cercasse qualcuno che non riusciva a dimenticare; la mano che stringeva la sua con forza quando attraversavano una strada, quasi temesse di perderla. O che potesse sfuggirle, scappar via.

E la sua presenza incombente, dominante: era anche questo amore?

Con lei si era sempre sentita protetta, come in una botte di ferro. Ora ripensando a quella botte di ferro fu assalita da un dubbio atroce: il ferro dà sì protezione, ma è freddo, non può riscaldare e soprattutto non conosce amore.

No, meglio non pensare.

Dopo questo pellegrinaggio avrebbe cercato di dimenticare tutto, avrebbe vissuto solo nel presente, con Carlo, i figli e i diversi animali che popolavano la sua casa.

Il pensiero di Carlo, così affettuoso, così pieno di premure la rincuorò.

Ripartì un po' più calma.

Lungo i fianchi delle montagne stracci di nuvole si addensavano sempre più, nascondendone la vista. Le rocce

Auch sie flüchtete vor jedem sentimentalen Erguss. Carlo hatte sehr darunter gelitten und hatte ihre Kälte dem Altersunterschied zugeschrieben. Um diese übertriebene Zurückhaltung auszugleichen, hatte er sie mit Zärtlichkeiten, kleinen Aufmerksamkeiten überschüttet, beinahe so, als entschuldige er sich dafür so alt zu sein, doch wurde er eines Besseren belehrt, als er sah, dass Enza auch bei den Kindern gefühllos blieb.

Sie erinnerte sich an den einzigen Kuss der Mutter/Großmutter am ersten Schultag: sie, ein verlorenes Kind, allein gelassen vor der Tür zum Klassenzimmer. Sie musste großes Mitleid empfunden haben, um ihre eigenen Hemmungen oder vielleicht nur die Feindseligkeit überwinden zu können. Und dann das seltene, äußerst seltene Lächeln, die dunklen, forschenden Augen, die sie anstarrten, beinahe als suche sie jemanden, den sie nicht vergessen konnte; die Hand, die die ihre kräftig umklammerte, wenn sie eine Straße überquerten, so als fürchte sie, sie zu verlieren. Oder dass sie ihr entfliehen könnte, weglaufen.

Und ihre drohende, dominante Gegenwart: war auch das Liebe?

Mit ihr hatte sie sich immer beschützt gefühlt, wie in einem eisernen Fass. Jetzt, da sie wieder an jenes eiserne Fass dachte, überfiel sie ein entsetzlicher Verdacht: Eisen schützt zwar, doch ist es kalt, kann nicht wärmen und vor allem kennt es keine Liebe.

Nein, besser nicht denken.

Nach dieser Pilgerfahrt würde sie versuchen alles zu vergessen, würde nur mehr in der Gegenwart leben, mit Carlo, den Kindern und all den verschiedenen Tieren, die ihr Haus bevölkerten.

Der Gedanke an Carlo, so liebevoll, so voller Aufmerksamkeit ermutigte sie.

Beruhigter fuhr sie weiter.

Entlang der Berghänge verdichteten sich die Wolkenfetzen immer mehr und verdeckten die Sicht. Die Felsen zu ih-

alla sua sinistra scure, minacciose, tagliate con violenza, trasudavano acqua. Enza guidava cauta, lenta, sorpassata da impazienti automobilisti che conoscevano ogni curva della strada. Un lungo tunnel, nero, buio nonostante i fari accesi, la mise improvvisamente in uno stato d'angoscia insopportabile. Vennero altri tunnel, brevi, lunghi. Sembrava non dovessero più finire. Ne contò dieci, quindici. Perse il conto. Ricordò di aver letto qualche anno prima di una frana che aveva chiuso un tunnel proprio su questo tratto di strada. Dopo quella disgrazia erano stati fatti nuovi tunnel per ridurre il percorso e renderlo più agevole e sicuro. Prima tutti i tunnel erano scuri, scavati nella roccia viva e se ne vedevano chiaramente le tracce. Era come entrare dentro la pancia della montagna, nel segreto della Terra.

Immaginò il viaggio della propria famiglia, quel terribile viaggio dal Sud che si avvicinava alla sua conclusione: la corriera che sicuramente strombettava a ogni curva per avvertire della sua presenza, quasi non si fosse sentita già da lontano. La strada allora era molto più stretta di adesso. Si potevano vedere ancora tratti interrotti, appartenenti alla strada vecchia che costeggiava il torrente Talvera. Allora certamente c'era molto meno traffico di adesso, forse qualche carro tirato da un cavallo o da buoi. Non riusciva ad immaginare come si fosse svolta la vita in quei luoghi cinquant'anni prima. Ma sentiva l'ansia che avevano provato la madre, la bambina Rita e forse il padre.

E poi sempre in salita, una curva dietro l'altra, un tunnel dietro l'altro. E quei macigni al lato della strada così opprimenti, schiaccianti. Si dovette fermare ancora una volta: le rocce, come in un incubo, persero la loro staticità e si dilatarono, si tesero, si allungarono acquistando forme sempre diverse. Fu un susseguirsi di figure bizzarre, mascheroni terri-

rer Linken, dunkel, bedrohlich, mit Gewalt gespalten, schwitzten Wasser. Enza fuhr vorsichtig, langsam, von ungeduldigen Autofahrern überholt, die jede Kurve der Straße kannten. Ein langer Tunnel, schwarz, finster trotz der Scheinwerfer, versetzte sie plötzlich in einen unerträglichen Angstzustand. Es folgten weitere Tunnel, kurze, lange. Es schien, als würden sie nicht mehr aufhören. Sie zählte deren zehn, fünfzehn. Sie verzählte sich. Sie erinnerte sich gelesen zu haben, dass vor einigen Jahren gerade auf diesem Straßenabschnitt ein Felssturz einen Tunnel verschüttet hatte. Nach dem Unglück wurden neue Tunnel gebohrt, um die Strecke zu verkürzen, bequemer und sicherer zu machen. Vorher waren alle Tunnel unbeleuchtet gewesen, in den nackten Fels gehauen und man konnte ganz klar die Spuren sehen. Es war als würde man in den Bauch des Berges fahren, in das Geheimnis der Erde.

Sie stellte sich die Reise ihrer Familie vor, jene furchtbare Reise aus dem Süden, die sich ihrem Ende näherte. Der sicherlich vor jeder Kurve hupende Autobus, um sein Nahen anzukündigen, gerade so, als ob man ihn nicht schon von weitem gehört hätte. Damals war die Straße sicher noch viel enger als heute gewesen. Man konnte noch die aufgelassenen Teilstücke sehen, die zur alten Streckenführung gehörten, die der Talfer entlang verlaufen war. Sicher gab es damals weniger Verkehr als heute, vielleicht einige von einem Pferd oder von Ochsen gezogene Wagen. Sie konnte sich nicht vorstellen, wie sich das Leben an diesen Orten vor fünfzig Jahren abgespielt haben mochte, doch sie fühlte die Bangigkeit, die die Mutter, das Mädchen Rita und vielleicht der Vater verspürt haben mussten.

Und dann, immer aufwärts, eine Kurve nach der anderen, ein Tunnel nach dem anderen. Und diese Felsblöcke am Straßenrand, so beklemmend, erdrückend. Sie musste noch einmal anhalten. Wie in einem Albtraum verloren die Felsen ihre Standhaftigkeit, dehnten sich aus, spannten sich und wuchsen, erlangten ständig wechselnde Formen. Es war

ficanti, bestiacce primordiali. Si voltò alla sua destra, per non guardare quelle figure infernali e seduta accanto a sé vide la figuretta vestita di nero che le serrava il polso, saldamente, come l'ultima volta, prima di morire. Ne sentì la pressione, con estrema chiarezza.

Si rese conto di star male, di avere un'allucinazione. Non era la prima volta che sentiva la stretta di quella mano e sapeva che era solo frutto della propria immaginazione, ma non riusciva ugualmente a liberarsene. Forse non voleva! Fissò la mano, la piccola mano di chi ha lavorato tutta una vita, forte, scura, che conosceva in ogni suo particolare, in ogni suo solco, dito per dito, ultimo anello della catena che la legava ancora alla nonna, alla donna che aveva creduto essere sua madre.

E non poté liberarsene. Non ancora.

L'improvvisa consapevolezza di non volersi liberare da quella stretta la sorprese: „Dò i numeri e voglio continuare a dare i numeri' pensò lucidamente. "Non sono in grado di accettare la realtà e per questo preferisco rifugiarmi nella pazzia."

Aprì la borsetta e cercò le pillole che Carlo le aveva dato in caso di bisogno. Ne ingoiò due senza acqua, faticosamente. Non aveva pensato all'acqua. In fondo si trattava di un percorso abbastanza breve e dappertutto avrebbe potuto trovare un bar o un ristorante, se soltanto avesse voluto.

Aspettò seduta in macchina, a lungo. Spossata appoggiò la testa sul volante. Si assopì un momento.

Riaprendo gli occhi le sembrò di vivere in uno dei suoi sogni angosciosi. Le nuvole, fitte, nere, erano scese fin sulla strada. La macchina era avvolta da una specie di vapore

eine Aufeinanderfolge von bizarren Erscheinungen, schrecklichen Fratzen, urzeitlichen Bestien. Sie wandte sich nach rechts, um nicht diese höllischen Auswüchse sehen zu müssen und sah, neben sich sitzend, das schwarz gekleidete kleine Wesen, das ihr Handgelenk umklammerte, fest, wie zum letzten Mal vor dem Sterben. Sie fühlte den Druck mit äußerster Deutlichkeit.

Ihr wurde bewusst, dass es ihr schlecht ging, dass sie Wahnvorstellungen hatte. Es war nicht das erste Mal, dass sie diesen Händedruck spürte und wusste, dass es sich nur um eine Einbildung handelte, und trotzdem konnte sie sich nicht von ihr befreien. Vielleicht wollte sie nicht! Sie starrte die Hand an, die kleine Hand derer, die ein Leben lang gearbeitet hatte, stark, dunkel, die sie in all ihren Einzelheiten kannte, jede Falte, Finger um Finger; das letzte Glied, das sie noch an ihre Großmutter band, an die Frau, von der sie geglaubt hatte, sie sei ihre Mutter.

Und konnte sich nicht befreien. Noch nicht.

Das plötzliche Bewusstsein, sich nicht von diesem Griff befreien zu wollen, überraschte sie. „Ich drehe durch und will auch weiterhin durchdrehen“, dachte sie bei klarem Verstand. „Ich bin nicht imstande die Wirklichkeit zu akzeptieren und deshalb ziehe ich es vor, mich in den Irrsinn zu flüchten.“

Sie öffnete die Handtasche und suchte die Tabletten, die Carlo ihr für den Notfall gegeben hatte. Sie schluckte zwei davon mühevoll ohne Wasser. An das Wasser hatte sie nicht gedacht. Im Grunde genommen war es ja nur eine kurze Strecke und überall hätte sie eine Bar oder ein Restaurant finden können, wenn sie nur gewollt hätte.

Im Wagen sitzend wartete sie lange. Erschöpft legte sie den Kopf auf das Lenkrad. Sie nickte einen Augenblick lang ein.

Als sie die Augen wieder öffnete, schien es ihr, als lebte sie in einem ihrer angsterfüllten Träume. Die Wolken, dicht und schwarz, waren bis auf die Straße herabgesunken. Der

come in un bagno turco; non si vedeva assolutamente niente, da nessuna parte. Si sentì soffocare. Guardò il conta chilometri: dall'uscita dell'autostrada aveva percorso pochi chilometri! Accese i fari antinebbia e ripartì ancora più attenta, cercando di concentrarsi solo sulla strada che del resto vedeva appena. L'asfalto, le colonnette di delimitazione, tutto era inghiottito nel nulla. Solo la linea bianca sul bordo stradale le indicava il limite oltre il quale non doveva andare.

I tunnel erano finiti, gli ultimi erano illuminati e non avevano quell'aspetto primitivo che l'aveva terrorizzata prima. Costruiti da poco, e si vedeva, erano larghi, moderni, quasi banali nella loro normalità. All'uscita dell'ultimo tunnel vide un ristorante, Mezzavia. Si fermò sul parcheggio vuoto, forse per l'ora mattutina o forse perché fuori stagione. Dopo qualche minuto di indecisione, aprì lo sportello della macchina e un vapore umidiccio penetrò lentamente nel piccolo abitacolo, come il fumo di un camino. Scese ed ebbe l'impressione di galleggiare: sarà dipeso dal calmante che cominciava a fare il suo effetto o dalla nebbia che coprendo tutto lo spiazzo del parcheggio ne cancellava i contorni. Sta di fatto che le sembrò di non poggiare i piedi sulla terra.

Si diresse verso la casa di pietra, che nonostante la nebbia era possibile vedere. Aprì la porta ed entrò in una piccola Stube fumosa, scura, l'aria stagnante. Vide due tavoli di legno grezzo e un banco di mescita cui si appoggiava un uomo di mezza età davanti a un bicchiere di vino, forse non il primo della giornata. Si sedette al tavolo vicino alla porta. Il barista, un giovanottone che in altri tempi avrebbe fatto il taglialegna tanto era robusto, ben piantato, tutto muscoli, un tovagliolo legato intorno ai fianchi a mo' di grembiule, la in-

Wagen war in eine Art Dampf eingehüllt, wie in einem türkischen Bad; man sah absolut nichts. Sie hatte das Gefühl zu ersticken. Sie sah auf den Kilometerzähler: von der Autobahnausfahrt ab hatte sie nicht einmal zehn Kilometer zurückgelegt! Sie schaltete die Nebelscheinwerfer ein und fuhr noch vorsichtiger los, konzentrierte sich nur auf die Straße, die sie kaum sah. Der Straßenbelag, die Randsteine, alles war vom Nichts verschluckt. Nur die weiße Linie am Straßenrand zeigte ihr die Grenze an, die sie nicht überqueren durfte.

Die Tunnel waren zu Ende; die letzten waren beleuchtet gewesen und hatten nicht dieses primitive Aussehen, das sie vorhin so erschreckt hatte. Vor kurzem gebaut, man sah es; breit waren sie, modern, beinahe banal in ihrer Normalität. An der Ausfahrt des letzten Tunnels sah sie ein Gasthaus: Halbweg. Sie hielt auf dem Parkplatz an; er war leer, vielleicht wegen der frühen Stunde oder weil die Saison vorbei war. Nach einigen Minuten der Unschlüssigkeit öffnete sie die Wagentür und ein feuchter Dampf kroch wie der Rauch aus einem Kamin langsam in das enge Wageninnere. Sie stieg aus und hatte das Gefühl zu schweben; ob es vom Beruhigungsmittel herrührte, das Wirkung zu zeigen begann, oder vom Nebel, der den ganzen Parkplatz bedeckend die Konturen auslöschte, Tatsache war, dass ihr schien, als ob die Füße den Boden nicht berührten.

Sie ging auf das Steinhaus zu, das sie trotz des Nebels sehen konnte. Sie öffnete die Tür und trat in einen kleine, rauchige, dunkle Stube mit abgestandener Luft. Sie sah zwei Tische aus rohem Holz und einen Schanktresen, auf den sich ein Mann mittleren Alters stützte, ein Glas Wein vor sich, vielleicht nicht das erste am Tag. Sie setzte sich an den Tisch neben der Tür. Der Kellner, ein Mordskerl, der zu anderen Zeiten Holzfäller gewesen wäre, so kräftig war er, gut gewachsen mit ausgeprägten Muskeln, ein Tischtuch als Schürze

terpellò in tedesco: «*Was soll's sein*[31]?»

Enza trasalì folgorata da un pensiero: „Mi crede una tedesca".

Non sapeva che i sudtirolesi parlano di preferenza il loro dialetto, poi il tedesco e in fondo, in coda, in italiano, se proprio sono costretti, e che soprattutto in quella valle non avevano molta consuetudine con i turisti italiani. Era già molto se il barista le aveva parlato in tedesco, e non in dialetto. Aveva capito subito che si trattava di una forestiera. L'aspetto di Enza denunciava chiaramente la sua provenienza nordeuropea.

Superato il primo shock, Enza chiese dell'acqua minerale. Voleva soltanto bere. Poi aggiunse: «Anche un tè, una camomilla.»

„È un posto abbandonato da Dio e dagli uomini", pensò.

Aprì la borsetta e cercò uno specchietto, forse per riordinare i capelli, o controllare il trucco leggero che anche quel giorno, meccanicamente come faceva ogni mattina, aveva passato sul viso. Voleva guardarsi come la vedevano gli altri: vide una tedesca, una straniera, un viso sconosciuto, qualcuno che non aveva niente a che fare con lei. Per lo meno con l'immagine che aveva di se stessa. Due occhi puntati nei suoi occhi. Due occhi spiritati che la fissavano senza vederla. „Chi sei?" Si domandò stupita. „A chi somiglio io? È mio questo viso o è soltanto la copia di un altro? Chi mi porto dentro, da sempre? Chi mi ha segnato per tutta la vita? Io non mi riconosco in questo viso. Io non c'entro. Io sono innocente. Innocenza, il mio nome. Questo viso è la copia di un altro viso, di un'altra persona che non conosco, che non voglio conoscere. E io? Dove rimango io, se sono solo una copia?"

---

[31]Desidera?

um die Hüften gebunden, fragte sie: »Was soll's sein?«

Enza schreckte von einem Gedanken getroffen hoch: „Er glaubt, ich sei eine Deutsche".

Sie wusste nicht, dass die Südtiroler in erster Linie ihren Dialekt sprechen, dann Deutsch und am Ende, ganz am Ende Italienisch, wenn sie dazu gezwungen sind, und gerade in diesem Tal hatten sie nicht viel Umgang mit italienischen Touristen. Es war schon viel, dass sie der Kellner auf Deutsch und nicht im Dialekt ansprach. Er hatte sofort verstanden, dass es sich bei ihr um eine Fremde handelte. Enzas Aussehen verriet offensichtlich ihre nordeuropäische Herkunft.

Als sie den ersten Schock überwunden hatte, bat sie um ein Mineralwasser. Sie wolle nur trinken. Dann fügte sie hinzu: »Auch einen Tee, einen Kamillentee.«

Das ist ein von Gott und den Menschen verlassener Ort, dachte sie.

Sie öffnete die Handtasche und suchte einen Spiegel, vielleicht um die Haare in Ordnung zu bringen, die leichte Schminke aufzufrischen, die sie auch an diesem Tag mechanisch, wie an jedem Morgen aufgetragen hatte. Sie wollte sich ansehen, wissen wie sie die anderen sahen. Sie sah eine Deutsche, eine Fremde, ein unbekanntes Gesicht, jemanden, der nichts mit ihr zu tun hatte, zumindest nicht mit dem Bild, das sie von sich hatte. Zwei Augen, die ihr in die Augen schauten. Zwei verstörte Augen, die sie anstarrten ohne sie zu sehen. „Wer bist du?", fragte sie sich überrascht. „Wem sehe ich ähnlich? Ist das mein Gesicht oder ist es nur die Kopie eines anderen? Wen trage ich in mir, seit jeher? Wer hat mich fürs ganze Leben gezeichnet? Ich erkenne mich nicht in diesem Gesicht. Ich habe nichts damit zu tun. Ich bin unschuldig. Innocenza ist mein Name. Dieses Gesicht ist die Kopie eines anderen Gesichts, einer anderen Person, die ich nicht kenne, die ich nicht kennen will. Und ich? Wo bleibe ich, wenn ich nur eine Kopie bin?"

Si scrutò a lungo, sempre più smarrita. Il barista dopo qualche tempo la chiamò e con accento sudtirolese, strascicando le erre, ma parlando italiano, l'avvertì che il tè e l'acqua erano già sul tavolino.

Rimase seduta come una sonnambula, sentendosi solo un viso, ma un viso sconosciuto, in un corpo vuoto, non suo, senza un'anima propria. Solo la copia di un viso che non le apparteneva, appoggiato, quasi una maschera, su quello vero, quello che lei sola vedeva, dentro di sé. E scoprì che il suo 'vero' viso era quello della madre, quello in cui si era specchiata nei primi mesi di vita, in cui si era identificata e 'vista'. La madre, sempre la madre, che poi non era sua madre. „Tutto è falso in me, il viso, l'anima, la mia nascita e anche mia madre!"

Il barista non smetteva di osservarla, perfino l'uomo che pasteggiava il vino si girò alcune volte incuriosito. Enza bevve l'acqua e poi il tè, senza rendersene conto, senza notare gli sguardi curiosi dei due uomini, senza aver coscienza di essersi persa in un terribile dilemma, sdoppiata, divisa fra una sconosciuta e una seconda sconosciuta: chi delle due aveva a che fare con lei, con Enza Golin, la moglie di Carlo Golin? Carlo forse sapeva chi delle due era sua moglie... quella vera, se pur ne esisteva una.

Più tardi ebbe soltanto un vago ricordo di quel posto. Ma non seppe discernere il sogno da un brandello di realtà effettivamente vissuta.

A un certo punto si svegliò in macchina: un camion aveva strombazzato col clacson dietro di lei, forse per il suo modo di procedere a velocità assai ridotta, o solo perché voleva finalmente superarla.

Era quasi mezzogiorno! Cosa era accaduto durante tutte quelle ore? Non ricordava di essere risalita in macchina, di

Sie prüfte sich lange, immer verwirrter. Nach einer Weile sprach sie der Kellner mit südtirolerischem Akzent, aber auf Italienisch an und machte sie darauf aufmerksam, dass der Tee und das Wasser vor ihr auf dem Tisch stünden.

Wie eine Schlafwandlerin blieb sie sitzen, mit dem Gefühl, nur ein Gesicht zu sein, ein unbekanntes Gesicht in einem leeren Körper, nicht ihrem, ohne eigene Seele. Nur die Kopie eines Gesichts, das ihr nicht gehört, beinahe eine Maske, über ihr wahres Gesicht gestülpt, das nur sie sah, in sich drinnen. Und sie entdeckte, dass ihr 'wahres' Gesicht das ihrer Mutter war, jenes, in dem sie sich die ersten Monate ihres Lebens gespiegelt hatte, mit dem sie sich identifiziert und in dem sie sich 'gesehen' hatte. Die Mutter, immer die Mutter, die dann ja nicht ihre Mutter war. „Alles ist falsch an mir, das Gesicht, die Seele, meine Geburt und auch meine Mutter."

Der Kellner hörte nicht auf sie zu beobachten; sogar der Mann mit dem Wein drehte sich einige Male neugierig zu ihr um. Enza trank das Wasser und dann den Tee, ohne es zu merken, ohne die neugierigen Blicke der Männer zu beachten, ohne sich bewusst zu werden, dass sie sich in einem furchtbaren Dilemma verloren hatte: gespalten, aufgeteilt zwischen einer Fremden und einer zweiten Fremden. Welche von den beiden hatte mit ihr zu tun, mit Enza Golin, der Frau Carlo Golins? Carlo wusste vielleicht, welche von den beiden seine Frau war ..., die wahre, wenn denn eine solche existierte.

Später hatte sie nur eine unklare Erinnerung an diesen Ort, doch sie konnte den Traum nicht von einem tatsächlich gelebten Fetzen Wirklichkeit trennen.

Irgendwann fand sie sich in ihrem Auto wieder; ein Lastwagen hinter ihr hatte gehupt, vielleicht wegen ihrer äußerst langsamen Fahrweise oder auch nur, weil er sie endlich überholen wollte.

Es war beinahe Mittag! Was war in all den Stunden dazwischen geschehen? Sie konnte sich nicht erinnern, wieder

essere partita. Come aveva potuto guidare in quelle condizioni? Aveva dormito da qualche parte, seduta a un tavolo di legno rustico. Quanto tempo era rimasta lì?

La nebbia intanto aveva ceduto il posto a una pioggerella sottile, minuta, che quasi non si vedeva ma che appannava il vetro e copriva tutto di un velo acquoso, umido. Dopo qualche minuto di panico, cercando di non perdere la testa, fermò con estrema cautela su uno spiazzo, davanti a una casa. Sembrava essere un albergo, e infatti lesse „Gasthof Sonne". Entrò e chiese una stanza. Seguì la padrona su per le scale.

Vide solo un letto e senza indugio vi si diresse. Lasciò cadere la borsa e senza neanche girarsi indietro per chiudere la porta vi crollò sopra. La padrona dell'albergo che l'aveva preceduta per mostrarle la camera scosse la testa e uscì, chiudendo la porta dietro di sé. Tutto avvenne come in sogno, l'albergo, le scale, la stanza, il letto.

Era stanchissima, le ossa a pezzi e un cerchio di ferro intorno alla testa. Pensò che il suo impulso di fermarsi a un albergo era stato molto ragionevole. Poi smise di pensare, e cadde in un sonno profondo, quasi in coma, complici anche il tranquillante e la tensione accumulata.

Si svegliò che era già buio, già notte. Ma in quella stagione e vicino alle montagne la sera cadeva assai presto. In realtà saranno state le cinque del pomeriggio.

Il freddo l'aveva svegliata. Anche se del tutto vestita, la giacca del tailleur pesante, le scarpe ai piedi, era letteralmente scossa da brividi di freddo. Sentì di essere ammalata, di avere la febbre. Il corpo tutto un dolore.

Il primo pensiero, dopo essersi guardata intorno per capire

in den Wagen gestiegen und losgefahren zu sein. Wie konnte sie in diesem Zustand überhaupt fahren? Hatte sie irgendwo geschlafen, vielleicht am rustikalen Holztisch sitzend? Wie lange war sie dort geblieben?

Der Nebel war mittlerweile einem dünnen, feinen Regen gewichen, den man beinahe nicht sah, der aber die Frontscheibe anlaufen ließ und alles mit einem wässrigen, feuchten Schleier überzog. Nach einigen Minuten der Panik versuchte sie, einen klaren Kopf zu bekommen und hielt mit äußerster Vorsicht auf dem Parkplatz vor einem Haus an. Es schien ein Gasthaus zu sein und tatsächlich war auf der Fassade die Aufschrift „Gasthof Sonne" zu lesen. Sie trat ein und fragte nach einem Zimmer. Sie folgte der Wirtin eine Treppe hinauf.

Sie sah nur das Bett und ohne zu zögern, ging sie darauf zu. Sie warf ihre Tasche zu Boden und, ohne sich umzudrehen, um die Tür zu schließen, ließ sie sich aufs Bett fallen. Die Besitzerin des Gasthofs, die ihr vorausgegangen war, um ihr das Zimmer zu zeigen, schüttelte den Kopf und schloss die Tür hinter sich. Alles war wie im Traum, der Gasthof, die Treppe, das Zimmer, das Bett.

Sie war todmüde, am ganzen Körper geschunden und mit einem Eisenring um den Kopf. Sie dachte, dass der Gedanke, beim Gasthof anzuhalten, ein sehr vernünftiger gewesen war. Dann hörte sie auf zu denken und fiel in einen tiefen, komaähnlichen Schlaf, nicht zuletzt wegen des Beruhigungsmittels und der angestauten Spannung.

Als sie erwachte, war es bereits dunkel. Doch zu dieser Jahreszeit brach in den Bergen die Nacht sehr früh an. In Wirklichkeit mochte es fünf Uhr nachmittags sein.

Die Kälte hatte sie aufgeweckt. Wenn auch vollkommen angezogen, mit einer dicken Jacke und den Schuhen an den Füßen, wurde sie buchstäblich vom Schüttelfrost gebeutelt. Sie fühlte sich krank, fiebrig. Der ganze Körper voller Schmerzen.

Nachdem sie sich umgesehen hatte, um zu begreifen, wo

dove si trovava, fu di avere l'influenza. Proprio ora, lontana da Carlo! Cercò di concentrarsi per capire come mai si trovasse in quella stanza sconosciuta e come era arrivata lì. Una gran confusione nella testa e una stanchezza mai provata prima la paralizzava.

A fatica si sollevò sul letto per cercare il telefonino che negli ultimi tempi portava sempre con sé. Glielo aveva comprato Carlo, uno dei primi esemplari ancora molto caro, allora, ma necessario per poterla rintracciare ogni momento. Cercò nelle tasche della giacca. Non lo trovò. Rovistò nella borsa, gettando tutti gli oggetti sul letto. Niente. Non riusciva a raccogliere i pensieri, tutto svaniva, si perdeva. Finalmente ricordò di averlo messo all'ultimo momento in macchina, sul sedile accanto. „Speriamo che nessuno lo abbia portato via'. Cercò la chiave della macchina. Almeno quella doveva averla. E invece no. Aveva lasciato la macchina aperta, forse aveva chiuso solo lo sportello.

Si alzò sempre più angosciata. Sentì le ginocchia molli, privi di forza. „Come sono debole, oggi non ho neanche pranzato", pensò per giustificare la propria debolezza. Scese giù reggendosi appena in piedi, afferrandosi alla ringhiera, temendo di scivolare a ogni gradino, la testa che girava, vuota.

Fuori era già buio, umido, freddo. Lì l'inverno era già arrivato. Piovigginava. Doveva essere il resto di un grosso acquazzone del quale non si era accorta. Un lampione illuminava a malapena il cortile dove aveva parcheggiato la macchina. Aprì lo sportello. Vide subito la chiave e il telefonino e respirò sollevata.

Tornò in camera e si accorse di avere un telefono sul comodino, accanto al letto. Non lo aveva visto prima tanta era stata la sua confusione. Telefonò a casa, ma il marito non era ancora rientrato. Telefonò allo studio: l'infermiera rispose

sie war, war der erste Gedanke, dass sie die Grippe hatte. Gerade jetzt, weit weg von Carlo! Sie versuchte sich zu konzentrieren, um zu verstehen, warum sie sich in diesem unbekannten Zimmer befand und wie sie da hingekommen war. Ein großes Durcheinander im Kopf und eine nie vorher gespürte Müdigkeit lähmten sie.

Mit Mühe erhob sie sich vom Bett, um das Handy zu suchen, das sie in letzter Zeit immer mitnahm. Carlo hatte es ihr gekauft, eines der ersten, damals noch sehr teuren Modelle, um sie jederzeit erreichen zu können. Sie suchte in den Jackentaschen; sie fand es nicht. Sie kramte in der Tasche, kippte den Inhalt aufs Bett. Nichts. Endlich erinnerte sie sich, dass sie es im letzten Moment im Wagen auf den Beifahrersitz gelegt hatte. „Hoffentlich hat es nicht jemand mitgenommen." Sie suchte den Wagenschlüssel; den müsste sie zumindest haben. Er war aber nicht da. Sie hatte den Wagen offen gelassen; vielleicht nur die Wagentür geschlossen.

Immer aufgeregter stand sie auf. Sie hatte weiche Knie, war kraftlos. „Ach, bin ich schwach; ich habe heute noch nicht einmal gegessen", dachte sie, um die Schwäche zu rechtfertigen. Sich kaum auf den Beinen haltend ging sie ans Stiegengeländer geklammert hinunter; schwindlig wie sie war, fürchtete sie bei jeder Stufe zu stolpern.

Draußen war es schon finster, feucht und kalt. Hier hatte der Winter bereits begonnen. Es nieselte. Es musste der Rest eines Platzregens sein, den sie nicht bemerkt hatte. Eine Straßenlaterne beleuchtete mehr schlecht als recht den Hof, auf dem ihr Wagen stand. Sie öffnete die Wagentür. Sofort sah sie den Schlüssel und das Handy und atmete erleichtert auf.

Sie kehrte in ihr Zimmer zurück und bemerkte das Telefon neben dem Bett. Sie hatte es vorhin nicht gesehen, so groß war ihre Verworrenheit gewesen. Sie rief zu Hause an, doch ihr Mann war noch nicht da. Sie rief in der Praxis an; die Sprechstundenhilfe antwortete ihr, dass er gerade einen

che aveva visite. Gridò disperata.

«Lo chiami subito!»

Carlo, con la calma di sempre, le chiese solo dove si trovava. Enza quasi non poteva parlare. Si mise a piangere come una bambina abbandonata. Balbettò solo: «Non so, lungo la strada... Albergo Sonne».

Dopo circa due ore arrivò, e per prima cosa le fece un'iniezione. Poi chiese degli asciugamani, una catinella di acqua fredda e cominciò a farle degli impacchi per calare la febbre.

La mattina presto se la caricò in macchina e la portò a - casa.

La figlia Luisa il giorno seguente arrivò con la corriera per prendere la macchina della madre, rimasta incustodita, aperta. „Fortuna che in questo paese c'è ancora della gente onesta", pensò la ragazza.

Enza rimase quasi due settimane a letto, veramente malata, con febbre altissima. A volte delirava, parlava di tre uomini, di tre soldati, un colpo, e poi silenzio.

«Silenzio, silenzio», ansava. Si calmava e poi riprendeva, quasi un lamento: «La bambina no, la bambina no».

Riviveva una scena, alla quale non aveva mai partecipato, che non aveva mai visto ma che doveva essere molto chiara fin nei minimi particolari nella sua fantasia. Spesso urlava.

«Mamma, mamma.» Ma altre parole si sovrapponevano, parole che farfugliava, incomprensibili, disarticolate, prive di senso. Allora si dibatteva con violenza e mordeva il lenzuolo, le coperte. Mordeva le proprie mani, a sangue. Carlo fu costretto a legarla nel letto.

Senza di lui sarebbe finita in una clinica psichiatrica.

Si svegliò una bella mattina d'inverno. Il sole entrava luminoso attraverso i vetri della finestra. Le tende erano state scostate da Carlo, poco prima di uscire per le sue visite. Sa-

Patienten versorge. Sie schrie verzweifelt ins Telefon:

»Rufen sie ihn, sofort!«

Carlo, ruhig wie immer, fragte sie, wo sie sei. Enza konnte fast nicht reden. Sie begann wie ein verlassenes Kind zu weinen. Sie stotterte nur: »Ich weiß nicht ..., auf dem Weg ..., Gasthof Sonne.«

Nach ungefähr zwei Stunden kam er und zu allererst gab er ihr eine Spritze. Dann bat er um Handtücher, eine Schüssel mit kaltem Wasser und begann ihr feuchte Umschläge zu machen, um das Fieber zu senken.

Früh am Morgen setzte er sie in seinen Wagen und brachte sie nach Hause.

Tags darauf fuhr ihre Tochter Luisa mit dem Autobus ins Tal, um den Wagen der Mutter zu holen, der unbeaufsichtigt und nicht abgeschlossen dort geblieben war. „Zum Glück gibt es in diesem Land noch ehrliche Leute“, dachte sie.

Enza blieb beinahe zwei Wochen im Bett, krank, mit sehr hohem Fieber. Manchmal phantasierte sie, sprach von drei Männern, drei Soldaten, einem Hieb und dann Stille.

»Stille, Stille«, keuchte sie. Sie beruhigte sich und begann von neuem, beinahe im Klageton: »Das Mädchen nicht, nein, nicht das Mädchen.«

Sie erlebte ein Ereignis, bei dem sie nicht anwesend gewesen war, etwas, was sie nie gesehen hatte, das aber äußerst klar bis ins letzte Detail in ihrer Phantasie vorhanden sein musste. Oft schrie sie:

»Mama, Mama.« Aber auch andere Wörter mischten sich darunter, Wörter, die sie stammelte, unverständlich, unzusammenhängend, ohne Sinn. Dann schlug sie gewaltsam um sich und biss ihre Hände blutig. Carlo war gezwungen sie ans Bett zu binden.

Ohne ihn wäre sie in einer psychiatrischen Anstalt gelandet.

Sie erwachte an einem schönen Wintermorgen. Die Sonne schien hell durch die Fenster. Carlo hatte die Vorhänge

peva che la fase acuta era finalmente superata, l'aveva osservata durante la notte e aveva visto che il suo sonno si era fatto regolare. Sapeva che si sarebbe svegliata guarita o quasi, e voleva che il giorno, la vita, l'accogliesse nel suo aspetto migliore.

Aveva fatto mettere un gran fascio di fiori ai piedi del letto affinché li vedesse subito, appena aperto gli occhi e sapesse che la pensava, che era presente. Uno dei suoi tanti gesti affettuosi.

Enza godette di quelle prime ore del mattino come una bambina. Si crogiolò nel letto come non aveva fatto mai, sentendosi piacevolmente debole, leggera, rilassata dopo tante tensioni; ebbe l'impressione di aver dormito a lungo, ininterrottamente, un sonno pieno di sogni, ma fu solo una vaga percezione, quasi si trattasse di un'altra persona, o di un'altra vita.

Ritrovò il proprio corpo e si sentì bene nella propria pelle, come rinata.

Le fu portata la colazione e l'infermiera che l'aveva assistita giorno e notte, sorrise contenta anche lei di vederla tornare alla normalità.

zur Seite geschoben, bevor er zu seinen Patientenbesuchen aufgebrochen war. Er wusste, die akute Phase war endlich überwunden; er hatte sie während der Nacht beobachtet und gesehen, dass ihr Schlaf ruhiger geworden war. Er wusste, dass sie wiedergenesen aufwachen würde und wollte, dass der Tag, das Leben sie mit dem freundlichsten Gesicht empfange.

Er hatte einen großen Blumenstrauß am Fußende des Bettes hingestellt, so dass sie ihn sofort sehen musste, wenn sie die Augen aufmachen würde, und damit sie wisse, dass er an sie dachte. Eine seiner vielen liebevollen Gesten.

Enza genoss diese ersten Morgenstunden wie ein kleines Mädchen. Sie rekelte sich im Bett, wie sie es noch nie getan hatte, fühlte sich wohltuend schwach, wieder erholt nach so vielen Anspannungen. Sie hatte den Eindruck, lange und ununterbrochen geschlafen zu haben, ein Schlaf voller Träume, doch war es nur ein unbestimmter Eindruck, beinahe so, als handle es sich um eine andere Person, um ein anderes Leben.

Sie fand ihren eigenen Körper wieder und fühlte sich wohl in ihrer Haut, wie neu geboren.

Man brachte ihr das Frühstück und die Krankenschwester, die sie Tag und Nacht betreut hatte, lächelte, auch sie erfreut, sie wieder in die Normalität zurückkehren zu sehen.

Rio Bianco

L'inverno era trascorso abbastanza tranquillo, il lavoro in albergo, le visite dei figli, il solito tran tran quotidiano, Enza sembrava aver superato quello che Carlo considerava una reazione al lutto per la perdita della madre. Man mano però che la stagione invernale volgeva al suo termine, l'umore di Enza cominciò a mutare a vista d'occhio: si avvicinava la data, il 2 maggio, giorno in cui la madre aveva chiuso per sempre quegli occhi inquisitori che l'avevano seguita anche da lontano, per tutti gli anni della sua vita. E forse oltre.

Il marito notò subito il cambiamento: era posseduta da un pensiero fisso. Ripeteva sempre più spesso di voler andare a Rio Bianco. A Carlo che protestava rispondeva che la prima volta era partita già con la febbre, questo il motivo del suo malessere.

«Cosa vai a cercare lì, dopo tanti anni? Cosa pensi di vedere? Sicuramente tutto è cambiato, e poi tu non sai neanche come era prima.»

Carlo non sapeva nulla. Enza non aveva ancora avuto la forza di raccontare. Aveva messo tutto a tacere, senza per questo aver risolto niente. Del resto non sapeva cosa ci sarebbe stato da risolvere: poteva solo accettare. Accettarsi con quella terribile eredità e basta.

Ma continuava a insistere: doveva assolutamente tornare a Rio Bianco. Benché non fosse chiaro neanche a lei cosa si

Weißenbach

Der Winter war einigermaßen ruhig verstrichen: die Arbeit im Hotel, die Besuche der Kinder, der übliche Ablauf des Alltags. Enza schien das, was Carlo als Reaktion auf den Verlust der Mutter bezeichnet hatte, überwunden zu haben. Als aber der Winter Schritt für Schritt seinem Ende entgegenging, begann sich ihre Stimmung sichtlich zu verändern. Es näherte sich der 2. Mai, der Tag, an dem die Mutter für immer ihre inquisitorischen Augen geschlossen hatte, die ihr auch aus der Ferne gefolgt waren, immer, all die Jahre ihres Lebens ..., und vielleicht darüber hinaus.

Ihrem Mann fiel die Veränderung sofort auf: sie war von einem fixen Gedanken besessen. Sie wiederholte immer öfter, nach Weißenbach fahren zu wollen. Auf die Bedenken Carlos entgegnete sie, dass sie beim ersten Mal schon mit Fieber losgefahren sei; das sei die Ursache ihrer Krankheit gewesen.

»Was willst du denn dort suchen, nach so vielen Jahren? Was glaubst du dort zu finden? Sicher hat sich alles verändert und außerdem weißt du nicht einmal, wie es vorher gewesen ist.«

Carlo wusste nichts. Enza hatte noch nicht die Kraft gefunden, es ihm zu sagen. Sie hatte alles zum Schweigen gebracht, ohne damit etwas erledigt zu haben. Sie wusste übrigens auch nicht, was es dort zu erledigen geben sollte; es blieb ihr nichts anderes übrig als sich selbst mitsamt jenem schrecklichen Erbe zu akzeptieren und Schluss!

Sie bestand weiterhin darauf: sie musste unbedingt nach Weißenbach zurückkehren, auch wenn ihr selbst nicht klar

aspettasse di trovare lì.

Il marito propose di accompagnarla. Non voleva lasciarla sola; avrebbero fatto una gita insieme, niente di più. Un ritorno ai luoghi perduti di un passato ormai lontano. Disse che avrebbe voluto vedere anche lui quel cortile dove aveva mosso i primi passi, dove aveva trascorso la prima infanzia.

Si trovò davanti a un muro.

Enza era tornata quella di prima. Fredda, decisa, senza il minimo dubbio né il più piccolo segno di cedimento, disse di no, irremovibile. Voleva andare da sola e per lei non si trattava certo di una gita di piacere, ma di un pellegrinaggio. Voleva solo onorare la memoria della madre, a un anno dalla morte.

Per Carlo fu una sorpresa: lei sempre accomodante con lui, pronta a cedere a un desiderio innocente, come quello di fare una gita insieme, ora reagiva con ostinazione e durezza. Si impuntava su un particolare secondo lui di poca importanza, del quale non era neanche il caso di parlare.

Enza partì da sola.

Il percorso sull'autostrada fu, come la prima volta, abbastanza tranquillo. Scelse un giorno della settimana, un mercoledì, senza nessuna festività in vista.

Riprese la provinciale per Sarentino e già l'ansia cominciò a salire dal fondo dello stomaco: non riusciva a distendersi, a respirare profondamente. Il ricordo del primo viaggio le gravava addosso, la molestava più di quanto non volesse ammettere.

Gli alberelli, oltre la scarpata, si erano coperti di foglioline tenere, e cespugli verdi illeggiadrivano quel luogo per il resto inospitale. Superò le insidie nascoste nei tanti tunnel, fra le rocce mostruose, dietro ogni curva. Anche la strada le sembrò molto più breve della prima volta e si calmava ripetendosi continuamente che allora era malata, con la febbre alta, già in partenza.

war, was sie dort zu finden hoffte.

Ihr Mann bot an, sie zu begleiten. Er wollte sie nicht allein lassen. Sie hätten gemeinsam einen Ausflug gemacht, nichts weiter. Eine Rückkehr zu den verlorenen Orten einer bereits weit entfernten Vergangenheit. Er sagte, dass auch er gerne den Hof gesehen hätte, auf dem sie die ersten Schritte getan, wo sie ihre frühe Kindheit verbracht hatte.

Er stand vor einer Mauer.

Enza war wieder wie früher: kalt, entschlossen, ohne den geringsten Zweifel, ohne das kleinste Zeichen des Nachgebens. Sie sagte „Nein", unerschütterlich. Sie wollte allein fahren, und für sie handelte es sich sicher um keinen Vergnügungsausflug, sondern um eine Pilgerfahrt. Sie wollte nur das Andenken der Mutter ehren, ein Jahr nach ihrem Tod.

Für Carlo war es eine Überraschung. Sie, immer entgegenkommend, bereit einem unschuldigen Wunsch nachzugeben, reagierte nun mit Beharrlichkeit und Härte. Sie bestand auf eine, laut ihm, unbedeutende Kleinigkeit, worüber es sich nicht einmal zu sprechen lohne.

Enza fuhr allein.

Die Fahrt auf der Autobahn verlief wie beim ersten Mal einigermaßen ruhig. Sie hatte einen Wochentag gewählt, einen Mittwoch, ohne nahe Feiertage.

Sie nahm die Landstraße nach Sarnthein, und schon begann die Angst aus dem Bauch hochzusteigen; sie war außerstande sich zu entspannen, tief durchzuatmen. Die Erinnerung an das erste Mal lastete auf ihr, belästigte sie mehr als sie zugeben wollte.

Die kleinen Bäume jenseits der Böschung waren voller frischer Blatttriebe und grüne Sträucher ließen die ansonsten ungastliche Gegend anmutig erscheinen. Sie überwand die in den vielen Tunnel, zwischen den ungeheuerlichen Felsen und hinter jeder Kurve lauernden Gefahren. Auch die Strecke erschien ihr viel kürzer als beim ersten Mal und sie beruhigte sich, indem sie sich andauernd wiederholte, dass sie damals krank gewesen war, mit hohem Fieber – schon

La valle luminosa, verde, si aprì di colpo, quasi senza preavviso. Una distesa di fiori di vari colori delicati, tremolanti ancora sotto il peso della rugiada, copriva i prati. Il sole presto li avrebbe asciugati. Più si addentrava nella vallata più sentiva l'innocenza della natura, la spinta fiduciosa che veniva dalla profondità della terra. Il cielo sereno, limpido e pulito: una giornata splendida. Rimpianse di non aver lasciato venire Carlo. Ne avrebbe goduto anche lui e forse la sua presenza avrebbe scacciato ogni suo malessere.

Passò Campolasta e non si accorse di aver superato l'albergo Sonne. Non lo riconobbe, ora, alla luce del sole, o forse lo aveva del tutto dimenticato.

Girò la curva e cominciò a salire, dolcemente. In poco tempo ecco Rio Bianco, ma non rallentò, anzi proseguì per Pennes, dove contava di fermarsi per riprendere fiato, acclimatarsi.

Voleva andare al Comune, e chiedere: forse lì c'era ancora qualcuno che ricordava, che era in grado di raccontarle di quella notte del 1945 e del giorno dopo. Voleva vedere sul registro delle nascite il proprio nome e quello del padre e della madre. Non avrebbe saputo dire perché, ma sentiva l'urgente necessità di vedere con i propri occhi quei due nomi, scritti, fissati sulla carta per sempre. Due nomi che le assicuravano una identità.

Si accorse subito che Pennes era praticamente costituita da quattro case, un ristorante, un negozio di generi misti (*Gemischtwaren*, era scritto sull'insegna), una chiesetta con un piccolo cimitero e niente altro.

Si inoltrò lungo i vialetti, osservò tutte le tombe, tenute bene, come piccoli giardini fioriti. Lesse ogni lapide: non un

als sie losgefahren war.

Das lichtgrüne Tal öffnete sich auf einen Schlag, beinahe ohne Ankündigung. Ein Blumenteppich in verschiedenen zarten Farben, noch unter dem Gewicht des Taus zitternd, bedeckte die Wiesen; er würde in der Sonne bald verdunsten. Je weiter sie ins Tal vordrang, umso stärker spürte sie die Unschuld der Natur, den Vertrauen erweckenden Drang, der aus der Tiefe der Erde aufstieg. Der Himmel war klar und rein ..., ein herrlicher Tag. Sie bedauerte es, dass sie Carlo nicht hatte mitkommen lassen. Auch er hätte den Tag genossen und vielleicht hätte seine Anwesenheit all ihr Unbehagen vertrieben.

Sie fuhr durch Astfeld durch und bemerkte gar nicht, dass sie dabei am Gasthof Sonne vorbei kam. Sie erkannte ihn nicht wieder, jetzt bei Sonnenschein, oder vielleicht hatte sie ihn vollkommen vergessen.

Sie folgte den Kurven und der leichten Steigung. Kurz darauf war sie in Weißenbach. Sie verlangsamte ihr Tempo aber nicht, sondern fuhr weiter nach Pens, wo sie anhalten und durchatmen wollte, um sich zu beruhigen.

Sie wollte zum Rathaus, um sich dort zu erkundigen; vielleicht war dort noch jemand, der sich erinnerte, der in der Lage war, ihr von jener Nacht im Jahr 1945 und dem darauf folgenden Tag zu erzählen. Sie wollte im Geburtenverzeichnis den eigenen Namen und den des Vaters und der Mutter sehen. Sie hätte nicht sagen können warum, doch sie spürte das dringende Bedürfnis, mit eigenen Augen die beiden Namen zu sehen, niedergeschrieben, für immer auf dem Papier festgehalten. Zwei Namen, die ihr eine Identität sicherten.

Sie stellte sofort fest, dass Pens aus nur wenigen Häusern bestand: ein Gasthaus, ein Gemischtwarenladen, ein Kirchlein mit einem kleinen Friedhof und nichts weiter.

Sie ging hinein und sah sich alle Gräber an: sauber, gepflegt, wie kleine Blumengärten. Sie las alle Inschriften auf den Grabkreuzen: kein einziger italienischer Name. Wer

solo nome italiano. Chissà dove era stato sotterrato il padre-nonno, forse a Rio Bianco. Avrebbe guardato anche lì.

Tornò indietro e passò di nuovo da Rio Bianco: non volle fermarsi, non sapeva perché, ma qualcosa la bloccava. Non si sentiva ancora pronta.

Dopo pochi minuti arrivò a Sarentino, un delizioso paesotto pieno di case antiche di tradizione austriaca o meglio tirolese, senza nessuna traccia di italianità. Posteggiò la macchina e si avviò per le stradine in cerca di un albergo. Aveva deciso di passarvi la notte, anche questo senza un vero motivo.

Passò un ponte di pietra sul Talvera, tumultuoso, gonfio di acque. Era il momento in cui la neve delle montagne circostanti si scioglieva in mille rigagnoli precipitando giù, a valle, per poi confluire tutti insieme verso il torrente.

Dopo pochi passi, una vecchia casa attirò la sua attenzione: sull'insegna lesse *Gasthof zum Hirschen*, Albergo al cervo. Salì i pochi gradini e aprì la porta. Fu stupita di vedere una grande sala traboccante di mobili antichi, forse il deposito di un negozio di antiquariato, o meglio di un rigattiere: divani, poltrone, tavoli, armadi, tutto in giro, senza alcun ordine, messi lì dove c'era posto, e ancora piante e grandi mazzi di fiori secchi carichi di polvere, distribuiti un po' dappertutto, a caso. Non aveva mai visto un locale simile.

Un cane bianco, un miscuglio fra diverse razze in cui però dominava il volpino, molto grasso e bonaccione le venne incontro, stancamente, incerto sul da farsi. Non sapeva se abbaiare, come di certo gli era stato proibito di fare con eventuali ospiti, o scodinzolare, il che sarebbe stato a dir poco sconveniente con una nuova venuta. Ma forse aveva annusato in lei altri animali. Un suo simile, in ogni caso. Così si fermò in mezzo alla stanza in attesa degli eventi. Enza si guardò intorno in cerca di una reception. In quel momento una

weiß, wo ihr Vater/Großvater begraben worden war, vielleicht in Weißenbach. Sie würde auch dort nachsehen.

Sie fuhr zurück, vorbei an Weißenbach; sie hielt nicht an, wusste nicht warum, doch irgendetwas hinderte sie daran. Sie war noch nicht dazu bereit.

Wenige Minuten später kam sie nach Sarnthein, einem entzückenden Dorf mit alten Häusern in österreichischer oder besser Tiroler Bautradition, ohne irgendwelche italienischen Merkmale. Sie stellte den Wagen ab und machte sich auf die Suche nach einem Gasthof. Sie hatte beschlossen, die Nacht hier zu verbringen, auch ohne einen triftigen Grund.

Sie überquerte die steinerne Brücke über die aufgewühlte, hochgehende Talfer. Es war die Jahreszeit, in der der Schnee auf den umliegenden Bergen schmolz und sich in tausend Rinnsalen ins Tal ergoss, wo sie alle in den Fluss mündeten.

Nach wenigen Schritten zog ein altes Haus ihre Aufmerksamkeit auf sich; auf dem Schild las sie *Gasthof zum Hirschen*. Sie stieg die wenigen Stufen hoch und öffnete die Tür. Sie war überrascht, einen großen, mit antiken Möbeln überfüllten Raum vor sich zu sehen, vielleicht das Lager einer Antiquitätenhandlung oder eines Trödlers: Sofas, Sessel, Tische, Schränke, alles stand herum, ohne Ordnung, hingestellt, wo gerade Platz war, und dann noch Pflanzen, große Sträuße von verstaubten Trockenblumen, wahllos im ganzen Raum verteilt. Sie hatte nie etwas Ähnliches gesehen.

Ein weißer Hund, eine Promenadenmischung in der der Spitz dominierte, sehr dick, gutmütig, kam ihr müde entgegen, unsicher, was zu tun sei. Er wusste nicht, ob er bellen sollte, was bei Gästen verboten war, oder mit dem Schwanz wedeln, was bei einer Fremden, gelinde ausgedrückt, unangebracht gewesen wäre. Aber vielleicht hatte er an ihr andere Tiere gerochen; einen Artgenossen in jedem Fall. Er blieb also mitten im Raum stehen, in Erwartung der Ereignisse. Enza sah sich nach einer Rezeption um. In diesem Augen-

vecchia signora, vestita con una certa distinzione, uscì da una porta laterale. Avrebbe potuto essere un'ospite, ma anche la padrona o soltanto una impiegata. Si fermò accanto alla porta e in tedesco le chiese cosa voleva. Il tono era severo, anzi burbero, non certo il tono che si usa verso una probabile cliente.

Enza non aveva capito le parole, ma il senso. Sorpresa da quell'accoglienza si fermò un momento prima di rispondere: non si riconosceva. In altri tempi si sarebbe alterata, l'avrebbe fulminata almeno con gli occhi, avrebbe risposto per le rime e magari sarebbe andata via subito. Ora invece era disorientata, priva di quella sicurezza che aveva acquisito attraverso contatti quotidiani con persone di vario genere. Prima di rispondere respirò profondamente: da anni nessuno aveva usato quel tono con lei. A scuola, forse. O la madre.

Si scusò, sentendo di essere dalla parte del torto: lei non parlava tedesco, e in quel paese si parlava tedesco, pur essendo territorio italiano!

La signora con sussiego ripeté la sua domanda in italiano, un italiano assai modesto, giusto il necessario per farsi capire, biascicando ogni parola con eccessiva lentezza.

Enza ebbe una stanza al primo piano: anche qui mobili antichi finemente intagliati. Le pareti, il soffitto, il pavimento, tutto in legno scuro. Quadri antichi alle pareti. Sentì una tradizione, una cultura diversa dalla sua, l'odore di un mondo assai lontano nel tempo, rimasto nella memoria di qualche sopravvissuto, ma ancor più negli oggetti, nelle case, in tutto ciò che nel giro di qualche generazione non è destinato a estinguersi come lo sono gli esseri umani. Quello era il vecchio Tirolo austriaco che aveva avuto modo di conoscere durante un viaggio, insieme a Carlo e ai figli, a Innsbruck, anni prima. Era strano rivedere ora quel mondo in formato ridot-

blick kam eine alte, mit einer gewissen Vornehmheit gekleidete Frau durch eine Seitentür. Es hätte ein Gast, aber auch die Besitzerin oder eine Angestellte sein können. Sie blieb in der Tür stehen und fragte auf Hochdeutsch, was sie wünsche. Der Ton war streng, mürrisch gar, sicher kein Ton, den man einem möglichen Gast gegenüber anschlägt.

Enza hatte zwar die Worte nicht verstanden, wohl aber den Sinn. Von diesem Empfang überrascht, hielt sie einen Moment inne, bevor sie antwortete. Sie erkannte sich nicht wieder. Zu anderen Zeiten wäre sie gereizt gewesen, hätte im gleichen Ton geantwortet und wäre vielleicht sofort gegangen. Jetzt hingegen war sie verwirrt, ohne jene Sicherheit, die sie durch den ständigen Kontakt mit unterschiedlichen Menschen gewonnen hatte. Bevor sie antwortete, atmete sie tief durch; seit Jahren hatte niemand mehr einen solchen Ton ihr gegenüber angeschlagen. Die Lehrer in der Schule vielleicht, oder die Mutter.

Sie entschuldigte sich mit dem Gefühl, im Unrecht zu sein; sie sprach kein Deutsch, und in dieser Gegend sprach man Deutsch, auch wenn es italienisches Staatsgebiet war.

Überheblich wiederholte die Frau die Frage auf Italienisch, einem äußerst dürftigen Italienisch, gerade gut genug, um sich verständlich zu machen, jedes Wort mit übertriebener Langsamkeit aussprechend.

Enza bekam ein Zimmer im ersten Stock. Auch hier gab es fein geschnitzte, antike Möbel. Die Wände, die Zimmerdecke, der Fußboden, alles in dunklem Holz; alte Gemälde an den Wänden. Sie spürte eine Tradition, eine Kultur, die sich von der ihren unterschied; den Geruch einer weit zurückliegenden Welt, wach geblieben in der Erinnerung einiger Überlebender. Aber mehr noch in den Gegenständen, den Häusern, in all dem, was nicht nach einigen Generationen zum Aussterben bestimmt ist. Das war das alte österreichische Tirol, das sie Jahre zuvor auf einer Reise mit Carlo und den Kindern nach Innsbruck kennen gelernt hatte. Es war seltsam, diese Welt wiederzusehen, jetzt in verkleinertem

to, proprio in questo paese perduto fra le montagne, chiuso a ogni contaminazione italiana.

Si chiese per un momento come fosse possibile sconvolgere l'equilibrio di secoli; e perché questo paesino, questi luoghi facessero parte del territorio italiano, quando tutto ne denunciava la diversità. Una conseguenza della Prima Guerra Mondiale, come aveva imparato di sfuggita a scuola. Solo qualche frasetta che non spiegava niente, sul tipo: „Il Tirolo del sud fu annesso all'Italia". Punto e basta. Si rammaricò di non saperne di più, di non essersi mai interessata alla storia del proprio paese d'origine. Forse avrebbe capito le ragioni delle ostilità di quella gente verso la propria famiglia. E anche il risentimento avvertito nella voce della padrona allorché aveva spiegato di non capire il tedesco. Non volle riflettere oltre. Forse quella signora si era alzata con la luna di traverso e se la prendeva col primo venuto, senza un motivo preciso.

Ammirò i mobili, la stanza e tutto il resto. Da un depliant trovato sul piccolo tavolo accanto alla finestra lesse che l'albergo veniva citato già dalla fine del '400! Enza amava le cose antiche, lo aveva dimostrato anni prima al momento del restauro del Grand Hotel sul lago. Anche in quest'albergo ogni oggetto, ogni mobile era stato conservato con religiosa cura, testimoni di una vita passata, muti spettatori di tante vicende umane.

Uscì, piena di pensieri, di domande. Sentì di non essere più in Italia e capì quel sentimento di estraneità che aveva costretto la madre a lasciare quei luoghi per trasferirsi a Trento, dove nonostante la diversità della lingua, aveva ritrovato la propria gente.

Format, gerade in diesem in den Bergen verlorenen Dorf, fern jeglichen italienischen Einflusses.

Sie fragte sich, wie es möglich gewesen war, das Gleichgewicht von Jahrhunderten zu erschüttern, warum das Dorf, diese Gegend zu Italien gehören sollten, wenn alles seine Verschiedenheit offenbarte; eine Folge des Ersten Weltkriegs, wie sie flüchtig in der Schule gelernt hatte. Nur einige kurze Sätze, die nichts erklärten, in der Art: „Der Süden Tirols wurde Italien angegliedert", Punkt. Schluss. Sie bedauerte, nicht mehr darüber zu wissen, sich nie für die Geschichte ihres Herkunftsortes interessiert zu haben. Vielleicht hätte sie die Ursachen der Feindseligkeit dieser Menschen ihrer Familie gegenüber verstanden; vielleicht auch den Groll, den sie in der Stimme der Besitzerin wahrgenommen hatte, als sie ihr erklärte, dass sie kein Deutsch verstünde. Sie wollte nicht weiter nachdenken. Vielleicht war diese Frau mit dem linken Fuße aus dem Bett gestiegen und ließ ihren Unwillen an der Erstbesten aus, ohne bestimmten Anlass.

Sie bewunderte die Möbel, das Zimmer und den ganzen Rest. In einem Prospekt, den sie auf einem Tischchen neben dem Fenster gefunden hatte, las sie, dass der Gasthof bereits Ende des fünfzehnten Jahrhunderts erwähnt worden war! Enza liebte die alten Dinge; sie hatte es vor Jahren bei der Renovierung des Grand Hotel am See bewiesen. Auch in diesem Gasthof war jeder Gegenstand, jedes Möbelstück mit religiöser Sorgfalt aufbewahrt worden, Zeugen eines vergangenen Lebens, stumme Zuschauer vieler menschlicher Schicksale.

Voller Gedanken und Fragen verließ sie den Gasthof. Sie spürte, dass sie nicht mehr in Italien war und verstand das Gefühl der Entfremdung, das die Mutter gezwungen hatte, diesen Ort zu verlassen und nach Trient zu ziehen, wo sie trotz der Verschiedenheit der Sprache die eigenen Leute wiedergefunden hatte.

Il cielo era azzurro, l'aria più mite che non a Pennes. Conservava però un che di pungente, di frizzante. Respirò con piacere. Se ne riempì i polmoni.

Ripassò sul ponte di pietra: il torrente l'affascinava. Si fermò a lungo a osservare i vortici d'acqua spumosa, la violenza e l'ineluttabilità con la quale precipitava, con urgenza, superando di slancio ogni ostacolo. Sembrava aver fretta, bramosa di congiungersi con le acque più importanti di un altro fiume, l'Isarco, in un connubio di breve durata però, ma tanto più intenso. Ambedue, poi si sarebbero confusi nelle acque dell'Adige, per arrivare tutti insieme a Trento, la sua città.

Quel torrente seguiva la stessa via percorsa da lei, a ritroso, dalla Val di Sarentino fino a Trento e poi oltre, fino al mare.

Tornò sulla piazzetta principale, e vide subito un palazzotto con su scritto Rathaus – Municipio. In Alto Adige tutto era bilingue. L'aveva notato già appena uscita dall'autostrada. Guardò gli orari di apertura. Aveva ancora più di un'ora di tempo. Gironzolò per le stradine del paese, indecisa se andare subito o aspettare. „Perché aspettare?" si chiese. Cercò di concentrarsi su le poche vetrine che esponevano per lo più oggetti per turisti, ma si accorse di non vedere niente, la testa altrove. Pensieri inquietanti non lasciavano spazio per altro. Capiva ora l'impossibilità della propria famiglia di integrarsi con quella gente tanto diversa da loro, il perchè non erano stati accettati, come erano venuti in possesso della casetta, del prato, delle bestie? Chi era stato il proprietario precedente, perché aveva lasciato la sua casa, la sua terra? Era emigrato anche lui, e perché? A chi erano succeduti e a titolo di che, loro che erano poveri in canna?

Der Himmel war blau, die Luft milder als in Pens, behielt aber etwas Stechendes, Prickelndes. Sie atmete mit Genuss, füllte die Lungen damit.

Sie überquerte die steinerne Brücke noch einmal; der Wildbach faszinierte sie. Sie blieb lange stehen, um die schäumenden Wasserwirbel zu beobachten, die Gewalt und die Unbezwinglichkeit, mit der sie sich hinabstürzten, mit Eile, mit Schwung jedes Hindernis überwindend. Er schien es eilig zu haben, begierig sich mit den bedeutenderen Wassern eines größeren Flusses zu vereinen, dem Eisack, aber nur für eine kurze Vereinigung, doch umso intensiver. Beide würden sich dann mit den Wassern der Etsch vermischen, um gemeinsam Trient zu erreichen, ihre Stadt.

Dieser Wildbach nahm denselben Weg, den sie gekommen war, in entgegengesetzter Richtung, vom Sarntal nach Trient und weiter bis zum Meer.

Sie kehrte auf den Hauptplatz zurück und sah sofort das Gebäude mit der Aufschrift Rathaus – Municipio. In Südtirol war alles zweisprachig. Sie hatte es bemerkt, als sie von der Autobahn abgefahren war. Sie sah sich die Öffnungszeiten an; sie hatte noch über eine Stunde Zeit. Sie schlenderte durch die Gassen des Dorfes, unentschlossen ob sie sofort hingehen oder warten sollte. „Warum warten?", fragte sie sich. Sie versuchte sich auf die wenigen Schaufenster zu konzentrieren, in denen vor allem Andenken für Touristen ausgestellt waren; sie stellte fest, dass sie nichts sah – die Gedanken waren anderswo. Beunruhigende Gedanken ließen keinen Platz für anderes. Sie verstand jetzt die unüberwindliche Schwierigkeit ihrer Familie, sich bei diesen Menschen, die so verschieden waren, einleben zu können, und warum sie nicht akzeptiert wurden. Wie waren sie in den Besitz des Häuschens, der Wiesen, des Viehs gekommen? Wer war der vorhergehende Besitzer, warum hatte er sein Haus, sein Grundstück verlassen? Ist er vielleicht auch emigriert und wenn ja, warum? Wessen Nachfolge hatten sie angetreten und mit welchem Anspruch, arm wie sie waren?

Non sapeva niente. La madre non aveva mai raccontato niente a questo proposito e lei stessa si poneva queste domande per la prima volta.

Si ritrovò sulla piazzetta, e pensò di visitare la chiesa, come una turista. Anche qui, tutto era diverso dalle chiese italiane. L'interno era infatti dipinto come un cielo stellato: azzurro intenso punteggiato di stelle. Ricordò di averne visto uno quasi uguale, da qualche parte, all'estero.

Sempre più inquieta, cercò con gli occhi quelle tre ombre che se il tempo lo permetteva, venivano alla Messa della domenica per raccomandarsi a Dio. Restò solo pochi minuti non potendo più sopportare il senso di vuoto, di squallore che l'immagine di quelle misere persone suscitava in lei: faceva veramente parte di quella famiglia?

Uscì quasi a precipizio. Fuori rivide la piazzetta con la fontana in mezzo e pensò che anche la madre aveva calpestato quelle pietre, aveva guardato quella stessa fontana.

Ebbe un brivido di freddo malgrado il sole, un freddo vecchio, cattivo, che scaturiva dalle ossa: aveva veramente a che fare con quei tre poveracci emigrati dalla Calabria? Dove - erano le prove? E... se fosse stata raccolta da qualche parte, trovata fra le macerie di una casa distrutta da un bombardamento: chi erano i suoi 'veri' genitori? Un pensiero questo, sorto altre volte, durante la sua vita, scacciato con decisione, nel quale non aveva mai osato cullarsi. E ora era lì, la soluzione di tutte le sue angosce, delle sue terribili crisi durate esattamente un anno, da quando cioè era venuta a conoscenza della sua 'vera' origine. E se la madre aveva mentito? Chi le assicurava...?

Improvvisamente, interrompendo il filo dei pensieri, attraversò la piazzetta e decisa, si diresse verso il Municipio. En-

Sie wusste es nicht. Die Mutter hatte diesbezüglich nie etwas erzählt, und sie selbst stellte sich diese Fragen zum ersten Mal.

Sie befand sich auf dem Dorfplatz und beschloss, die Kirche anzuschauen, wie eine Touristin. Auch hier war alles anders als in italienischen Kirchen. Die Decke im Inneren war wie ein sternenübersäter Himmel ausgemalt: tiefblau, mit Sternen durchsetzt. Sie erinnerte sich, dass sie einen beinahe identischen Himmel im Ausland gesehen hatte.

Sie wurde immer unruhiger, suchte mit ihren Blicken jene drei Schatten, die, wenn es das Wetter erlaubte, zur Sonntagsmesse ins Dorf gekommen waren, um sich Gott anzuvertrauen. Sie blieb nur einige Minuten, da sie das Gefühl der Leere, der Düsternis nicht mehr aushielt, die das Bild dieser drei ärmlichen Menschen in ihr hervorrief. Gehörte sie wirklich zu dieser Familie?

Sie eilte beinahe überstürzt hinaus. Draußen lag der Platz mit dem Brunnen in der Mitte und sie dachte, dass auch ihre Mutter über diese Pflastersteine gegangen war, denselben Brunnen gesehen hatte.

Es fröstelte sie, trotz der Sonne; eine alte, böse Kälte, die aus den Knochen kam. Hatte sie wirklich etwas mit diesen drei armen, aus Kalabrien ausgewanderten Menschen zu tun? Wo waren die Beweise? Und wenn sie irgendwo aufgelesen, zwischen den Trümmern eines Bombenangriffs gefunden worden war? Wer waren ihre 'wahren' Eltern? Ein Gedanke, der im Laufe ihres Lebens schon aufgetaucht und entschlossen verscheucht worden war, von dem sie nie gewagt hatte sich einlullen zu lassen. Und nun vielleicht die Erklärung für all ihre Ängste, das Ende der schrecklichen Anfälle, die genau ein Jahr lang angehalten hatten, das heißt, seitdem sie die Mutter über ihre 'wahre' Herkunft in Kenntnis gesetzt hatte. Und wenn sie gelogen hatte? Wer garantierte ihr ...?

Plötzlich, den Faden ihrer Gedanken unterbrechend, überquerte sie entschlossen den Platz und ging auf das Rat-

trò. All'ufficio anagrafe chiese di guardare il registro delle nascite, diede l'annata. La signorina dello sportello era gentile, parlava molto bene l'italiano, sempre con quell'accento straniero, così particolare in tutta la regione.

La giovane donna trovò il registro, la pagina. Enza lesse il proprio nome, scritto per intero come lo aveva sentito per la prima volta a scuola, vide il nome del padre, Pietro Rizzo, quello della madre, la data e il luogo di nascita. Era commossa, rassicurata, quasi si vedesse nascere per davvero. Inghiottì varie volte per mandare giù un grosso nodo che le serrava la gola.

Il padre.

Si trattava solo di un nome, niente altro che un nome. Ora lo sapeva. Sentì quanto le fosse estraneo. Anche il nome. Non riuscì a immaginare che tipo d'uomo fosse stato. Non le dispiacque affatto di non averlo conosciuto, ma si pentì subito: poveretto, aveva cercato di impedire che lei nascesse, pagando con la propria vita.

Lesse il nome della madre, che poi non era sua madre. Ora aveva la certezza di appartenere a quella famiglia.

La madre non aveva mentito.

Ringraziò e uscì, una strana leggerezza in tutto il corpo. La giovane donna la guardò mentre andava, curiosa, quasi volesse dire: e allora?

Andò dai carabinieri. Qui fu tutto più difficile. Si scontrò subito contro la diffidenza di un giovanotto, dall'accento di sicura provenienza meridionale, forse un calabrese: aveva riconosciuto qualcosa che le ricordava la madre. L'aveva squadrata dall'alto in basso deciso a non dare nessuna informazione; voleva prima parlare col superiore, che non era in

haus zu. Sie trat ein. Im Meldeamt bat sie um Einsicht in das Geburtenregister, gab das Jahr an. Das Fräulein am Schalter war freundlich, sprach sehr gut Italienisch, doch mit jenem eigentümlichen, für die gesamte Gegend so typischen Akzent.

Die junge Frau fand das Register, die entsprechende Seite. Enza las ihren eigenen Namen, ganz ausgeschrieben, wie sie ihn zum ersten Mal in der Schule gehört hatte, sah den Namen des Vaters, Pietro Rizzo, jenen der Mutter, das Datum und den Ort der Geburt. Sie war gerührt, beruhigt, beinahe als sehe sie sich selbst auf die Welt kommen. Sie schluckte wiederholt, um den großen Knoten hinunterzuwürgen, der ihr den Hals zuschnürte.

Der Vater.

Es handelte sich nur um einen Namen, um nichts weiter als um einen Namen. Jetzt wusste sie es. Sie spürte, wie fremd ihr der Vater war. Auch der Name. Sie konnte sich nicht vorstellen, was für eine Art Mann er gewesen sein mochte. Es tat ihr überhaupt nicht leid, ihn nicht gekannt zu haben, doch sie bereute es sofort: armer Kerl, er hatte zu verhindern versucht, dass sie auf die Welt komme und hatte dafür mit dem eigenen Leben bezahlt.

Sie las den Namen der Mutter, die ja nicht ihre Mutter war. Jetzt hatte sie die Gewissheit, dieser Familie anzugehören.

Die Mutter hatte nicht gelogen.

Sie bedankte sich und ging mit einer eigenartigen Leichtigkeit im ganzen Körper hinaus. Die junge Frau sah ihr neugierig nach, als sie ging, beinahe als wollte sie sagen: und nun?

Sie ging zu den Carabinieri. Hier war alles schwieriger. Sofort stieß sie auf das Misstrauen eines jungen Mannes mit eindeutig süditalienischem Akzent, vielleicht ein Kalabrese; sie hatte etwas wiedererkannt, was in ihr die Erinnerung an die Mutter wachrief. Er hatte sie von oben bis unten prüfend angesehen, entschlossen ihr keine Auskunft zu geben. Er

sede. Lei disse che sarebbe tornata. Cosa voleva sapere? Di un assassinio avvenuto una notte del '45, a Rio Bianco... Con tutti i morti che c'erano stati allora!

Tornò in albergo e si sedette a un tavolo del ristorante. Anche quella sala era particolare. Pochi tavoli, ne contò cinque, nessun ospite forse perché fuori stagione. Una grande stufa di maiolica verde occupava quasi tutta una parete, intorno a essa correva una panca dove d'inverno doveva esser piacevole star seduti, al caldo. Lungo gli stipiti delle porte e delle finestre festoni artisticamente intagliati con scritte in tedesco. Il soffitto a cassettoni scuro era attraversato da lunghe travi molto antiche. Sembrava in realtà un sarcofago, anche perché attraverso le due finestre dai vetri fumosi veniva poca luce.

Si chiese come si potesse vivere sempre così in penombra.

La padrona era seduta a un tavolo e leggeva il giornale sotto una lampadina di forse quindici Watt che pendeva dal soffitto, accesa, benché non fosse ancora mezzogiorno. La luce che diffondeva era assai fioca.

Anche il cane era lì, sdraiato in mezzo alla stanza. L'aveva riconosciuta, ma era troppo pigro per manifestare una qualsiasi reazione. La seguì con gli occhi, sollevando appena la testa, disinteressato. Solo quando la padrona si avvicinò per chiederle se voleva mangiare qualcosa si alzò contro voglia: evidentemente considerava suo dovere dare un segno di vita. Indeciso, mosse qualche passo in direzione del tavolo. Rimase però a una certa distanza, anche lui in attesa di ordini. Poi seguì la padrona in cucina, fiacco, spinto dalla vaga speranza di ricevere qualcosa.

Non aveva fame, ma decise ugualmente di mangiare, an-

wolle vorher mit seinem Vorgesetzten sprechen, der aber sei nicht da. Sie sagte, sie werde wiederkommen. Was wolle sie wissen? Von einem Mord, der 1945 nachts in Weißenbach geschehen sei ...? Bei all den Toten, die es damals gegeben hätte!?

Sie kehrte in den Gasthof zurück und setzte sich in der Gaststube an einen Tisch. Auch dieser Raum war eigentümlich. Wenige Tische – sie zählte deren fünf –, kein Gast, die Wintersaison war vorbei. Ein großer grüner Kachelofen nahm fast eine ganze Wand ein und um ihn herum verlief eine Bank, auf der zu sitzen im Winter gemütlich sein musste, so im Warmen. Auf den kunstvoll geschnitzten Tür- und Fensterrahmen waren Inschriften auf Deutsch zu lesen. Die dunkle Kassettendecke wurde von langen, sehr alten Holzbalken durchzogen. Man hatte den Eindruck in einem Sarkophag zu sein, auch weil durch die zwei Fenster mit fast blinden Gläsern kaum Licht einfiel.

Sie fragte sich, wie man immer so in der Dämmerung leben konnte.

Die Besitzerin saß an einem Tisch und las die Zeitung unter einer Lampe von vielleicht fünfzehn Watt – eingeschaltet, obwohl es Mittag war. Sie verbreitete ein äußerst schwaches Licht.

Auch der Hund war da, ausgestreckt mitten im Raum. Er hatte sie wiedererkannt, war aber zu faul, um irgendeine Reaktion zu zeigen. Er folgte ihr mit den Augen, den Kopf nur leicht anhebend, desinteressiert. Erst als die Besitzerin sich näherte, um zu fragen, ob sie etwas essen wolle, stand er widerwillig auf; offensichtlich empfand er es als seine Pflicht, ein Lebenszeichen von sich zu geben. Unentschlossen machte er einige Schritte in Richtung Tisch. Er blieb aber auf Distanz, ebenfalls in Erwartung ihrer Bestellung. Dann folgte er der Besitzerin in die Küche, schlapp, getrieben von der schwachen Hoffnung, etwas zu erhaschen.

Sie hatte keinen Hunger, beschloss aber doch etwas zu

che per prendere tempo. Prese una *Suppe* del giorno senza chiedere cosa fosse. Ne mangiò appena due cucchiaiate. Non era male. La padrona con quel suo modo sprezzante che non avrebbe invogliato nessun commensale, le disse che come secondo c'erano solo *Käseknödel*. Senza insalata. Lei capì che si trattava più o meno della stessa specialità trentina. Lì si chiamavano Canederli, e benché il suo stomaco si chiudesse sempre più, chiese di portarne una piccola porzione. La padrona ribatté, brusca, che ogni porzione si componeva di due *Knödel*. Uno solo non avrebbe potuto servirlo. Che facesse come credeva.

Con calma andò in cucina e il cane la seguì di nuovo, fermandosi però davanti alla porta, ormai senza speranza. Si sedette e aspettò che la porta si riaprisse. Sembrava avvilito, estremamente annoiato e stanco di vivere. Enza lo osservava. Capì che tutta la sua vita doveva avere un solo fine: mangiare, ecco perché era così grasso. Un vecchio cane poco amato, abituato a una padrona scorbutica, che si consolava col cibo. Che tristezza!

Quei Canederli erano squisiti, molto meglio di quelli che aveva mangiato a Trento e, dovette ammetterlo, nel proprio ristorante. Con tutto ciò ne mangiò uno solo.

Guardò l'orologio. Mancava un quarto all'una. Decise che questa era l'ora migliore per andare a Rio Bianco: il sole era allo zenit, tutto le sarebbe apparso nel suo aspetto migliore. Prese la macchina e fece quei pochi chilometri che la separavano dal suo luogo d'origine.

Andò lentamente, non superando mai i cinquanta, anzi più si avvicinava più rallentava.

Pensava alla madre che aveva percorso quella strada a piedi, magari carica di pesi, con la neve, la pioggia, il freddo. Le aveva raccontato che negli anni, subito dopo la morte del

essen, auch, um Zeit verstreichen zu lassen. Sie nahm eine Tagessuppe, ohne zu fragen was das sei. Sie aß gerade mal zwei Löffel davon. Sie war nicht schlecht. Die Besitzerin in ihrer hochmütigen Art, die keinen Gast angesprochen hätte, sagte ihr, als Hauptspeise gebe es Käseknödel ohne Salat. Sie begriff, dass es sich mehr oder weniger um jene Trentiner Spezialität handeln musste, die man dort Canederli nannte, und obwohl sich ihr Magen immer stärker verkrampfte, bestellte sie eine kleine Portion. Die Besitzerin entgegnete barsch, jede Portion bestehe aus zwei Knödeln; einen allein hätte sie nicht servieren können. Sie solle tun, wie sie meine.

Ruhig ging sie in die Küche und der Hund folgte ihr neuerlich, blieb aber hoffnungslos vor der Tür stehen. Er setzte sich und wartete, dass sich die Tür wieder öffne. Er machte einen gekränkten, gelangweilten und des Lebens überdrüssigen Eindruck. Enza beobachtete ihn. Sie verstand, dass sein Leben nur einen Zweck hatte: fressen, daher war er so fett. Ein alter, wenig geliebter Hund, an eine mürrische Herrin gewöhnt, der sich mit Futter tröstete. Wie traurig!

Die Knödel waren vorzüglich, viel besser als die, die sie in Trient gegessen hatte, und – sie musste es zugeben – besser auch als die, die sie in ihrem eigenen Restaurant servierte. Trotzdem aß sie nur einen.

Sie sah auf die Uhr: es war Viertel vor ein Uhr. Sie beschloss, dass dies die beste Tageszeit sei, nach Weißenbach zu fahren. Die Sonne stand im Zenit, alles wäre ihr im besten Licht erschienen. Sie stieg in den Wagen und legte die wenigen Kilometer zurück, die sie von ihrem Geburtsort trennten.

Sie fuhr langsam, überschritt die fünfzig Stundenkilometer nie, im Gegenteil, je näher sie dem Weiler kam, desto langsamer wurde sie.

Sie dachte an die Mutter, die diesen Weg zu Fuß zurückgelegt hatte, vielleicht schwer beladen, im Schnee, im Regen, bei Kälte. Sie hatte ihr erzählt, dass sie in den Jahren gleich

marito, aveva cominciato a fare del formaggio col latte delle sue mucche. Le poche forme che ne ricavava le barattava poi in paese con petrolio per la lampada di casa, un po' di farina, e quanto riusciva a ottenere in cambio dall'unico negoziante del luogo. Ora si chiese come facessero a comunicare fra di loro, in quale lingua si parlassero. Se parlavano.

Non le avevano concesso la pensione di guerra, perché il marito non era morto in guerra. Era stato ammazzato infatti in tempo di pace! Ma forse non aveva saputo sbrigare le pratiche necessarie essendo analfabeta.

Arrivata a Rio Bianco fermò lungo la strada accanto a un distributore di benzina. Si accorse subito che avrebbe potuto entrare con la macchina in una specie di piazzale, davanti alla chiesetta. Riaccese il motore e attraversò la strada. Il posteggio era vuoto, solo un trattore, da una parte. Restò seduta, paralizzata: il suo corpo di nuovo nemico, si rifiutava di fare qualsiasi movimento.

Cosa si aspettava di vedere? Erano passati tanti anni. Forse la casa non esisteva più. Vide infatti una quantità di palazzine di nuova costruzione, in stile tirolese, eleganti, ben tenute, i gerani rossi ai balconi di legno.

Scese e si guardò intorno: le montagne, imponenti, ancora bianche di neve, specie nelle nicchie dove non arrivava il sole, si potevano toccare con la mano, tanto erano vicine. Pensò alla madre appena arrivata dal Sud, al suo smarrimento, benché avesse vissuto fino ad allora in un villaggio, anch'esso sperduto fra le montagne. Ma qui si trattava di ben altre montagne, alte, inaccessibili, di neve per molti mesi dell'anno, di freddo, di tanto freddo, ma soprattutto di una latente ostilità che non aveva certo percepito al proprio paese. Lì si conoscevano tutti da generazioni, parlavano la stessa lingua; ogni sasso, ogni albero le era familiare.

nach dem Tod ihres Mannes angefangen hatte, Käse aus der Milch ihrer Kühe zu machen. Die wenigen Laibe tauschte sie dann im Dorf gegen Petroleum für die Lampe, ein wenig Mehl und was sie sonst noch im einzigen Laden des Dorfes kriegen konnte. Jetzt fragte sie sich, wie sie es wohl angestellt hatte, mit den Leuten zu reden und in welcher Sprache, sofern sie überhaupt sprach.

Man hatte ihr die Kriegsrente nicht zuerkannt, weil ihr Mann nicht im Krieg gefallen war. Er war ja zu Friedenszeiten ermordet worden! Vielleicht war sie aber nur nicht in der Lage gewesen, die nötigen Unterlagen beizubringen, da sie Analphabetin war.

In Weißenbach angekommen, hielt sie an der Tankstelle an. Gleich bemerkte sie, dass sie auf dem Vorplatz eines Kirchleins hätte parken können. Sie startete den Motor und überquerte die Straße. Der Parkplatz war leer, nur ein Traktor stand am Rand. Sie blieb im Wagen sitzen, gelähmt. Ihr Körper, erneut ein Feind, weigerte sich irgendeine Bewegung zu machen.

Was erwartete sie zu sehen? Es waren so viele Jahre vergangen. Vielleicht gab es das Haus gar nicht mehr. In der Tat sah sie eine Menge kleiner Häuser, neu erbaut, im Tiroler Stil, elegant, gepflegt, rote Geranien in den Blumenkästen der Balkone aus Holz.

Sie stieg aus und sah sich um: die gewaltigen Berge, noch weiß vom Schnee, vor allem in den Nischen, wo die Sonne nicht hinreichte, konnte man mit der Hand berühren, so nah schienen sie. Sie dachte an die Mutter, gerade aus dem Süden gekommen, an ihre Verlorenheit, obwohl sie bis dahin in einem ebenfalls zwischen den Bergen verlorenen Dorf gelebt hatte. Doch hier handelte es sich um ganz andere Berge, hoch, unnahbar, Schnee über viele Monate im Jahr, Kälte, große Kälte, und vor allem um eine latente Feindseligkeit, die sie in ihrem Dorf bestimmt nie gespürt hatte. Dort kannten sich alle seit Generationen, sprachen die gleiche Sprache; jeder Stein, jeder Baum war ihr bekannt.

Qui tutto la rifiutava: la gente e anche la natura.

Quattro, cinque bambini giocavano a rincorrersi, due giovani donne chiacchieravano da una parte.

Un po' distanziata dalle altre case, vide una catapecchia, quasi cadente. Una vecchia se ne stava seduta davanti alla porta a godersi il sole. Anche lei aveva notato la forestiera. Enza seppe subito che quella era la casa, quella la porta che con un poderoso calcio era stata violentemente spalancata. Qualcuno era subentrato alla madre, forse quella donna: per pochi soldi le aveva ceduto quelle quattro mura, cui avrebbe avuto diritto per molti anni ancora. Il resto, l'ultima mucca, le poche galline, gli utensili, tutto aveva venduto per pagare il biglietto del treno e per sopravvivere a Trento, finché non avesse trovato un lavoro.

Si scosse.

Abbagliata dal sole, era rimasta in mezzo al piazzale. La sua muta presenza intanto aveva attirato l'attenzione delle due donne, che ora la fissavano, curiose. Anche i bambini smisero di strillare e di rincorrersi: quella persona era più interessante dei loro giochi. Ma c'era una certa tensione nell'aria. Non sembrava la solita turista. Guardava in altro modo, senza ammirazione, senza il rapimento tipico dei turisti tedeschi. Non era la natura che la interessava. Sembrava cercare qualcosa, o qualcuno.

Enza nonostante fosse vicina ai cinquant'anni, aveva un aspetto molto giovanile: alta, slanciata, elegante; c'era in lei una certa determinatezza, un che di freddo anche se cortese, e il distacco tipico delle persone abituate a comandare, in tutto e per tutto affine a certe tedesche della ricca Germania imprenditoriale.

Gli anni con Carlo l'avevano ingentilita, raffinata. In più la sua attività in albergo, il contatto quotidiano con ospiti di

Hier wies sie alles zurück: die Menschen und auch die Natur.

Vier, fünf Kinder spielten Fangen, zwei junge Frauen plauderten daneben miteinander.

Etwas abseits von den anderen Häusern sah sie eine beinahe baufällige Hütte. Eine alte Frau saß vor der Tür und genoss die Sonne. Auch sie hatte die Fremde bemerkt. Enza wusste sofort, dass dies das Haus war, die Tür, die mit einem kräftigen Fußtritt gewaltsam aufgestoßen worden war. Jemand war an die Stelle der Mutter getreten, vielleicht diese Frau. Für wenig Geld hatte sie ihr die Kate abgetreten, auf die sie noch lange Jahre ein Anrecht gehabt hätte. Den Rest, die letzte Kuh, die wenigen Hühner, die Gerätschaften hatte sie verkauft, um die Zugfahrkarte zu bezahlen und um in Trient überleben zu können, bis sie eine Arbeit gefunden hätte.

Sie schüttelte sich.

Von der Sonne geblendet war sie mitten auf dem Platz stehen geblieben. Ihr stilles Verharren hatte inzwischen die Aufmerksamkeit der beiden Frauen auf sich gezogen, die sie jetzt neugierig beobachteten. Auch die Kinder hatten aufgehört zu schreien und herumzutoben; diese Person war interessanter als ihre Spiele. Es lag eine gewisse Spannung in der Luft. Sie schien nicht die übliche Touristin zu sein. Sie schaute sich anders um, ohne Bewunderung, ohne die typische Verzückung deutscher Touristen. Es war nicht die Natur, die sie bewunderte. Sie schien etwas oder jemanden zu suchen.

Obwohl beinahe fünfzig, hatte Enza ein sehr jugendliches Aussehen: groß, schlank, elegant. Sie strahlte eine gewisse Bestimmtheit aus, etwas Kaltes, wenn auch Höfliches; und hielt einen für Menschen, die es gewohnt waren zu befehlen, typischen Abstand – im Gebaren gewissen Deutschen aus dem reichen Unternehmerstand ähnlich.

Die Jahre mit Carlo hatten sie verfeinert, veredelt. Zudem hatte ihre Tätigkeit im Hotel, der tägliche Umgang mit Gäs-

elevato livello sociale avevano smussato le ultime asperità del suo carattere. In realtà possedeva un certa classe e nonostante l'agitazione che riusciva a stento a dominare, la sua presenza incuteva rispetto.

Si guardò intorno, come per cercare un appiglio, qualcosa che le permettesse di parlare, di fare qualche domanda. Una delle giovani donne le si avvicinò: «*Frau, suchen's jemand*?»

Enza non capì. Di nuovo avevano pensato che fosse una tedesca. Enza fece di no, con la testa, aggiungendo: „Non capisco", e si accorse di non avere più voce.

La donna ripeté la sua domanda in italiano, col solito accento straniero. «Signora, cerca qualcuno?»

Enza pensò: „Cerco una famiglia di calabresi, tutti e tre piccoli, scuri, analfabeti. Cerco tre poveracci che hanno pagato con la vita il pane che mangiavano."

La donna la fissava incuriosita, aspettando una risposta. Finalmente quasi sussurrò: «Cerco qualcuno che è vissuto qui circa quarantacinque anni fa... la casa...»

La donna non capì.

Enza ripeté: «Qualcuno che è morto qui subito dopo la fine della guerra.»

La donna scosse la testa, capiva ancora meno. Intanto si era avvicinata l'altra donna e tutti i bambini. La circondarono ancor più incuriositi.

Enza si staccò dal gruppo e si avvicinò a quella casa. La vecchia l'aveva osservata tutto il tempo con occhi ostili. Appena vide che si avvicinava si alzò e con mossa repentina rientrò, sbattendole la porta in faccia.

Enza ebbe solo il tempo di gettare un'occhiata nell'interno della cucina.

Sentì la voce della madre: „La mia creatura era tutta imbrattata di sangue e di porcheria. Ho preso la tinozza, l'ho riempita di acqua, ho spogliato quel corpicino tremante e

ten gehobenen Niveaus die letzte Rauheit ihres Wesens abgeschliffen. Trotz der Aufregung, die sie mit Mühe beherrschte, machte sie Eindruck. Ihre Anwesenheit flößte Respekt ein.

Sie sah sich Halt suchend um, wie um einen Anlass zum Sprechen, zum Fragenstellen zu finden. Eine der jungen Frauen näherte sich ihr: »Frau, suchen's jemanden?«

Enza verstand nicht. Wieder hatten sie gedacht, dass sie eine Deutsche sei. Enza schüttelte den Kopf und fügte hinzu: »Non capisco«, sie verstehe nicht, und stellte fest, dass sie keine Stimme mehr hatte.

Die Frau wiederholte ihre Frage auf Italienisch, mit dem üblichen fremden Akzent: »Signora, cerca qualcuno?«

Enza dachte „ich suche eine Familie von Kalabresen, alle drei klein, dunkel, Analphabeten. Ich suche drei arme Teufel, die das Brot, das sie aßen, mit dem Leben bezahlt haben."

Die Frau sah sie neugierig geworden an und wartete auf eine Antwort. Endlich, beinahe flüsternd sagte sie: »Ich suche jemanden, der hier vor ungefähr fünfundvierzig Jahren gelebt hat ..., das Haus ...«

Die Frau verstand nicht.

Enza wiederholte: »Jemand, der hier gleich nach dem Krieg gestorben ist.«

Die Frau schüttelte den Kopf, verstand noch weniger. Inzwischen waren die andere Frau und die Kinder näher gekommen. Sie umringten sie, noch neugieriger geworden.

Enza löste sich von der Gruppe und näherte sich dem Haus. Die Alte hatte sie die ganze Zeit mit feindseligen Blicken beobachtet. Als sie sah, dass sie sich ihr näherte, stand sie mit einer plötzlichen Bewegung auf und ging ins Haus, ihr die Türe vor der Nase zuschlagend.

Enza vermochte nur einen kurzen Blick in die Küche zu werfen. Sie hörte die Stimme der Mutter:

„Meine Kreatur war mit Blut und Sauereien verschmiert. Ich habe das Holzschaff genommen, es mit Wasser gefüllt, habe den kleinen zitternden Körper entkleidet und gewa-

l'ho lavato. Poi l'ho avvolto in un lenzuolo pulito. Sembrava un cadaverino. L'ho messa a letto. Poi ho avvolto il cadavere di suo padre in una coperta e ho aspettato che venisse giorno. All'alba sono corsa al paese, ho chiamato il carabiniere che non è voluto venire."

Le due donne stupite da quella scena – conoscevano la vecchia, abitava lì da sempre, in ogni caso l'avevano vista sempre lì, e sapevano che non era cattiva – si avvicinarono a Enza e cercarono di scusare quell'atto di scortesia.

«È una vecchia pazza», disse una di loro, piuttosto perplessa, non riuscendo a trovare un motivo qualsiasi che giustificasse quella reazione.

Enza pallidissima, vicina a uno svenimento, si avviò verso la macchina, lentamente, ancora davanti agli occhi quella stanza buia, piccola, dominata da una stufa aperta, nera di fumo. Di più non aveva potuto vedere, ma era bastato: quella era la cucina dei suoi sogni, degli incubi spaventosi che avevano sconvolto le sue notti dalla morte della madre.

Queste donne erano forse le nipoti di chi aveva sentito quei lamenti, quelle richieste di aiuto. Le stesse persone che avevano visto lei bambina, e avevano taciuto quando la madre l'aveva dichiarata sua figlia, benché avessero visto l'altra bambina, Rita, con una pancia sempre più grossa. Ma avevano taciuto sempre, un silenzio più chiaro di ogni gesto, di ogni discorso, che aveva umiliato, annientato la sua famiglia più di una condanna a morte.

Salì in macchina ma non partì subito, debole e umiliata anche lei. Continuò ad avere davanti agli occhi quella scena, la madre che inghiottiva lacrime, mentre avvolgeva i suoi cari in lenzuola come sudari: „È possibile vedere il luogo dei sogni', si chiese, "a occhio nudo, nella realtà? Lì sono nata io, in quella cucina affumicata, a due passi dalla stalla. Lì con un terribile atto di violenza sono stata generata. E anche la mia

schen. Dann habe ich ihn in ein sauberes Leintuch gehüllt. Es schien ein kleiner Leichnam zu sein. Ich habe sie zu Bett gebracht. Dann habe ich die Leiche ihres Vaters in eine Decke gewickelt und auf den Tagesanbruch gewartet. Bei Morgengrauen bin ich ins Dorf gelaufen, habe die Carabinieri gerufen, die nicht kommen wollten."

Die beiden von dieser Szene überraschten Frauen – sie kannten die Alte, die schon immer dort wohnte, auf jeden Fall hatten sie sie schon immer dort gesehen und wussten, dass sie es nicht böse meinte –, näherten sich Enza und versuchten diese Geste der Unhöflichkeit zu entschuldigen.

»Sie ist eine verrückte Alte«, sagte eine von ihnen, ziemlich ratlos, da sie keinerlei Grund finden konnte diese Reaktion zu rechtfertigen.

Erblasst, einer Ohnmacht nahe, ging Enza zum Wagen, langsam, den kleinen, finsteren, von einer offenen, vom Rauch geschwärzten Feuerstelle beherrschten Raum noch immer vor Augen. Mehr hatte sie nicht sehen können, doch es hatte genügt. Das war die Küche ihrer Träume, der schrecklichen Albträume, die seit dem Tod der Mutter ihre Nächte heimsuchten.

Diese Frauen waren vielleicht die Enkelinnen derer, die das Jammern, die Hilferufe gehört hatten, der Menschen, die sie als Kind gesehen und geschwiegen hatten, als die Mutter sie als ihr Kind ausgab, obwohl sie das Mädchen, Rita, mit einem immer dickeren Bauch gesehen hatten. Immer geschwiegen. Ein Schweigen, klarer als jede Geste, als jede Aussage, ein Schweigen, das ihre Familie demütigte, vernichtete, mehr noch als ein Todesurteil.

Sie stieg in den Wagen, fuhr aber nicht sofort los, auch sie fühlte sich schwach und gedemütigt. Sie hatte immer noch diese Szene vor Augen: die Mutter, die die Tränen hinunterwürgt, während sie ihre Lieben in Bettlaken wie in Leichentücher wickelt. „Ist es möglich den Ort der Träume zu sehen", fragte sie sich, mit wachem Auge, in der Wirklichkeit? Dort bin ich zur Welt gekommen, in jener rauchigen

nascita è stato un atto di violenza: contro Rita, contro mia madre, contro me stessa. Qui è iniziato tutto. Non ho più dubbi."

Finalmente tornò in albergo. Salì in camera e si buttò sul letto. Vestita. Non si tolse neanche le scarpe.

Svuotata di tutto: di pensieri, di sentimenti, di immagini.

Si lasciò andare, sospesa nel vuoto, nel nulla assoluto, vietandosi di pensare.

Quanto tempo restò così?

Si alzò infine, e uscì, decisa. Il pomeriggio era appena incominciato.

Andò in paese, cercò di parlare con un altro carabiniere, forse il capo, che la guardò con molto sospetto. Nessuno sapeva niente. Di vedere negli atti del '45 neanche a parlarne. Doveva specificare i motivi, fare domanda scritta. In fondo, si trattava di roba da lungo archiviata, che senso aveva tutto questo?

Non disse che si trattava di suo padre, non ne ebbe il coraggio, ora che sapeva la verità, una verità che nessuno avrebbe potuto contestare. All'infuori di lei stessa.

Benché avesse temuto una reazione del genere, se ne andò senza una sola parola di protesta, forse lei stessa convinta dell'inutilità della sua ricerca.

Telefonò a Carlo: aspettava la sua chiamata, già impaziente.

La sua voce fu un ritorno alla realtà. Un balsamo per la sua povera anima maltrattata. Mentre lui, con la calma che gli era propria, una calma del tutto professionale, le chiedeva le solite cose banali, come stai, tutto bene, ecc. sentì come

Küche, zwei Schritte vom Stall entfernt. Dort bin ich in einem furchtbaren Akt der Gewalt gezeugt worden. Und auch meine Geburt ist ein Akt der Gewalt gewesen: an Rita, an meiner Mutter, an mir selbst. Hier hat alles angefangen. Ich habe keine Zweifel mehr."

Sie kehrte in den Gasthof zurück, ging auf ihr Zimmer und warf sich aufs Bett. Angekleidet. Sie zog nicht einmal die Schuhe aus.

Unendlich leer: von den Gedanken, den Gefühlen, den Bildern.

Sie ließ sich gehen, in der Leere schwebend, im absoluten Nichts, sich das Denken verbietend.

Wie lange blieb sie so?

Endlich stand sie auf, ging entschlossen hinaus. Der Nachmittag hatte gerade begonnen.

Sie ging ins Dorf, versuchte mit dem Carabiniere oder mit dessen Vorgesetztem zu sprechen, der sie mit großem Argwohn ansah. Niemand wusste etwas. In die Akten von 1945 Einsicht nehmen kam überhaupt nicht in Frage. Sie müsste die Gründe angeben, ein schriftliches Ansuchen stellen. Im Grunde handle es sich um seit langem archiviertes Zeug; welchen Sinn sollte das machen?

Sie sagte nicht, dass es sich um ihren Vater handelte; sie hatte nicht den Mut dazu, jetzt, da sie die Wahrheit kannte, eine Wahrheit, die niemand hätte widerlegen können, außer sie selbst.

Eine derartige Reaktion hatte sie befürchtet, und ging ohne ein Wort der Widerrede, fast selbst überzeugt von der Zwecklosigkeit ihrer Nachforschungen.

Sie telefonierte mit Carlo, der ihren Anruf bereits ungeduldig erwartet hatte.

Seine Stimme war eine Rückkehr in die Wirklichkeit; Balsam für ihre misshandelte Seele. Während er mit der ihm eigenen, ganz und gar professionellen Ruhe die üblichen banalen Fragen stellte: wie geht's? alles in Ordnung?, spürte

quel nodo che da quando aveva imboccato la valle di Sarentino aveva cominciato a soffocarla, ora si scioglieva in un fiume di lacrime, prima silenziose, poi sempre più irrefrenabili. E liberatorie.

Chiusa nella sua stanza, in quella specie di museo dei tempi perduti, singhiozzò, gridò tutto il suo dolore, la sua desolazione.

Carlo si inquietò.

«Vengo a prenderti. Dimmi dove sei.»

sie, wie der Knoten, der ihr die Luft abgeschnürt hatte, als sie auf die Straße ins Sarntal eingebogen war, sich in einer Flut von Tränen auflöste. Erst langsam, dann unaufhörlich und befreiend.

In ihrem Zimmer eingeschlossen, in diesem Museum der verlorenen Zeiten, schrie sie ihren ganzen Schmerz, ihre ganze Verzweiflung hinaus.

Carlo war beunruhigt.

»Ich komme dich holen. Sag mir, wo du bist.«

La veglia

„Non sentirò più la tua voce, mio povero Carlo", pensò prima di alzarsi dalla poltrona, irrigidita dal freddo e forse più dal flusso di ricordi che avevano occupato le lunghe ore di veglia.

La morta era rimasta tutto il tempo con quella specie di stupore stampato sul volto, l'ultimo stupore che avrebbe portato con sé, nell'aldilà. Forse lì qualcuno avrebbe trovato una risposta alle sue domande, se ne aveva qualcuna, una spiegazione al perché di quella vita sprecata. I lineamenti distesi su quel visetto quasi infantile lasciavano indovinare, ora più che mai, come doveva essere stata da bambina. La sua vita era rimasta ferma in un punto, sospesa fra la notte e il giorno, punteggiata da brevi, angosciosi risvegli, in un limbo di emozioni e di pensieri mai portati a termine.

Enza immaginò un giocattolo di latta, di quelli che si caricano e si inceppano per un guasto o un difetto di costruzione, che di colpo e senza alcun motivo si mettono a funzionare, preferibilmente di notte, per poi bloccarsi, in un impulso del tutto irrazionale, fino al prossimo risveglio: così era trascorsa la vita della sorella. Momenti di lucidità angosciosi che si manifestavano preferibilmente di notte, quando il muro, costruito fra sé e il mondo reale, cadeva sotto la pressione dei sogni.

Enza si sorprese a pensare, „povera creatura" come diceva sempre la madre, e per la prima volta qualcosa di nuovo,

Die Totenwache

„Ich werde deine Stimme nie mehr hören, mein armer Carlo", dachte sie, bevor sie sich aus dem Sessel erhob, steif vor Kälte oder vielleicht eher vom Fluss der Erinnerungen, der die langen Stunden der Totenwache ausgefüllt hatte.

Die Tote hatte die ganze Zeit dagelegen, ein Staunen im Gesicht, das letzte Staunen, das sie ins Jenseits mitgenommen hatte. Vielleicht hätte dort jemand eine Antwort auf ihre Fragen gefunden, wenn sie jemals welche gehabt hatte, eine Erklärung für das Warum dieses vergeudeten Lebens. Die auf diesem beinahe kindlichen Gesicht eingeprägten Züge ließen jetzt mehr als je erahnen, wie sie als Mädchen ausgesehen haben musste. Ihr Leben war an einem bestimmten Punkt zum Stillstand gekommen, in der Schwebe, zwischen Tag und Nacht geblieben, von kurzem, ängstlichem Erwachen unterbrochen, in einem Limbus von nie zu Ende gebrachten Gefühlen und Gedanken.

Enza stellte sich ein Blechspielzeug vor, eines von jenen, die man aufzog und die sich wegen eines Defekts oder eines Konstruktionsfehlers plötzlich verklemmen und dann, ohne Grund, wieder zu funktionieren beginnen, vorzugsweise nachts, um später, einem vollkommen irrationalen Impuls folgend, bis zum nächsten Erwachen erneut zu blockieren. So war das Leben ihrer Schwester. Momente der angsterfüllten Klarheit, die sich vorzugsweise nachts ereigneten, wenn die zwischen ihr und der realen Welt errichtete Mauer unter dem Druck der Träume zusammenbrach.

Enza kam plötzlich der Ausdruck „armes Geschöpf" in den Sinn, wie ihre Mutter sie immer genannt hatte, und zum

di autentico, si mosse dentro di lei, qualcosa che non conosceva.

Si trattava forse di pietà? Di autentica pietà? Trasalì.

Fu come se quell'ondata di rabbia che l'aveva sommersa nel pomeriggio, placandosi, avesse lasciato il posto a una sorta di pace, di calma.

„Se credessi in un'altra vita dopo la morte, ti direi di salutare nostra madre". Si avvicinò ai piedi del letto e la guardò senza quel rifiuto o meglio avversione che aveva provato ancora alcune ore prima.

Non sentì la sua presenza, come le era accaduto dopo la morte di Carlo. Rita, o la sua anima, doveva aver abbandonato quel corpo già da tempo, da molto tempo. Il suo spirito si era dileguato forse prima ancora che lei, Enza, fosse venuta al mondo. O lo aveva perso al momento della sua nascita.

„Credo che tu sia morta nello stesso momento in cui sono nata io. Da te ho avuto solo un involucro necessario, la placenta. Mi hai nutrito senza alcuna partecipazione della tua volontà, della tua coscienza. Devo ringraziarti per questo? Per non avermi rigettato subito? È il tuo corpo che devo ringraziare e mia madre, nostra madre, per avermi accolto e accudita, per non avermi lasciato morire. Forse solo per carità cristiana, o anche per un senso di responsabilità verso la vita stessa, verso la propria figlia: credo non lo sapesse neanche lei il perché. Ma non è bene indagare oltre".

„È questo il senso della veglia ai morti?", si chiese ancora. L'ultimo tentativo di conciliarsi con qualcuno prima della grande dipartita, un mea culpa di chi resta, un volersi giustificare per ciò che è stato, che avrebbe dovuto essere.

Non aveva versato una sola lacrima. Non aveva sentito un

ersten Mal regte sich in ihr etwas Neues, etwas Wahres, etwas, was sie nicht kannte.

Handelte es sich etwa um Mitleid? Um echtes Mitleid? Sie zuckte zusammen.

Es war, als ob die Wogen des Zorns, die sie am Nachmittag überschwemmt hatten, einer Art Frieden, einer Art Ruhe Platz gemacht hätten.

„Wenn ich an ein anderes Leben nach dem Tod glauben würde, würde ich dir auftragen unsere Mutter zu grüßen." Sie näherte sich dem Fußende des Bettes und sah Rita ohne Ablehnung, oder besser ohne Abneigung, die sie noch vor wenigen Stunden gespürt hatte, an.

Sie spürte ihre Anwesenheit nicht, wie es ihr nach Carlos Tod passiert war. Rita oder ihre Seele musste diesen Körper schon seit langem verlassen haben. Ihr Geist musste sich verflüchtigt haben, vielleicht bereits bevor sie, Enza, auf die Welt gekommen war, oder sie hatte ihn bei ihrer Geburt verloren.

„Ich glaube, du bist in dem Moment gestorben, als ich geboren wurde. Von dir habe ich nur eine notwendige Hülle erhalten, die Plazenta. Du hast mich ohne Zutun deines Willens, deines Bewusstseins ernährt. Muss ich mich dafür bei dir bedanken? Dafür, dass du mich nicht sofort abgestoßen hast? Es ist dein Körper, bei dem ich mich bedanken muss, und bei meiner Mutter, unserer Mutter, dafür, dass sie mich aufgenommen und erzogen hat, dass sie mich nicht sterben ließ; vielleicht nur aus christlicher Nächstenliebe oder aus Verantwortungsbewusstsein dem Leben selbst gegenüber. Gegenüber der eigenen Tochter. Ich glaube, sie wusste selbst nicht warum. Aber es ist nicht gut, weiter nachzuforschen."

„Ist das der Sinn der Totenwache?", fragte sie sich weiter, „der letzte Versuch, sich mit jemandem vor dem großen Abgang auszusöhnen, ein *Mea culpa* dessen, der zurückbleibt, ein Sichrechtfertigen für das, was war, was hätte sein sollen?"

Sie hatte keine einzige Träne vergossen; sie hatte in kei-

solo momento il bisogno di piangere. Gli occhi erano rimasti asciutti per tutte le ore della veglia, lungo tutto il percorso fatto insieme alla morta, il percorso della sua, della loro vita in comune: una catarsi che la lasciava ora fredda fino in fondo all'anima. In qualche modo però riconciliata con se stessa. L'inquietudine e, perché no, l'angoscia che aveva sconvolto la giornata appena conclusa, si era esaurita in quelle ore trascorse insieme alla sorella. Mai in vita era rimasta tanto a lungo in sua compagnia. Per la prima volta le aveva raccontato la loro storia, la sua versione dei fatti, come li aveva vissuti lei, la sua sofferenza, l'immensa solitudine e la desolazione della sua infanzia. E anche il risentimento verso di lei e la sua incapacità di accettarla e di accettarsi. Il tutto senza una parola. Tanto lei non l'avrebbe potuta capire, né da viva e tantomeno da morta.

Le sembrava ora di aver messo un'enorme pietra su una montagna di macerie, di essersi finalmente liberata da quel macigno che l'aveva schiacciata da quando era morta la madre.

E forse da sempre.

Restava ancora una domanda cui non avrebbe potuto dare una risposta: era mai stata amata? E lei stessa, Enza, uscita da quella esperienza traumatica, come ora poteva definire la propria infanzia, aveva imparato ad amare? E da chi? Se nel suo rapporto con la calabrese non ci fu mai un piccolo segno di tenerezza, di amore? D'altra parte allora non si era neanche chiesta se fossero possibili altri sentimenti, se esistesse qualcosa di diverso da quello che la madre nutriva per lei.

Cosa aveva conosciuto nei primi anni di vita? E rivide gli occhi severi della madre, il rimprovero continuo, l'accusa: mai un sorriso, un cenno di consenso per il suo essere lì e,

nem Moment das Bedürfnis zu weinen verspürt. Die Augen waren während all der Stunden der Totenwache trocken geblieben, auf dem ganzen gemeinsam mit der Toten zurückgelegten Weg, dem Weg ihres Lebens, ihres gemeinsamen Lebens: eine Katharsis, die sie jetzt kalt ließ, bis ins Innerste ihrer Seele, sie aber auf irgendeine Weise mit sich selbst aussöhnte. Die Unruhe und, warum auch nicht, die Angst, die den eben zu Ende gegangenen Tag durcheinander gebracht hatten, haben sich in diesem mit der Schwester verbrachten Stunden erschöpft. Nie in ihrem Leben war sie solange in ihrer Gesellschaft geblieben; zum ersten Mal hatte sie ihr ihre Geschichte erzählt, ihre Version der Fakten, so wie sie sie erlebt hatte, ihr Leiden, die unendliche Einsamkeit und Trostlosigkeit ihrer Kindheit. Auch ihr Ressentiment ihr gegenüber und die Unfähigkeit, sie und sich selbst zu akzeptieren: alles ohne ein Wort. Sie hätte es ohnehin nicht verstehen können, weder als Lebende und noch weniger als Tote.

Ihr schien jetzt, als hätte sie einen riesigen Stein auf einen Berg von Trümmern gelegt, als hätte sie sich endlich von jenem Felsbrocken befreit, der sie erdrückte, seit die Mutter gestorben war.

Vielleicht auch schon seit jeher.

Es blieb noch eine Frage, auf die sie keine Antwort zu geben gewusst hatte: ist sie jemals geliebt worden? Und sie selbst, Enza – aus dieser traumatischen Erfahrung entflohen, wie sie nun ihre Kindheit definiert hatte –, hatte sie lieben gelernt? Und von wem, da es in ihrer Beziehung zur Großmutter/Mutter nie ein kleines Zeichen der Zärtlichkeit, der Liebe gegeben hat? Andererseits hatte sie sich damals nicht einmal gefragt, ob auch andere Gefühle möglich gewesen wären, ob es etwas anderes gäbe als das, was die Mutter für sie empfand.

Was hatte sie in den ersten Lebensjahren kennengelernt? Und sie sah die strengen Augen der Mutter wieder, den ständigen Vorwurf, die Anklage: nie ein Lächeln, ein Zeichen der

più tardi, la gioia di rivederla, o soltanto un gesto affettuoso per farle sentire di appartenere alla sua famiglia. Fino all'ultimo: rifiuto, solo rifiuto.

Dio, come l'avrà fissata appena uscita dal corpo della figlia. Non l'avrà sfiorata un pensiero assassino, l'istinto di soffocarla come si fa con i gattini appena nati? Quanto odio per quella creatura che distruggeva definitivamente l'esistenza della figlia e la propria.

E lei bambina, la sua prima presa di coscienza, il primo specchiarsi negli occhi di quella donna che per più di quarant'anni aveva creduto essere sua madre, cosa aveva visto in quegli occhi? Si era riconosciuta in quell'abisso di odio?

Ne era stata ferita a morte, questo ormai lo sapeva, e aveva imparato a odiare se stessa, colpevole di colpe antiche, sconosciute. Anche più tardi e in seguito aveva lottato con tutte le sue forze per essere almeno accettata, se non proprio amata; per conquistarsi un posticino nel cuore di quella donna.

Perché lei sì, lei aveva amato disperatamente quell'essere tetro, irrigidito dall'odio. Una dipendenza che aveva tutti i connotati tipici dell'amore. Solo che per lei non si trattava solo di amore, ma di vita o di morte.

E tanto più veniva respinta, più cercava la sua vicinanza: la bambina bionda, delicata, ormai solo un ricordo, aveva mendicato ogni giorno un po' di affetto, uno sguardo benevolo, una lode. Era stata brava a scuola, sempre la prima della classe e aveva lavorato tanto, fin da piccola, per lei, solo per lei.

Tutto inutile.

Solo Carlo le aveva insegnato che la vita è fatta anche di amore, non solo di risentimento o di senso del dovere, come aveva imparato dalla madre adottiva.

Zustimmung zu ihrem Dasein; und später, nie Freude sie wiederzusehen, oder eine zärtliche Geste, um ihr zu verstehen zu geben, dass sie zur Familie gehöre. Bis zuletzt nur Ablehnung, Zurückweisung.

Mein Gott, wie hatte sie sie wohl angesehen, als sie gerade aus dem Schoß ihrer Tochter herausgekommen war? Wurde sie vielleicht von einem mörderischen Gedanken versucht, vom Instinkt sie zu ersticken, wie man es mit gerade geborenen Kätzchen macht? Wieviel Hass auf dieses Geschöpf, das die Existenz der Tochter und ihre eigene endgültig zerstörte.

Und sie als Kind, ihr erstes Bewusstwerden, das erste Sichspiegeln in den Augen dieser Frau, die sie über vierzig Jahre lang für ihre Mutter gehalten hatte, was hatte sie in diesen Augen gesehen? Hatte sie sich in diesem Abgrund von Hass wiedererkannt?

Sie ist tödlich verletzt worden, das wusste sie inzwischen, und sie hatte gelernt sich selbst zu hassen, schuldig alter, unbekannter Vergehen. Auch später hatte sie mit all ihren Kräften dafür gekämpft, wenn schon nicht geliebt, so wenigstens akzeptiert zu werden, um sich ein Plätzchen im Herzen dieser Frau zu erobern.

Denn sie hatte dieses düstere, vor Hass erstarrte Wesen verzweifelt geliebt – in einer Abhängigkeit, die alle typischen Merkmale der Liebe hatte, nur dass es für sie nicht nur um Liebe ging, sondern um Leben oder Tod.

Je heftiger sie abgewiesen wurde, desto mehr suchte sie ihre Nähe. Das kleine, blonde, zarte Mädchen, jetzt nur noch eine Erinnerung, hatte jeden Tag um etwas Zuneigung, einen wohlwollenden Blick, ein Lob gebettelt. In der Schule war sie brav gewesen, immer die Klassenbeste, und sie hatte viel gearbeitet, schon als Kind, für sie, nur für sie.

Alles umsonst.

Erst Carlo hatte sie gelehrt, dass das Leben auch aus Liebe besteht, nicht nur aus Hass oder Pflichtbewusstsein, wie sie es von der Mutter gelernt hatte.

Col suo aiuto aveva capito di non essere soltanto un resto, un prodotto della guerra, una casa distrutta o un mobile rimasto intatto su un pezzo di pavimento sospeso miracolosamente per aria, fra un piano e l'altro di un palazzo. Qualcuno aveva salvato quel mobile, se ne era appropriato, lo aveva portato a casa, lo aveva usato. Ecco a cosa si riduceva il suo rapporto con la sua famiglia d'adozione: lei un piccolo mobile salvato per miracolo dalla violenza della guerra. Ma forse quella donna aveva finito col volerle bene, con l'abituarsi a lei come ci si abitua a un mobile, forse l'aveva accolta, dopo tanto tempo, e aveva sentito la miseria, la solitudine della bambina non desiderata, come in quel memorabile primo giorno di scuola in cui le aveva dato perfino un bacio, il primo e l'ultimo.

Alzandosi dalla poltrona, fredda, controllata, sentì che la forza tanto faticosamente acquisita in quegli ultimi anni di crisi continue era ancora lì, dentro di lei, ormai parte integrante della sua personalità. Pietra dopo pietra era infatti riuscita a costruirsi una struttura di difesa, e niente più avrebbe potuto minacciare l'equilibrio conquistato. Ora più che mai si accorse del lavoro operato da Carlo, della stabilità cui mai sarebbe arrivata senza l'aiuto quotidiano del medico e l'amore, la pazienza del marito.

Restava solo un sapore amaro in bocca: la scoperta di un risentimento, e perché no, di un odio latente che le aveva avvelenato l'esistenza. Rita. Come aveva potuto odiare quella povera persona? L'istanza morale aveva impedito che quel sentimento vergognoso affiorasse alla superficie. Ma il risentimento che aveva covato dentro di sé era lì, preciso, non lo avrebbe più potuto negare.

Averla avuta sotto gli occhi, ogni giorno, essersi occupata

Dank seiner Hilfe hatte sie begriffen, dass sie nicht nur ein Überbleibsel war, ein Produkt des Krieges, ein zerstörtes Haus oder ein heil gebliebenes Möbelstück auf einem auf wundersame Weise in der Luft schwebendem Stück Fußboden zwischen den einzelnen Etagen eines Gebäudes. Jemand hatte dieses Möbel gerettet, hatte es mit nach Hause genommen und benutzt. Das war es, auf was sich ihre Beziehung zu ihrer Familie reduzierte: sie, ein kleines durch ein Wunder vor der Gewalt des Krieges gerettetes Möbelstück. Doch vielleicht hatte sie diese Frau dann doch gern gehabt, nachdem sie sich an sie gewöhnt hatte, so wie man sich an ein Möbelstück gewöhnt. Vielleicht hatte sie sie angenommen, nach langer Zeit, und hatte die Not, die Einsamkeit des unerwünschten Mädchens gespürt, wie an jenem denkwürdigen ersten Schultag, als sie ihr sogar einen Kuss gegeben hatte, den ersten und letzten.

Sie erhob sich, kalt, kontrolliert, spürte, dass die in den vergangenen Krisenjahren mühsam erworbene Kraft noch da war, in ihr drinnen und mittlerweile wesentlicher Bestandteil ihrer Persönlichkeit. Stein auf Stein hatte sie sich ein Bollwerk gebaut und nichts mehr hätte das gewonnene Gleichgewicht bedrohen können. Mehr denn je wurde ihr jetzt die von Carlo an ihr geleistete Aufbauarbeit bewusst, die Standhaftigkeit, die sie ohne die tägliche Hilfe des Arztes, die Liebe und die Geduld des Ehemannes, nie erreicht hätte.

Es blieb nur ein bitterer Geschmack im Mund zurück: die Entdeckung eines Grolls und, warum auch nicht, eines latenten Hasses, die ihre Existenz vergiftet hatten: Rita. Wie hatte sie diese arme Person hassen können? Die moralische Instanz hatte verhindert, dass dieses schändliche Gefühl an die Oberfläche kam. Doch der Groll, den sie in sich ausgebrütet hatte, war dort, gestochen scharf; sie hätte ihn nicht mehr leugnen können.

Sie vor Augen gehabt zu haben, tagtäglich sich um sie zu

di lei, come era accaduto in tutti quegli anni, era stata una tortura della quale solo ora si accorgeva: un confronto quotidiano col proprio io, uno specchiarsi ininterrotto con l'origine di ogni suo male, questo era stata Rita per lei. E il non poter accettare quella persona come madre ma neanche come sorella o come una parente prossima, era stato il motivo fondamentale del proprio malessere e del conseguente senso di colpa. Per non venirne annientata reagiva con raddoppiata aggressività e odio contro Rita ma anche contro se stessa.

Ora finalmente si chiudeva quella lunga parentesi e anche l'odio non aveva più motivo di sussistere. L'immagine di questa donna, sarebbe entrata nel mondo della memoria e col tempo sarebbe sbiadita, come era sbiadita la madre: ombra fra le altre ombre e niente di più.

Scacciò, come faceva sempre, il pensiero che pur tornava a intervalli: il padre, o meglio colui che l'aveva generata. Con lui non aveva neanche incominciato a fare i conti.

Sapeva che quell'uomo, comunque, era in lei, che se lo sarebbe portato dentro, fino alla fine dei suoi giorni. Perfino i suoi figli se lo portavano dentro: tutti e tre alti e biondi, pelle chiara, lattea e lineamenti tipici della gente del nord. Ecco una razza che non aveva voluto mescolarsi né con i piccoli calabresi del sud né col nobile sangue veneziano.

A volte era tormentata dal pensiero di una possibile famiglia da qualche parte, in Germania, di fratelli, di figli di costoro. Cugini dei propri figli, parenti di pura razza tedesca. No. Mai avrebbe cercato di conoscerli. Non sentiva la minima curiosità o desiderio, come forse altre persone prima di lei e nelle sue stesse condizioni. Lei non voleva guardare nei loro occhi. Non capiva il sentimentalismo del perdono, il richiamo della cosiddetta voce del sangue che assolve di tutte le colpe: lei non poteva perdonare. E temeva addirittura che un

kümmern, wie sie es all die Jahre getan hatte, war eine Marter gewesen, die ihr erst jetzt bewusst wurde: eine tägliche Gegenüberstellung mit dem eigenen Ich; ein ununterbrochenes Sichspiegeln in der Ursache aller ihrer Übel. Das war Rita für sie. Und diese Person nicht als Mutter, aber auch nicht als Schwester oder als nächste Verwandte annehmen zu können, war Ursache für ihr Unbehagen und die daraus folgenden Gewissensbisse gewesen. Um nicht vernichtet zu werden, reagierte sie mit doppelter Aggressivität und doppeltem Hass auf Rita, aber auch auf sich selbst.

Jetzt schloss sich endlich diese lange Klammer, und auch für den Hass gab es keinen Grund mehr. Das Bild dieser Frau wird in die Welt der Erinnerungen eingehen und mit der Zeit verblassen, wie das ihrer Mutter: ein Schatten unter anderen Schatten und nichts weiter.

Wie immer verscheuchte sie den Gedanken, der in Abständen zurückkehrte: an den Vater, oder besser gesagt, an den, der sie gezeugt hatte. Mit ihm hatte sie noch gar nicht abzurechnen begonnen.

Sie wusste, dass jener Mann auf jeden Fall in ihr war, dass sie ihn bis ans Ende ihrer Tage in sich tragen würde. Sogar ihre Kinder trugen ihn in sich: alle drei, groß und blond, helle, milchige Haut und mit den für nordische Menschen typischen Gesichtszügen. Das war ein Menschenschlag, der sich weder mit den kleinen Kalabresen des Südens noch mit dem edlen venezianischen Blut vermischen wollte.

Manchmal wurde sie von dem Gedanken an eine mögliche Familie irgendwo in Deutschland gequält, dem Gedanken an Geschwister und deren Kinder: Vettern der eigenen Kinder, Verwandte von rein deutschem Wesen. Nein. Nie hätte sie versucht sie kennenzulernen. Sie spürte nicht die mindeste Neugier, oder den Wunsch, wie vielleicht andere Menschen in derselben Situation. Sie wollte nicht in ihre Augen sehen. Sie verstand die Gefühlsduselei der Vergebung nicht, den sogenannten Ruf des Blutes, der von jeder Schuld

giorno potesse riconoscersi in uno dei suoi ospiti tedeschi, al punto che al momento delle prenotazioni non dimenticava mai di chiedere la data di nascita, e se questa poteva suscitare in lei qualche sospetto, anche solo la possibilità di una vicinanza con quegli anni, diceva di avere tutte le stanze occupate

E Carlo?

Un ricordo che avrebbe custodito gelosamente come la parte più luminosa, più solare della sua vita.

Mai avrebbe dimenticato il vero grande incontro con Carlo, una sera al ristorante, quando ormai le sembrava di aver superato del tutto le sue crisi destabilizzanti.

Aveva sempre creduto di conoscerlo fino in fondo, di sapere cosa poteva aspettarsi da lui, ma quella sera, una volta di più, ebbe modo di gettare uno sguardo nelle profondità di quell'anima generosa, di scoprirne valori morali insospettati, e ancor più, la sua capacità di amare.

Quel giorno era accaduto un episodio assai sgradevole con uno dei suoi ospiti. Un vecchio signore tedesco, alto, capelli bianchi con striature biondicce, occhi azzurri, slavati dagli anni, un fare da gran signore, venuto per la prima volta nel suo albergo in compagnia della figlia che aveva prenotato due stanze senza specificare chi avrebbe occupato la seconda. Credendo di suscitare in lei un interesse particolare – e non a torto, dato che Enza aveva temuto di riconoscere in lui vaghe somiglianze e perfino gesti che ricordava di aver visto in uno dei suoi figli – si era lasciato andare a raccontare di sé. Era già stato in Italia, disse molto compiaciuto, all'incirca nella stessa regione, o meglio più su, precisamente a Bolzano, come istruttore di giovani soldati sudtirolesi. Il periodo più glorioso della sua vita, cui non avrebbe voluto rinunciare, aveva aggiunto, gli occhi perduti in visioni lontane. Ora tornava a visitare i luoghi della sua gioventù, solo un giro in

freispricht. Sie konnte nicht verzeihen. Sie fürchtete sogar, dass sie sich eines Tages in einem ihrer deutschen Gäste wiedererkennen könnte. Das ging so weit, dass sie bei Reservierungen nie nach dem Geburtsdatum zu fragen vergaß, und wenn es in ihr irgendeinen Verdacht weckte, auch nur in möglicher Nähe zu jenen Jahren stand, dann sagte sie, alle Zimmer seien besetzt.

Und Carlo?

Eine Erinnerung, die sie sorgsam hüten würde, wie den lichtesten, heitersten Teil ihres Lebens.

Nie würde sie die wahrhaft große Begegnung mit Carlo vergessen, eines Abends im Restaurant, als sie schon glaubte, die destabilisierenden Anfälle völlig überwunden zu haben.

Sie hatte immer gedacht, ihn genau zu kennen, zu wissen, was sie von ihm erwarten durfte; doch an jenem Abend hatte sie einmal mehr Gelegenheit einen Blick in die Tiefe jener großzügigen Seele zu werfen, nie erahnte moralische Werte zu entdecken und, vor allem, seine ausgeprägte Fähigkeit zu lieben.

An jenem Tag hatte es einen unangenehmen Vorfall mit einem ihrer Gäste gegeben. Ein alter deutscher Herr, groß, weißes Haar mit blonden Strähnen, blaue, von den Jahren verwaschene Augen, kam in Begleitung seiner Tochter zum ersten Mal in ihr Hotel. Die Tochter hatte zwei Zimmer bestellt, ohne anzugeben, wer das zweite Zimmer beziehen würde. Überzeugt davon ihre besondere Aufmerksamkeit geweckt zu haben – nicht zu Unrecht, da Enza gefürchtet hatte, an ihm bestimmte Ähnlichkeiten und Gesten zu entdecken, die sie an eines ihrer Kinder erinnern könnte – hatte er sich hinreißen lassen, von sich zu erzählen. Er sei bereits in Italien gewesen, sagte er selbstgefällig, ungefähr in derselben Gegend, das heißt weiter oben, in Bozen, als Ausbilder von jungen Südtiroler Soldaten. Die ruhmvollste Zeit seines Lebens, die er nicht missen möchte, hatte er – den Blick in der Vergangenheit verloren – hinzugefügt. Jetzt sei

macchina in compagnia della figlia, una specie di ricognizione, sotto il segno della nostalgia! Forse per l'ultima volta... Enza lo aveva subito bloccato.

«Rientrava nei compiti di un istruttore tedesco incitare i suoi soldati a violentare le ragazze italiane?»

Il vecchio di colpo si fece paonazzo. Come si permetteva di insultare, di infamare la *Wehrmacht*, soldati che avevano lottato per difendere la patria! Gli si spezzava la voce dall'ira. Non riusciva ad esprimere tutta la sua indignazione, sia per l'italiano assai approssimativo, magari non esercitato da chissà quanti anni, che per l'improvviso turbamento: schiumava, era furioso. Senza riprendere fiato chiese con alterigia, anzi col tipico tono di comando che continua ad essere una prerogativa dei vecchi militari, di preparare il conto. In altri tempi si usava parlare così soltanto con un sottoposto. Alla figlia subito accorsa disse qualcosa in tedesco, agitato, imperativo. E benché avesse prenotato ancora per una settimana, partì subito, dando alla figlia giusto il tempo di preparare le valigie. La salutò da lontano, prima di chiudere la portiera della macchina. Si inchinò con fare particolarmente cerimonioso: lui era un uomo oltremodo civile, che non lo dimenticasse.

Enza lo aveva fissato senza una parola. Dentro, sconvolta dalla nausea, aveva sentito montare una rabbia impotente che minacciava di travolgerla.

Carlo, per caso, aveva assistito a quella scena sorpreso e inquieto, ma non era intervenuto.

La sera, poi, mentre cenavano: «Non che io voglia interferire nei tuoi rapporti con i clienti, ma oggi sono rimasto senza parole. Non ti avevo mai visto trattare un ospite in quel modo. Come hai potuto?»

er zurückgekommen, um die Orte seiner Jugend wieder zu besuchen, nur eine Rundreise im Auto in Begleitung der Tochter, eine Art Erkunden im Zeichen der Nostalgie! Vielleicht zum letzten Mal ...

Enza hatte ihn sofort unterbrochen. »Gehörte es auch zu den Aufgaben eines Ausbilders, die Soldaten dazu aufzuhetzen italienische Mädchen zu vergewaltigen?«

Der Alte wurde mit einem Schlag krebsrot. Wie konnte sie sich erlauben, die Wehrmacht zu beleidigen, zu verleumden, Soldaten, die gekämpft hatten, um ihr Vaterland zu verteidigen! Seine Stimme versagte vor Zorn. Er war nicht imstande seine ganze Entrüstung zum Ausdruck zu bringen, sei es wegen der ziemlich dürftigen Italienischkenntnisse – wer weiß wie lange nicht mehr aufgefrischt – sei es wegen der plötzlichen Aufregung: er schäumte, war wütend. Ohne richtig zu Atem gekommen zu sein, verlangte er hochmütig, das heißt im typischen Kommandoton – immer noch ein Kennzeichen der alten Militärs – die Rechnung. In anderen Zeiten sprach man so nur zu Untergebenen. Der aufgeregt herbeigeeilten Tochter sagte er aufgewühlt befehlend etwas auf Deutsch. Obwohl er für einen Woche reserviert hatte, reiste er sofort ab. Der Tochter blieb gerade noch die Zeit die Koffer zu packen. Er grüßte von weitem, bevor er die Wagentür schloss. Er verbeugte sich mit betont zeremonieller Geste: er war ein außergewöhnlich zivilisierter Mensch, sie sollte das nicht vergessen.

Enza hatte ihn ohne ein Wort zu sagen angestarrt. Von Übelkeit gepackt spürte sie in sich einen mächtigen Zorn aufsteigen, der sie zu überwältigen drohte.

Carlo hatte dem Vorfall, überrascht und beunruhigt, zufällig beigewohnt, aber nicht eingegriffen.

Am Abend dann, während sie gemeinsam aßen, sagte er: »Nicht dass ich mich in deinen Umgang mit den Gästen einmischen möchte, doch heute war ich sprachlos. Nie habe ich dich einen Gast auf diese Art behandeln sehen. Wie konntest du nur?«

Enza smise di mangiare.

Un pensiero: „Lui non sa. Non sa ancora". E subito decise: «Vuoi che ti racconti una storia, una brutta storia accaduta tanti anni fa, ai primi di maggio del 1945? In un paesino al confine con l'Austria. Quattro casolari, non di più.»

E man mano, con visibile sofferenza, rivisse la notte in cui era stata concepita, senza però fare nomi, accennando solo che si trattava di una piccola famiglia di immigrati dalla Calabria, analfabeti, poveri e disperati. Solo padre, madre e figlia, una ragazzina di quindici anni, un po' ritardata.

Carlo posò la forchetta sulla tavola, accanto al piatto, in attesa.

«Erano tre. Alti. Di carnagione chiara. Parlavano tedesco. Tre soldati...»

«Non dirmi altro.» Le mise una mano sul braccio cercando di fermarla.

Ma Enza volle continuare. Ora che aveva cominciato voleva anche finire, dire tutto, sciogliere quel nodo di silenzio che ancora le impediva di vivere come una persona normale.

Bastarono poche parole.

Fu molto più facile di quanto avesse immaginato. Quante volte aveva pensato di raccontare a lui, all'unica persona che avrebbe potuto capire, la storia della sua nascita! Ogni volta non era riuscita a trovare le parole giuste, l'ordine preciso degli avvenimenti, senza confondere tempi e luoghi.

E ora si era liberata di tutto, con poche parole.

«Mia povera bambina, come ho potuto essere così cieco? Perché hai sopportato tutta questa storia da sola, perché non mi hai raccontato tutto, appena l'hai saputo?» Scuoteva la testa, smarrito. «Se soltanto avessi saputo prima...»

Enza hörte auf zu essen.

Sie dachte: „Er weiß nichts. Er weiß noch nichts." Sie beschloss spontan: »Willst du, dass ich dir eine Geschichte erzähle, eine grausame Geschichte, die vor vielen Jahren, in den ersten Maitagen 1945 geschehen ist? In einem kleinen Dorf an der Grenze zu Österreich – vier Höfe, mehr nicht?«

Stück für Stück, unter sichtbaren Schmerzen, erlebte sie erneut die Nacht, in der sie gezeugt worden war, ohne einen Namen zu nennen, nur andeutend, dass es sich um eine kleine Familie von Einwanderern aus Kalabrien gehandelt habe – Analphabeten, arm, verzweifelt. Nur Vater, Mutter und Tochter, ein geistig etwas zurückgebliebenes fünfzehnjähriges Mädchen.

Carlo legte die Gabel neben dem Teller auf den Tisch, voller Erwartung.

»Es waren drei. Groß, hellhäutig; sie sprachen Deutsch. Drei Soldaten ...«

»Sprich nicht weiter.« Er legte ihr eine Hand auf den Arm, im Versuch sie aufzuhalten.

Enza aber wollte fortfahren. Nun, da sie angefangen hatte, wollte sie auch zu Ende kommen, alles sagen, diesen Knoten aus Schweigen lösen, der sie immer noch daran hinderte, wie ein normaler Mensch zu leben.

Es genügten wenige Worte.

Es war viel leichter, als sie sich vorgestellt hatte. Wie oft hatte sie daran gedacht, ihm, dem einzigen Menschen, der sie verstehen konnte, die Geschichte von der Nacht ihrer Zeugung zu erzählen, ohne die genaue Abfolge der Ereignisse, der Zeiten und Orte durcheinander zu bringen.

Jetzt hatte sie sich von allem befreit, mit wenigen Worten.

»Mein armes Kind. Wie konnte ich so blind sein? Warum hast du allein diese ganze Geschichte auf dich genommen, warum hast du mir nicht alles erzählt, als du selbst es erfahren hast?« Verwirrt schüttelte er den Kopf. »Hätte ich es nur früher erkannt ...«

«Temevo che tu non mi avresti più accettata: una bastarda, figlia di non si sa chi, di un uomo violento, di una ragazzina ritardata, frutto di uno stupro...»

«Ti prego fermati, non proseguire. Che c'entri tu con quell'uomo? Che c'entrano i figli con le colpe dei padri? Quando finirà questa storia biblica delle colpe dei padri che devono ricadere sui figli? Io mi rifiuto di accettare le colpe di mio padre, se ne ha avute: io sono responsabile solo delle mie colpe. E i miei figli... siano responsabili delle loro azioni, se ne sono capaci! E come puoi definirti una bastarda? Che brutta parola... antiquata: ti prego di non usarla più in mia presenza! Anzi te lo proibisco. Non vedi che mi fa star male? E poi, cos'è questa storia di essere accettata o no: mi hai accettato e amato, spero, non certo perché sono figlio della signora Luisa e del Dottor Golin che tu neanche hai conosciuto. Cos'hanno a che fare i miei genitori col rapporto che ho con te, che tu hai con me? Enza. Io ho amato e amo solo Enza e non la figlia di... di... Mi capisci?»

Prese la sua mano e con tutta la tenerezza cui era capace, la baciò commosso: la sua prima vera dichiarazione d'amore!

Wolf intanto si era svegliato e aspettava, in piedi davanti alla porta aperta, piuttosto impaziente: era ora di uscire per fare il solito giretto, ne aveva urgente bisogno. Guaì con molta discrezione, quasi per non disturbare: sapeva che lei, da un po' di tempo a questa parte era diversa, spesso lontana con i suoi pensieri. Nessuna reazione. Allora sbadigliò rumorosamente. Enza si accorse di lui.

«Vengo» disse, «vengo.» Raccolse il plaid, lo sistemò sulla poltrona, chiuse con cura la porta di quella che non sarebbe

»Ich fürchtete, dass du mich dann nicht mehr akzeptiert hättest. Ein Bastard, Tochter von wer weiß wem, eines Gewalttätigen, eines geistig zurückgebliebenen Mädchens, die Frucht einer Vergewaltigung ...«

»Ich bitte dich, hör auf; sprich nicht weiter. Was hast denn du mit diesem Mann zu schaffen? Was haben die Kinder mit den Verbrechen der Väter zu schaffen? Wann wird endlich diese biblische Geschichte der Schuld der Väter aufhören, die auf die Kinder fallen muss? Ich weigere mich, die Fehler meines Vaters zu übernehmen, wenn er denn welche begangen hat; ich bin nur für meine Vergehen verantwortlich. Und meine Kinder ..., sollen sie sich für ihre Taten verantworten, wenn sie dazu fähig sind! Und wie kannst du dich als Bastard bezeichnen? Was für ein hässliches Wort ... antiquiert. Ich bitte dich, es in meiner Anwesenheit nie mehr zu verwenden! Mehr noch, ich verbiete es dir. Siehst du nicht, dass es mir weh tut? Und dann, was ist das für eine Geschichte mit dem Akzeptiertwerden oder nicht? Du hast mich akzeptiert und, hoffe ich, geliebt, sicher nicht, weil ich der Sohn Frau Luisas und Doktor Golins bin, den du nicht einmal gekannt hast. Was haben meine Eltern mit meiner Beziehung zu dir, mit deiner zu mir zu tun? Enza! Ich habe Enza geliebt und liebe sie und nicht die Tochter von ... von ... Verstehst du mich?«

Er nahm ihre Hand mit all der Zärtlichkeit, zu der er fähig war und küsste sie gerührt. Seine erste echte Liebeserklärung!

Wolf, inzwischen aufgewacht, wartete vor der offenen Tür, ziemlich ungeduldig: es war Zeit hinauszugehen auf die übliche Runde; er hatte es dringend nötig. Er winselte sehr diskret, fast um sie nicht zu stören; er wusste, dass sie seit einiger Zeit anders war, oft weit weg mit den Gedanken. Keine Reaktion. Also gähnte er lautstark. Enza bemerkte ihn.

»Ich komme«, sagte sie, »ich komme.« Sie hob das Plaid auf und legte es über den Sessel, schloss mit Bedacht die

più stata la *sua* stanza, piano piano, quasi per non svegliare qualcuno che dormiva e scese. Wolf si era già precipitato giù e l'aspettava festoso, impaziente, scodinzolando e abbaiando eccitato: finalmente una voce in quella casa. Enza aprì la porta d'ingresso e lui corse subito fuori, di fretta, senza badare alla pioggia che continuava leggera, persistente a bagnare il giardino.

Lei si sedette nell'ingresso e aspettò. Era stanca e avrebbe voluto andare a letto, ma prima doveva far rientrare il cane, spegnere tutte le luci nelle stanze, chiudere porte e finestre per la notte.

Wolf, già di ritorno, raspava alla porta con tutta l'energia che gli permettevano le zampe: un brutto vizio che non era riuscita a togliergli. Aveva già rovinato tutta la porta. Corse ad aprire. Appena entrato si diede una bella scrollata per togliersi l'acqua di dosso. Lei ebbe appena il tempo di fare un salto da una parte per non ricevere in pieno la solita doccia. Sorpreso dal salto della padrona, vagamente imbarazzato, Wolf aspettò accanto alla porta, in attesa di ordini. Enza lo guardò con affetto e sorrise. Wolf ricambiò quello sguardo con tutta l'innocenza che può avere solo un animale e a modo suo sorrise: stava tornando il sereno.

Enza, fece girare più volte la chiave nella serratura della porta d'ingresso, poi, seguita passo passo da Wolf che sembrava non capire le intenzioni della padrona, cominciò a spegnere le luci, passando da una stanza all'altra e chiudendo le porte.

Dopo essersi assicurata che tutte le finestre fossero chiuse, sempre seguita da Wolf, si avviò infine verso la propria stanza. Anche quella lunga giornata era finita.

Tür des Zimmers, das jetzt nicht mehr *ihres* war. Leise, beinahe wie um niemanden zu wecken, und ging hinunter. Wolf war schon hinunter gerannt und erwartete sie freudig, ungeduldig mit dem Schwanz wedelnd und aufgeregt bellend. Endlich eine Stimme in diesem Haus. Enza öffnete die Haustür und er rannte hinaus, eilig, ohne auf den anhaltenden Regen zu achten.

Sie setzte sich im Vorzimmer nieder und wartete. Sie war müde und wäre gerne zu Bett gegangen, doch vorher musste sie den Hund ins Haus holen, alle Lichter in den Zimmern löschen, die Türen und Fenster verschließen.

Wolf, bald zurück, kratzte heftig mit seinen Pfoten an der Haustür. Eine schlechte Angewohnheit, die sie ihm nicht abzugewöhnen imstande gewesen war – er hatte bereits die ganze Tür ruiniert. Schnell öffnete sie die Tür. Kaum im Haus, schüttelte er sich kräftig, um das Wasser aus dem Fell zu kriegen. Sie konnte gerade noch zur Seite springen, um die übliche Dusche zu vermeiden. Vom abrupten Satz der Herrin überrascht, leicht verlegen, wartete Wolf neben der Tür auf die zu erwartende Schelte. Enza sah ihn liebevoll an und lächelte. Wolf erwiderte diesen Blick mit der ganzen Unschuld, die nur ein Tier haben kann und lächelte auf seine Art. Die Unbeschwertheit kehrte zurück.

Enza drehte mehrmals den Schlüssel im Schloss der Haustür um, dann – auf Schritt und Tritt von Wolf verfolgt, der das Vorhaben der Herrin nicht zu verstehen schien –, begann sie, von Zimmer zu Zimmer gehend, die Lichter auszumachen und die Türen zu schließen.

Als alles geschlossen war, ging sie, immer gefolgt von Wolf, endlich auf ihr Zimmer.

Auch dieser lange Tag war zu Ende.

Indice

Inhaltsverzeichnis

Libri di Ada Zapperi Zucker in lingua italiana

Il vestitino di Angelica
Romanzo
2021, 192 pagine, 13,80 €

Un pugno di storie
Lorella Rotondi e Ada Zapperi Zucker
Divagazioni e riflessioni
2021, 212 pagine, 12,80 €

Due donne del Sud
Caterina Mammola e Ada Zapperi Zucker
Dialogo in 24 lettere
2020, 212 pagine, 12,80 €

Una vita di donna in Sicilia
Romanzo
2019, 148 pagine, 12,80 €

Un'infanzia quasi felice
Racconti
2018, 144 pagine, 10,80 €

I padri assenti
Due racconti
2017, 196 pagine, 11,80 €

La casa del nonno
Romanzo
2016, 264 pagine, 13,80 €

La Cucchiara
Racconti siciliani
2015, 174 pagine, 12,80 €

Un giorno a Bolzano
Quattro racconti e frammenti di una biografia
2013, 224 pagine, 11,80 €

La scuola delle catacombe
Racconti sudtirolesi
2013, 224 pagine, 9,80 €

Teatro di ombre
Romanzo
2012, 176 pagine, 14,00 €

Le inquietudini della sora Elsa
Racconti
2011, 176 pagine, 13,00 €

Il silenzio
Romanzo
2009, 160 pagine, 12,00 €

Deutschsprachige Bücher von Ada Zapperi Zucker

Singende Menschen
Antworten von Sängern auf 17 Fragen
2018, 264 Seiten. 24,80 €

Das Haus in der Widenmayerstraße
Roman
2017, 296 Seiten. 13,80 €

Das Unbehagen der Sora Elsa
Erzählungen
2016, 214 Seiten, 13,80 €

Ein Tag in Bozen
Vier Erzählungen und Fragmente einer Biographie
2014, 224 Seiten, 13,80 €

Die Katakombenschule
Erzählungen aus Südtirol
2013, 248 Seiten, 11,80 €

Das Schweigen
Roman
2010, 168 Seiten, 16,80 €

Andere zweisprachige Bücher des VoG Verlages
Altri libri in due lingue della casa editrice VoG

Vikis blaue Augen
Gli occhi azzurri di Viki
Ada Zapperi Zucker
Ein Kinderbuch / Un libro per bambini
Mit Hörbuch / Audiolibro incluso
2020, 100 Seiten/pagine, 15,80 €

Das Glyzinienhaus
La casa dei glicini
Ada Zapperi Zucker
Erzählungen / Racconti
2020, 252 Seiten/pagine, 13,80 €

Herta und andere Geschichten
Herta e altre storie
Ada Zapperi Zucker
Erzählungen / Racconti
2019, 248 Seiten/pagine, 13,80 €

Geht dieser Zug nach Taranto?
Questo treno va a Taranto?
Ester Cecere
Erzählungen / Racconti
2019, 208 Seiten/pagine, 13,80 €

Liebe und andere Verdrießlichkeiten
Amori e altre peripezie
Ada Zapperi Zucker
Erzählungen / Racconti
2018, 196 Seiten/pagine, 11,80 €

Von Sizilien in die Toskana
Dalla Sicilia alla Toscana
Lorella Rotondi, Ada Zapperi Zucker
Erzählungen / Racconti
2017, 164 Seiten, 11,80 €

Über Frauen und andere Geschöpfe
Storie di donne e altre creature
Ada Zapperi Zucker
Erzählungen / Racconti
2015, 128 Seiten, 11,80 €

Deutschsprachige Bücher von anderen Autoren

Schattenwärts
Vera Zwerger Bonell
Lebensskizzen
2022, 140 Seiten. 13,80 €

Taxi nach Verona
Hannes Meier
Roman
2021, 200 Seiten. 13,80 €

Ach, wenn doch bloß der Krieg nicht wär!
Leonore Paurat
Liebesbriefe aus dem zweiten Weltkrieg
2016, 176 Seiten. 12,80 €

Das letzte Zimmer am Ende des Ganges
Alessandra Brisotto
Roman
2014, 160 Seiten. 13,30 €

Gedruckt im Juli 2022
Stampato nel mese di Luglio 2022

FSC
www.fsc.org
MIX
Papier aus verantwortungsvollen Quellen
Paper from responsible sources
FSC® C105338